【知识产权研究文丛】

商标先用权的法理反思与制度修正
——以公平竞争为视角

董 维 著

知识产权出版社
全国百佳图书出版单位
——北京——

图书在版编目（CIP）数据

商标先用权的法理反思与制度修正：以公平竞争为视角/董维著．—北京：知识产权出版社，2022.10
ISBN 978-7-5130-8415-4

Ⅰ．①商… Ⅱ．①董… Ⅲ．①商标法—研究—中国 Ⅳ．①D923.434

中国版本图书馆 CIP 数据核字（2022）第 195391 号

责任编辑：吴亚平　　　　　　　　责任校对：潘凤越
封面设计：张国仓　　　　　　　　责任印制：刘译文

商标先用权的法理反思与制度修正
——以公平竞争为视角
董　维　著

出版发行：知识产权出版社有限责任公司	网　　址：http://www.ipph.cn
社　　址：北京市海淀区气象路 50 号院	邮　　编：100081
责编电话：010-82000860 转 8672	责编邮箱：yp.wu@foxmail.com
发行电话：010-82000860 转 8101/8102	发行传真：010-82000893/82005070/82000270
印　　刷：三河市国英印务有限公司	经　　销：新华书店、各大网上书店及相关专业书店
开　　本：880mm×1230mm　1/32	印　　张：10.25
版　　次：2022 年 10 月第 1 版	印　　次：2022 年 10 月第 1 次印刷
字　　数：300 千字	定　　价：66.00 元
ISBN 978-7-5130-8415-4	

出版权专有　侵权必究
如有印装质量问题，本社负责调换。

序 一

在先使用商标的保护与商标注册保护制度的冲突在我国时有发生。其重要原因在于，我国商标法底层逻辑存在缺陷、商标使用理念不足以及法律指引方向不明。我国现行法律对在先使用商标的保护规定过于简单，制度内容存在较大不确定性，由此带来法律适用的困惑。司法实践中，面对商标在先使用人与在后注册人之间的纠纷，法院需要对在先使用商标的影响力、使用范围、持续使用情况以及在后注册人的注册动机等作出判断，这本身存在认识上的主观空间，加之法条文字表述的模糊及相关司法解释的空白，导致同类案件出现不同的裁判结果。这些问题亟须得到解决。这涉及商标法的基本范畴、制度结构和法理基础，特别是商标与使用之间的本质联系；还涉及商标法与竞争法等关联法律部门的关系，乃至商标法对于整个社会政治和经济制度的意义。《商标先用权的法理反思与制度修正》一书正是解答和解决这些问题的有益尝试之一。

该书中，作者从未注册商标是否以及为何要保护、在多大程度上保护以及如何保护的问题出发，对过往有关商标先用权的研究成果进行较为系统的梳理、归纳和分析，深入挖掘商标先用权人与商标专用权人利益冲突的生发机理,冷静审视商标法律制度中商标先用权人、商标专用权人以及消费者三者之间的关系,精细提炼商标先用权制度背后的价值内涵,将商标使用倡导和自由公平竞争的理念融入全书,在商标法回应市场经济建设需求和商标法与竞争法相互衔接映照的语境下进行叙事体系的建构,提出在商标权取得、维持和侵权判定中进行关于商标使用的局部调整以保证商标使用这一实质价值的实现。还提出以强化对未注册商标的保护力度来实现商标法内在逻辑的调整,主张以赋权增强对商标先用权人的保护,同时以设定先用权行使条件来保障相关主体利益配置的均衡,最终站在市场经济可持续发展和高质量发展的高度,呼吁商标法律制度向商标使用主义适度回归,实现注册价值与使用价值的相对平衡。

作者始终坚持问题导向,综合运用实证研究、比较研究、文献分析、交叉研究等多种研究方法,充分占有研究资料,务实探索,以小见大,以案说法,理论联系实际,从经验到逻辑,层层递进,最终服务于制度建设,所提建议有针对性,可操作,能落地,对我国商标法的发展和完善有重要的参考价值,也有益于自由、公平市场竞争秩序的维护。当然,作为年轻学者首次出版的个人专著,书中尚有不十分成熟、需继续打磨之处,但这并不影响该书整体上的价值。

该书的作者董维博士,是我指导的硕士和博士研究生。在校研习期间,她既具体研究竞争法和商标法制度的演进,又保持对相关基本理论的不断追问,对知识产权领域的前沿问题一直抱以浓厚兴趣。如今,她已成为一名高校教师,为法学教育特别是知识产权教育事业添砖加瓦,在繁忙的教学工作之余,整理出版该个人专著,作为她研究生学习期间的导师,我甚感欣慰。希望董维博士继续拓展和延伸相关研究,百尺竿头,更进一步,为我国商标法的理论建设和制度完善贡献更大的力量。

宁立志

2022年9月于武汉大学珞珈山

序　二

　　知识产权作为一种私权利，是法律赋予权利人的一项重要的民事权利，知识产权制度是保护技术开发、创造或经营等正常进行的制度体系。长期以来，知识产权作为一种重要的竞争工具，以法定垄断权的形式在市场竞争中发挥着重要作用，其竞争与垄断的双重价值取向决定了对知识产权的研究不能囿于知识产权法或竞争法这种单一的法学部门。近年来，知识产权与竞争法的交叉研究方兴未艾，商标作为知识产权体系的重要部分，具备显著性、专有性、商业性等特征，在市场经济活动中起到区分商品或服务来源的作用，是商品或服务的质量、商誉、影响力等因素的综合载体，如何兼顾商标专有权与公平竞争这两大价值成为知识产权法学界和竞争法学界共同关注的重大议题。在此，我非常荣幸受董维博士邀请，向大家推荐董维博士的新作《商标先用权的法理反思与制度修正——以公平竞争为视角》。

　　学术研究的真谛在于创新，董维博士的新作在多个层面具备创新性。首先，从内容上看，本书是国内较少的从竞争法的视角对商标先用权的理论与制度进行全方位研究的专著。虽然商标先用权制度此前已有相关研究成果，但既有研究主要集中于商标法的商标侵权领域，以及商标先用权的性质权能与构成要件，尚未像本书一样关注到商标先用权制度的理论根基及所涉利益主体之间的关系，未从公平竞争视角下对商标先用权制度的价值本源、利益主体的利益冲突等理论基础与具体制度设计进行系统全面的研究。其次，从研究视角上看，本书跳出了传统商标法研究思维的束缚，从竞争法的视角对商标先用权进行解构。本书将商标作为竞争工具进行具体分析，致力于解构经营者利用商标建立起的特定商品利益主体之间的关系，将商标先用权制度影响下的先用权人与专用权人竞争利益分配问题进行深入挖掘，以公平竞争理念为指导进行制度完善。最后，从研究着力点上看，本书在商标先用权制度所涉核心竞争利益冲突之外，着眼于商标先用权制度涉及的消费者利益保护。消费者利益是消费者以较低价格获取优质产品或服务，满足其消费需要的利益，市场主体的所有竞争性活动归根结底是为了谋求经济利益，直接表现为争夺消费者，因此消费者利益理应成为衡量市场主体经营活动正当性的重要标准。相较于既有研究成果，本书对消费者利益进行了特别强调，以消费者利益保护的价值导向指导具体制度的完善，体现了作者立基实践、体察民生的人文素养。

董维博士是郑州大学法学院毕业的优秀本科生，多年来笃实好学、勤奋上进，自郑州大学法学院本科毕业后，她追随宁立志教授继续攻读硕士、博士学位，潜心从事知识产权与竞争法交叉领域的研究已近十年，具备深厚的理论功底和开阔的学术视野。更难能可贵的是，董维博士坚持经世致用之理论研究，研究课题致力于解决现实存在的重要问题，在商业烦扰、反不正当竞争法修订、商标侵权认定等研究方向成果频出。董维博士近年来深耕商标法与竞争法交叉领域的诸多现实问题，我也希望在本书的基础上，董维博士能够再接再厉，针对知识产权与竞争法的交叉领域开展更具针对性的深入研究。

当然，任何一项研究工作都不可能是完美无瑕的，任何一项研究成果也一定会存在不足之处，虽然本书作者已经尽了很大的努力，但仍可能存在一些论证不充分的情况。但是瑕不掩瑜，我深信董维博士一定会在未来的研究工作中纵深前行，在知识产权与竞争法交叉领域产出更多的优秀成果！也希望在知识产权与竞争法交叉领域出现更多优秀的青年学者，为我国知识产权强国战略的实施和市场竞争健康发展贡献学者智慧！

王玉辉
2022年10月于郑州大学

前　言

知识产权是驱动社会创新的重要因素，越来越为各国所重视。而知识产权制度可以看作政府与知识产权人之间关于知识产品使用方面的协议，政府赋予权利人一定时间内对知识产品的垄断权，同时权利人需让渡一部分权利于社会，让社会公众可以及时享受最新的知识产品。在这个过程中不可避免地要进行利益的权衡，如何实现对权利人的保护与社会公共利益间的平衡成为一道难题。商标法中同样存在类似问题。商标作为社会区分体系的一部分，基本功能就是将不同商品或服务、不同商品或服务的提供者区分开来，以现实区分来源的功能。对消费者来说，商标可以降低其搜索成本，帮助消费者认牌购买，指导消费者选购商品或服务。商标法就是关于商标的取得、使用和保护的专门法。

商标权的取得有使用取得与注册取得两种模式，前者是商标发展历史中自然形成的取得方式，其特点是公平，但缺乏效率及稳定性，由此催生了注册取得模式，即商标权的获得需要经过注册申请，进行登记方可受到法律保护。虽然注册原则的出现晚于使用原则，但登记注册方式带来的安全与效率，使得其适用范围变大。但我们也应该看到，商标专用权在商标注册制度下得到了充分的保护，甚至有不断扩张的趋势，而注册保护主义忽视了商标的使用价值。

虽然注册制有其固有的优势，但在注册制下容易出现利用注册程序实施的不正当竞争行为，如抢注。由于缺乏对使用的要求，容易出现"注而不用"的闲置商标的情形，浪费了商标资源。在市场竞争中，存在大量的未注册商标的使用情况，如果没有其他经营者就相同或类似商标申请注册，前者的竞争利益一般不会受损，也不存在商标混淆。但如果随后有其他经营者就相同商标申请注册，则会出现在先使用未注册商标与在后注册商标的冲突问题。此时，如何解决该问题值得关注。

商标法是否应该保护在先使用的未注册商标，这就涉及在先使用商标产生的基础、商标价值形成的原因、商标法保护对象的本质等诸多问题。从商标发展历史可以发现，商标产生于使用行为，商标价值的形成也是围绕着使用行为，是商标使用人将商标投入市场使用后，该商标逐渐获得消费者认可方才在商标上凝结了商誉，商誉代表着市场份额的大小，因此为经营者所重视。而一个商标获得注册，但没有被使用，其必然不含有商誉，因为它尚未投入市场进行使用，消费者也无从得知该商标，所以注册不应该是商标获得保护的逻辑起点，使用才是商标获得保护的基础所在。那么，在先使用并产生了一定的市场影响力的商标，极容易遭受不正当竞争行为的侵害，例如被仿冒、被抢注、被诋毁等，其利益应该获得法律的关注。

公平是法的价值追求之一，商标法作为利益分配方面的法律，也需要公平。在使用取得商标权背景下，最先使用商标者获权，公平价值得以最大限度地体现。但是在注册制下，最先申请注册者获权，最先使用者因主客观原因没有申请注册从而无法获得周全保护。若仅仅因为没有获得注册而得不到法律的承认和保护，经营者在商标上付出的所有劳动便付之一炬，其合法权益无法得到全面保障，这无疑是有违公平的。通过在注册制商标法中设置商标先用权制度，可以弥补注册制商标法的公平价值。

商标的主要功能是区分来源，即将不同的商品或服务及其生产者或提供者进行区分，以使消费者可以正确选择，消费者的选择标示着市场份额，因此商标的意义已经溢出标记符号本身，成为商品或服务质量、商誉、影响力等因素的综合载体。[①] 同时商标也是一种竞争手段，在市场中一个拥有较高声誉的商标所标示的商品往往比一般商标所标示的商品更受消费者欢迎，更具有市场竞争力。正因如此，市场中存在不当使用他人商标的行为，如仿冒，不仅误导了消费者，还攫取了本应属于商标权人的市场份额，破坏了商标市场的竞争秩序。商标先用权人与专用权人在商标市场中存在广泛的竞争，他们利用商标作为竞争工具对市场份额进行争夺，而承载商誉的商标对消费者进行商品选择有极强的导向性。[②] 因此，对商标先用权人与专用权人的利益冲突进行解决，可以更好地维护市场竞争秩序，解决方法应该在价值目标的引导下探寻。

[①] 卢海君：《反不正当竞争法视野下对商标法若干问题的新思考》，载《知识产权》2015 年第 11 期。

[②] 王先林：《商标法与公平竞争——兼析〈商标法〉第三次修改中的相关条款》，载《中国工商管理》2013 年第 10 期。

商标法若不对在先使用商标进行保护，则有违公平原则，亦不符合市场竞争所要求的公平竞争。虽然2013年《商标法》已经对商标在先使用作出了规定，但是该条款在适用上存在模糊之处，导致商标先用权的具体判定标准在理论上和实践中存在着差异，同时存在对商标先用权人权益保护范围界定不清、保护力度不足、先用权人与专用权人利益冲突等问题。同时，我国对在先使用商标缺乏从竞争视角的研究，对其分析往往忽视了权利主体的竞争利益分配和对公共利益保护的懈怠，因此有待进一步的研究，以对现存的问题进行反思、解决或细化，从而完善我国的商标法律制度。

国内外对商标先用权及相关理论已形成一定的研究成果。想要对商标先用权进行彻底的解析，从其基本理论进行挖掘必不可少，甚至要考察商标的产生及商标权的成立基础，从这些基本的理论出发，论证商标先用权成立及受到保护的正当性，才能为探讨其制度模式奠定理论基础。本书欲在国内外研究的基础上，从商标法与公平竞争交叉的角度对商标先用权进行深挖，使其在学理上站得住脚，并且在制度上得以完善。

目 录

第一章 公平竞争视角下的商标先用权审思 …………… 1
 第一节 商标先用权的内涵阐释 ………………………… 4
  一、商标先用权的本质界定 …………………………… 4
  二、商标先用权背景溯源：商标使用与商标注册 ……… 15
  三、商标先用权保护的现实意义 ……………………… 20
 第二节 商标先用权的价值本源 ………………………… 27
  一、商标使用：商标先用权的价值基础 ……………… 27
  二、商誉：商标先用权的价值实现 …………………… 36
  三、公平：商标先用权的价值追求 …………………… 41
 第三节 公平竞争语境下的商标先用权解构 …………… 44
  一、商标与公平竞争 …………………………………… 44
  二、商标先用权与公平竞争 …………………………… 48
  三、商标先用权对公共利益的增益 …………………… 54

第二章 我国商标先用权的现状检视 …………………… 61
 第一节 商标先用权保护的现实困境 …………………… 63
  一、理论困境：商标使用理念的缺位 ………………… 64
  二、制度困境：我国商标注册制的异化 ……………… 68

三、立法困境：法律适用的模糊 ·················· 79
第二节　商标先用权利益配置的失衡 ·················· 87
一、商标先用权人与专用权人利益分配的失衡 ········· 88
二、利益配置中消费者保护的考量比重存在偏差 ······· 89

第三章　竞争利益冲突——先用权人与专用权人利益配置失衡的核心矛盾 ·················· 95
第一节　商标先用权人与专用权人的竞争利益冲突 ········ 98
一、商标先用权人与专用权人具有直接竞争关系 ······· 99
二、商誉是先用权人与专用权人的竞争目的 ·········· 101
三、商标先用权人与专用权人具有直接竞争关系 ······ 102
第二节　商标先用权中竞争利益冲突的表现 ············ 105
一、商标抢注：割裂了使用价值与商标权的联系 ····· 105
二、商业诋毁：利用商标减损他人商誉 ············· 111
三、商誉攀附：模仿他人商标剥夺市场份额 ········· 118
第三节　商标先用权中竞争利益冲突的成因分析 ········ 122
一、商标符号资源的相对有限性 ··················· 124
二、商标先用权定位的边缘性 ····················· 130
三、商标使用的地域性 ··························· 135

第四章　消费者利益保护不足——商标先用权的制度偏离 ··· 139
第一节　消费者利益保护——商标法应有之义 ·········· 142
一、消费者保护是商标法的重要内容 ··············· 142
二、消费者认可是商标使用及商誉形成的重要依据 ··· 149
三、消费者认知是商标功能发挥的心理基础 ········· 153
第二节　私益扩张侵吞公益——消费者利益保护不足的表现 ·················· 159

一、商标权人本位主义减损了消费者利益 …………… 160
　　二、相同或近似商标的使用导致了消费者
　　　　"搜索成本"上升 …………………………………… 165
　　三、商标共存引发了消费者混淆 …………………… 170
　第三节　制度纠偏——消费者利益保护的价值导向 …… 175
　　一、公平合理分配商标利益 ………………………… 176
　　二、避免消费者混淆 ………………………………… 179
　　三、增进消费者福利 ………………………………… 183
第五章　我国商标先用权的理念与制度完善 …………………… 187
　第一节　商标先用权价值理念的修正 …………………… 189
　　一、对商标使用主义的理性回归 …………………… 190
　　二、商标法内在逻辑冲突的调整 …………………… 201
　　三、公平竞争理念的融入 …………………………… 209
　第二节　商标先用权的利益重配 ………………………… 211
　　一、以赋权增强对商标先用权人的保护 …………… 212
　　二、以设定先用权条件保障商标专用权人的利益 … 235
　　三、以规范商标使用实现对消费者的保护 ………… 246
　第三节　商标先用权的立法完善 ………………………… 259
　　一、商标法中商标权取得制度的取舍 ……………… 259
　　二、商标先用权的重新定位 ………………………… 269
　　三、反不正当竞争法对商标在先使用的保护 ……… 273
结　语 ……………………………………………………………… 278
参考文献 …………………………………………………………… 283
后　记 ……………………………………………………………… 306

第一章

公平竞争视角下的商标先用权审思

第一章 公平竞争视角下的商标先用权审思

随着知识产权制度的不断发展与创新，知识产权人的权利保护意识也获得了大幅提升，这得益于诸多因素，不仅与社会整体的进步有关，也与科技创新、文化发展、法律完善等具体因素息息相关。这体现在知识产权领域的方方面面，商标权人对其利益的重视也获得了提升。商标作为区分体系的一部分，发挥着识别商品或服务来源的作用，具有显著性的标识一般都可作为商标使用，不论其注册与否。这就涉及商标权取得方式：使用取得与注册取得。在一些实行注册制的国家或地区，其商标法律制度仅重视对已注册商标的保护，而忽视了未履行注册程序的已使用商标的保护。商标之所以获得保护是源于商标上的指代关系和商誉的建立，当一个经营者使用商标并获得了消费者认可与市场份额，这份利益就应获得承认。尤其是商标的价值与背后的商誉及经营者的经营行为息息相关。而一个商标获得注册与取得商誉之间存在时间差，当一个未取得商誉或商誉较低的已注册商标与在先使用并享有一定商誉的未注册商标之间发生利益冲突时应如何处理？法律是否应该保护在先使用但未注册的商标？这些都是亟待深入挖掘的问题。

本章主要从基本内涵、价值本源等方面对商标先用权做系统剖析，并阐述商标先用权在竞争领域的具体表现，从而为后文从商标先用权关系主体的角度分析该制度作出铺垫，即将商标先用权人、注册商标专用权人作为市场的竞争者，分析二者竞争利益的分配，并关注商标使用行为的直接受影响者——消费者在商标先用权中的利益归属。

第一节 商标先用权的内涵阐释

概念是构建法律制度的基石，要对商标先用权的内涵进行剖析，首先要对与之相关的概念进行必要的分析。尤其是对商标本质的揭示，可以为后文法律保护对象等研究奠定基础。在明确相关概念后，对商标先用权产生的历史背景、法律背景等逐一进行发掘，并最终找到其背后的理论。因此，本节拟对商标先用权的基本内涵进行剖析，以期对下文价值理念的揭示有所裨益。

一、商标先用权的本质界定

（一）商标的本质揭示

明确知识产权相关概念对于知识产权法律制度的构建十分关键，可以说是相关研究的逻辑起点。刘春田教授指出，不同的法律研究对象的属性差别决定了不同的法律关系，各种民事权利存在的原因源于各自对象的差别。[1] 在商标领域，商标乃是商标权的客体，是商标法中的基本范畴之一，故而商标法律制度亦是围绕该客体展开构建，因此需要对商标的本质展开研究。"概念是事物的本质属性，是一事物区别于他事物的重要特征，商标的概念所要探讨的实际上就是商标的本质问题，亦即，商标权保护的客体——商标的本质属性。"[2] 若商标概念不

---

[1] 刘春田：《知识产权法》，中国人民大学出版社2000年版，第5页。
[2] 姚鹤徽：《商标法基本问题研究》，知识产权出版社2015年版，第63页。

甚清晰,则会导致整个商标法律制度缺乏准确性,进而产生商标法适用的模糊。

在学理上,不同法学学派对商标的概念进行了不同的解释,甚至司法实践中和各国立法对商标的具体概念也存在不同的认识。"商标(trademark),是指能够将不同的经营者所提供的商品或者服务区别开来,并可为视觉①所感知的显著标记。"② 该概念指出了商标的最主要作用——区分来源,但并未揭示商标的构成要素等其他方面的特点。"商标是由文字、图形或者其组合等构成,使用于商品(或服务),用以区别不同商品生产者或经营者所生产或者经营的同一和类似商品的显著标记。"③ 该概念界定较为详细,不仅明确了商标的构成要素主要是文字、图形或者其组合,而且界定了商标是附着在商品之上,并与特定的生产者或经营者产生特定的指代关系,但将商标的区分来源作用限定在相同或类似商品(或服务)上,不免范围过窄,因为多数国家或地区对驰名的注册商标实行的是跨类保护。我国台湾地区学者所界定的商标概念重点在指出商标的效用,即表彰(to identify)与甄别(to distinguish),二者乃一体的两面,都是为商标在市场竞争中取得优势地位服务,但未就商标的其他特征作出说明。④

而在立法上,不同国家或地区对商标的定义亦不相同。我国《商标法》没有直接对商标的定义作出规定,而是以标志能

---

① 在我国,商标的可视化要求已于2013年修改商标法时被突破,在当前的《商标法》中,声音商标这种不具有可视化条件的商标亦可申请为注册商标。
② 吴汉东:《知识产权法》(第四版),法律出版社2011年版,第209页。
③ 郑成思:《知识产权法教程》,中国人民大学出版社2003年版,第3页。
④ 曾陈明汝:《商标法原理》,中国人民大学出版社2003年版,第3页。

否被注册为商标来进行表述，即《商标法》第 8 条。有的国家或地区则在立法中直接规定了商标的概念。《美国商标法》（即《兰哈姆法》）第 45 条规定："商标，是指人们为将自己制造或销售的商品与他人的相区别，以表示商品来源，而在商业中使用的或意图真实使用的，并根据本章规定在主注册簿上申请的任何词汇、姓名、标志、图案或上述要素组合。"① 《德国商标法》第 3 条则主要强调商标的区分功能，并对商标的构成要素作出了列举，且采取广义的商标，将装潢等亦作为商标进行保护。②

虽然上述定义不同，但大致上揭示出商标的几个基本特征。第一，商标由符号构成，这些符号又可以由文字、图形、数字、颜色等要素组合而成，一般而言，除了声音商标③，绝大多数商标都是以各式各样的符号呈现在我们面前，即商标通过符号表现出来，而符号是商标的组成部分。同时，只有当这些符号与特定的商品或服务建立起联系才能转化成商标，单纯的符号本身可能并没有特殊含义，如耐克、膳魔师、立白等；有些符号组合本身有一定的含义，如两面针牙膏的"两面针"是一种中草药的名字，白猫洗洁精的"白猫"二字指代白色的猫，但当上述商标没有与商品建立特定的联系时，并不能称为"商

---

① 杜颖：《美国商标法》，知识产权出版社 2013 年版，第 65 页。
② 范长军：《德国商标法》，知识产权出版社 2013 年版，第 2 页。
③ 声音能否作为商标的构成要素，曾经存在争议，但随着理论的不断完善，现大多数国家已规定声音可以作为商标的构成要素，即构成声音商标，典型的声音商标有英特尔处理器广告结尾的几秒经典音乐，曾经的诺基亚经典铃声，苹果手机的经典铃声等。我国 2013 年修订的商标法规定声音可以作为商标的构成要素，即《商标法》第 8 条的规定。

标"，只有使用在该几种商品之上时才是作为商标使用的。法律保护的并非构成商标的这些符号，而是符号背后所蕴含的信息，即符号与商品或服务之间的指代关系，符号与生产者或经营者之间的联系。

第二，商标具有显著性。著作权法要求作品具有"独创性"才可获得著作权法的保护，专利法要求技术的创新。与著作权法和专利法对客体的要求不同，商标法对商标的要求则低得多，仅要求商标具有显著性，即不易与其他的标识混淆。商标通过在市场中的使用，能够起到该商标与其他同类的商品或服务生产者或经营者的商标区分的作用，亦便于消费者将该商标与特定的商品及生产经营者联系起来以认牌购物，如此也有利于经营者使用该商标开展竞争。当然，商标抑或本身就具有显著性，抑或通过使用获得显著性，对此，本书第四章会展开详细论述。

第三，区分来源作用。商标是一种符号表征，主要向消费者表明商品的来源，起到信息传递的作用，帮助消费者认牌购物。对于经营者来说，区分来源可以激励他们诚实经营，把商誉集于商标之上，并以此吸引消费者。虽然说商标是符号的集合，但它并不是一般的符号，"而是始终发挥着指代功能的符号"[①]。商标的区分来源功能是其最本质、最原始的功能，某一商标要想在市场中获得较高的声誉则需要不断地向消费者传递信息，让消费者建立消费习惯。某一特定市场中的竞争者数量极多，不同生产者或经营者提供的商品或服务质量参差不齐，

---

① 李琛：《商标权救济与符号圈地》，载《河南社会科学》2006年第1期。

若想获得消费者的青睐与选择，需要将相关的商品或服务或生产者信息传递给消费者，从而使消费者逐渐信任该品牌。此时，商标就是引导消费者选购商品或服务的工具，使得消费者"在选购商品时不需花费额外的精力与时间进行商品信息的搜索，凭着对商标的认知即可以分辨不同的生产者，从而选购商品"。[①]

第四，商标与商品或服务本身相联系。商标是附着在商品或服务上的，当商标没有使用在具体的商品或服务之上时，其仅仅是符号，并不具有商标法上的意义。如耐克体育的"✓"，若没有使用在耐克运动产品上，其只是没有特殊含义的对号，而该标志与耐克体育用品建立了特定联系，并且经过耐克体育的良好经营，使该商标具有了较高的商誉，获得了市场认可。商标的形成是通过将商标贴附于具体的商品或服务上实现的，把贴有商标的商品投入市场，让消费者进行挑选，当消费者开始识别该商标后会对该商品的质量形成自己的评价，并影响以后的选购。而该评价则会浓缩在商标之上，久而久之则会形成商誉。因此，单独的符号标志没有商业价值，只有该标志与特定的商品及其生产经营者产生联系时，该商标才具有价值。

（二）商标权内涵的修正

在法律的语境下，了解商标的本质后不可避免地要触及商标权的概念。商标权是商标权人依法对其商标所享有的商业性

---

① J. Thomas McCarthy, McCarthy on Trademarks and Unfair Competition, Eagan: Thomson/West, 2010, §2: 5.

使用权，它是一种排他性的支配权。① 在商标符号学中，商标作为一种符号由"能指"和"所指"组成，前者即符号本身，后者指标志上所蕴含的商品信息。② 可见，商业标志本身不是商标，只有该标志与具体的商品、生产经营者建立了特定的联系后，贴附于该商品上的标志才可称为商标。因此，商标权人所享有的并非是单纯控制商标标志使用的权利，还包括支配商标标志与具体的商品或生产经营者之间如何产生、增强抑或消减特定联系的权利。亦即当他人破坏其商标与商品之间的联系时，如他人假冒其商标进而引起消费者混淆，切断了消费者对该商标和商品的特定联系认知时，他人即构成对商标权的侵害。因此，商标法中所称的"商标侵权"，侵害的对象并非具体的商标，实际的侵害行为也非对商标进行涂改再使用，而是使用了相同或相似的商标，引发了消费者混淆，在实际上阻断了消费者对该商标相关信息的认识，影响了消费者的选购行为，导致被侵权人商品销量的减少即市场份额的下降，最终产生的是市场竞争上的效应。

而我国商标法理论多将商标权概念与注册商标相联系，一般而言，商标权指的是注册商标专用权。我国《商标法》中也使用"商标专用权"一词，③ 然而商标权的权属范围并不局限在"专用权"，还包括商标的许可使用权、转让权、优先权、投融资权等不同权项，故我国《商标法》直接将"商标权"

---

① 王太平、邓宏光：《商标法》，北京大学出版社2017年版，第54页。
② 彭学龙：《商标法基本范畴的符号学分析》，载《法学研究》2007年第1期。
③ 我国《商标法》第1条规定"为了加强商标管理，保护商标专用权"而制定本法，即使用"商标专用权"一词。

等同于"注册商标专用权"是有所偏差的。那么，商标权的客体是否涵盖了未注册商标，仍存有争议。有观点认为商标权仅包括注册商标专用权，不包括未注册商标权；有观点则认为商标权并非仅指向注册商标专用权这一单一客体，未注册商标通过使用亦可产生相关权益，故也应是商标权的客体。该问题的实质分歧在于对商标权形成机制的不同理解。① 我国实行的是注册商标制，按其逻辑，商标权是行政赋权的结果，那么商标权的客体不应包含未注册商标。但结合商标制度的历史来看，商标权产生于商标使用行为，商标只有贴附于商品之上并且投入市场，与消费者产生联系，其商标功能才得以发挥。不能因为申请注册这一程序事项，即赋予其对抗其他因商标使用而享有权益的权利，这与商标产生和发展的法理基础相悖。

当前我国商标保护主要以是否注册为准，而非以实际使用作为衡量基准，这与商标制度的发展历史及保护理念背道而驰，可以说我国商标保护制度的逻辑稍显混乱。这种逻辑上的混乱有特定的历史原因，一是我国商标法律制度发展历史较短，商标的产生缺乏内生性的市场需求，故商标保护理念的树立也相对较晚；二是我国的商标法移植于域外，在这个过程中对注册制本质的理解并不全然准确，形成了单一且早期较为严格的注册制，对"使用"的认识非常模糊。然而随着商标法律研究的不断深入，近年来我国对"商用产生商标权益"已有了新的认

---

① 冯术杰：《论注册商标的权利产生机制》，载《知识产权》2013 年第 5 期。

识，不仅立法逐步开始承认未注册商标的相关权益，[1] 司法实践的态度也发生转变，由以前对注册商标的绝对保护变为逐渐重视商标的使用价值。

如北京知识产权法院判决的"三叶草中文商标案"[2]，阿迪达斯公司只申请注册了三叶草图形及英文商标，而未注册中文"三叶草"商标，本案被告对此中文商标申请注册并被核准通过。对此，阿迪达斯公司主张运用"在先使用并有一定影响力"条款来保护自己的权利，诉称被告恶意抢注他人在先使用商标。法院通过审理支持了阿迪达斯公司的诉求，认为被告是以不正当手段抢注他人在先使用并有一定影响力的商标。我国司法界已对"使用产生商标权益"有了一定的新认识，为学理上对未注册但已使用的商标研究铺垫了一定的基础。

（三）商标先用权

在对商标的本质及商标权的权属范围进行了界定后，可以看出商标并非想象中简单，日常生活中所见的商业标志即符号在附着于商品上并投入市场之前，并不能称之为法律意义上的"商标"。商标法研究对象理论的修正将未注册商标保护问题带入研究视域。未注册商标按不同标准分为不同种类，而商标先用权的客体是在先使用的未注册商标，其影响力介于驰名与普通之间，为"有一定影响"。但该概念的重点为"在先"和

---

[1] 我国《商标法》不仅规定了注册商标的相关权利，还规定了未注册驰名商标权、在先使用商标抗辩权、未注册商标对他人抢注商标的撤销权，在《商标法》第四次修正时增加了"不以使用为目的的恶意商标注册申请，应当予以驳回"的相关规定等。

[2] 北京知识产权法院（2017）京73行初6071号行政判决书。

"使用",强调对商标因"在先"使用所产生的商标利益亦应保护。商标先用权是指在某一注册商标申请注册之前已有他人在相同或类似商品上使用相同或类似商标,并且产生了一定的影响,则商标的先使用人可以在原有范围内继续使用该商标,并且先使用人在一定情况下还应享有异议权、无效宣告权、优先注册权等权利。在先使用商标是在相同或类似商品上与在后注册商标使用的相同或近似的商标,因此从表面上看对注册商标构成侵权。但是在先商标的存在有其合理性与正当性,在先商标的使用行为是产生商标权的途径之一,而在先商标通过使用发挥了商标的识别来源功能,亦产生了商誉,同时商标先使用人在市场竞争中理应享有正当充分的竞争权利,因此商标先用权是对注册商标专用权的限制,也是对商标注册制缺陷的弥补。

对于商标在先使用产生权益的概括,学界存在不同的提法,有的称之为"商标先使用权"[1],有的称之为"商标在先使用权"[2],有的称之为"商标先用权"[3],有的称之为"先使用权"[4],不论哪种提法,都强调"先"字,即与在后注册的商标相比,在先使用商标的这份在先利益应获得保护。虽然我国立法没有明确规定类似概念,但《商标法》第59条第3款作出了商标在先使用人享有继续使用商标不侵权的规定。而本书缘何使用"商标先用权"概念,是基于以下几点考虑。

---

[1] 杜颖:《商标先使用权解读——〈商标法〉第59条第3款的理解与适用》,载《中外法学》2014年第5期。
[2] 汪泽:《论商标在先使用权》,载《法商研究》2002年第6期。
[3] 张玉敏:《论使用在商标制度构建中的作用——写在商标法第三次修改之际》,载《知识产权》2011年第9期。
[4] 吴汉东:《知识产权法》(第四版),法律出版社2011年版,第259页。

第一章　公平竞争视角下的商标先用权审思

第一，我国《商标法》第59条第3款并没有完整概括出商标在先使用所衍生的所有权益，除了继续使用不侵权之外，在某些情况下商标在先使用人还可能享有撤销权、异议权、优先注册权等权利，故可以用"商标先用权"等类似表述来概括上述权利项目。

第二，如果仅从法条规定来看，商标在先使用产生的应是一种消极的权能，即不侵权抗辩，但这与商标在先使用获得保护的原因、价值基础都不相符合。虽然在法条中体现为对商标专用权的限制性条款，但商标在先使用人基于其使用行为所享有的商誉，亦应该享有一定的积极权能，如继续使用该商标的权利，对恶意抢注商标提出异议的权利，甚至在一定条件下可以转让其商标权。

第三，在我国注册制背景下，商标法在对商标在先使用人与商标注册人进行利益分配时出现了明显的不均衡，这与公平竞争内涵不相符合，亦有违商标产生的根据及商标权的价值基础。因此本书欲以商标先用权中相关主体间的利益配置为切入点，构建合理的商标先用权制度，以此实现相关利益主体周全的权利保护。

第四，需要明确的是，商标的在先使用与商标先用权并非完全相同的概念，在先使用指的是商标的使用状态，而商标先用权则指的是在先商标使用人的商标使用行为与在后注册商标发生冲突了，落入了商标先用权范畴，是使用行为所引发的法律上的效果。

在先使用的商标是未注册商标的一种，而未注册商标既包括普通未注册商标，也包括有一定影响的及驰名的未注册商标。

但对于驰名未注册商标，我国《商标法》已经作出了较完善的规定，与普通的注册商标享有同等的保护即"同类保护"。关于未注册驰名商标能否主张先用权，其实对未注册商标而言，法律作出"禁止他人注册并使用"的规定，是强于对一般的在先使用商标的保护的。如"新华字典案"[①]，商务印书馆自1957年至案件审理时连续出版了11版《新华字典》，市场占有率超过50%，而华语出版社亦出版了与商务印书馆包装相似的"新华字典"，故商务印书馆诉称华语出版的行为侵犯了其"新华字典"未注册驰名商标，并且使用其知名商品特有的包装、装潢的行为也构成不正当竞争，最终法院支持了商务印书馆的诉求。

  法律对驰名商标实行健全保护，是因为该商标上所含的商誉较高，消费者的认可度高，市场份额占有率高，因此对驰名商标的保护是对既定的消费秩序和市场竞争秩序的维护。由此可见，商标法保护对象并非绝对以形式上是否注册为准，而是以实质上的商誉、商标使用人与消费者的特定联系为标准。但当前我国商标保护仍主要坚持是否注册这种形式标准，而非以实质标准作为衡量基准，这与未注册驰名商标的保护理念有所出入，表明我国商标保护的内在逻辑有一定混乱。若都要求未注册商标达到"驰名"的标准才可获得与普通注册商标同等的保护，未免要求过高。因此，对在先使用的未注册商标，法律亦规定予以有限的承认和保护。

---

① 北京知识产权法院（2016）京73民初277号民事判决书。

二、商标先用权背景溯源：商标使用与商标注册

与著作权法和专利法相比，商标法的发展历史较晚。虽然符号早就存在于人类社会发展进程中，然而商标法律制度并未随着符号的出现而建立。商标也并非自古就有，因为商标（trademark）是商业标记，从字面即可看出其是用在商业活动中的，在商品经济活跃之前，很难看到现代意义上的"商标"，以前的符号也仅仅是符号而已。商品经济的发展是商标及商标法产生的经济土壤。对商标出现和使用的历史进行研究，对于商标法律制度的深挖具有重要意义。

（一）商标制度的历史溯源

在商标制度确立之前，人类在社会活动中就已经采用相关符号来表明身份、确定物品归属，商标的发展与符号的使用渊源颇深。"符号化的思维和符号化的行为是人类生活中最富于代表性的特征。"[①] 在原始社会，原始人类就出于识别目的开始在一些物品上刻印标记。[②] 例如，在文字发明之前，埃及人就在牛背上烙上印记，以表明牛的权属。欧洲人在石器时代也在牛的肋部烙印。英语单词的"品牌"（brand）正来源于杨格鲁—萨克逊的"烙"（to burn）。[③] 而后随着商业贸易的发展，中世纪的欧洲市场上开始出现商业化使用的符号，但此时的标记并

---

① ［德］恩斯特·卡希尔：《人论》，甘阳译，上海译文出版社 2004 年版，第 35 页。
② 余俊：《商标法律进化论》，华中科技大学出版社 2011 年版，第 35 页。
③ 转引自姚鹤徽：《商标法基本问题研究》，知识产权出版社 2015 年版，第 2 页。Diamond, The Historical Develop of Trademarks, 65 Trademark Rep. 265 – 266 (1975).

未发挥现代商标的作用。一是为了表明商品的所有权，在商品遗失后可以根据标记追回。例如，中世界欧洲的海上贸易较为发达，海盗经常出没掠夺商品，如果货物被政府追回则可以按照商品上的标记进行返还。① 二是为了表明责任的归属，如商品质量出了问题可依标记追责。"在中国的周朝，国家设立了市场管理机构，负责市场上的贸易和货物监管，对出入市场的货物要'以玺节出入之'（《周礼·掌节职》）。"② 上述符号或者商业标记的运用与现代商标的功能相去甚远，因为以前商品经济不发达，更没有出现市场经济，市场上主要的交易方式是以物易物，因此缺乏商标广泛使用的经济土壤。

从历史的分析可知商标非自古有之，它的出现离不开商品经济的发展所带来的市场活跃，基于市场的需求才出现了利用商标开展的竞争，因此商标使用者需要通过不同的标识来彰显身份，以达到普通的购买者能够区分它们的程度。尤其是随着工业革命的到来，社会生产模式及经济发展模式都发生了改变，货物的跨区域售卖则更需要依赖标记来区分不同的生产者，即早期的商标区分来源作用；当消费者购买了某商品之后，只要对该商品上的标志有了认识，以后可能继续购买该品牌的产品，无形中又起到了广告宣传的作用。随着购买者对商品上标记的认可，商业标识的价值日益凸显，在利益的驱使下，生产者开始寻求法律的保护，以防止他人假冒自己的商业标识，抢夺自

---

① Mark P. McKenna, The Normative Foundations of Trademark Law, 82 Notre Dame L. Rev. 1939 – 1849（2007）.

② 孙英伟：《商标起源考——以中国古代标记符号为对象》，载《知识产权》2011年第3期。

己的市场份额。早期商标制度的建立多是由商会来推动的。17世纪到19世纪中叶,欧洲的法院已经开始承认商业标识的使用者对其商业标识享有正当的利益,他人不得以欺骗的方式假冒已经累积一定商誉的商业标识。1618年的Southern v. How案①被认为是欺诈之诉最早的案例,确立了仿冒他人商标构成非法使用的原则。所以,早期的商标保护制度是通过判例确立的,而后在英、美等国,商标保护作为反不正当竞争法的一部分从反假冒侵权基本规则发展起来,逐渐形成独立的商标法律制度。

(二) 商标使用与商标注册

从商标的发展历史可以看出,商标通过数千年客观的使用行为,由曾经中世纪典型的管制性标章,逐渐发展成现代化商标制度所保护与规范的对象。② 所以商标源于使用,商标功能的变化也是在商标使用过程中得以体现的,离开了使用,商标制度就是无源之水。"商标使用与商品经济的结合催生了商标权。商品贸易的发展为商标区分功能的产生提供了环境,而商标使用使得商品与商标相联系,促使商标成为指引商品交换、引导消费者购物的工具。"③

因此,在商标发展早期,没有注册的说法,彼时所自然形成的权利取得模式就是使用,可以说当时使用是唯一的商标确权途径。故,在使用产生商标权的时代,亦不存在严格意义上的先用权纠纷,因为商标先用权是相对于商标专用权而言的,

---

① Southern v. How, Popham's Reports 143, 144. English Reports, 1907, 79: 1243, 1244 (1618).
② 曾陈明汝:《商标法原理》,中国人民大学出版社2003年版,第3页。
③ 马丽萍:《商标法上的商标使用研究》,中南财经政法大学博士论文,第22页。

在使用产生商标权背景下,商标使用者都是商标权人,只是在发生侵权纠纷时需要判断是谁最先使用。在当时特定的历史背景下,"商标的排他性权利,只属于第一个将其与特定商品联系在一起的人"①。使用取得符合商标价值形成的规律,也体现了"自罗马法以来的先占原则,是对谁先实施占有谁先取得权利这一法律精神的实践"②。可以说,使用取得是历史上最早出现的一种商标确权原则。

但是随着社会经济的发展,商标使用者数量剧增,而由于使用原则存在使用证据举证困难、权利不稳定等局限性,一些国家和地区开始采用商标注册制。1857 年,法国颁布了《关于以使用原则和不审查原则为内容的制造标记和商标的法律》,第一次确立了商标注册取得制度。注册制一经确立成为商标法律制度的重要内容,它程序简单,能便捷确定商标权的归属,而且确定权属时效率高,并可以清晰地划定权利的边界,对商标权的变动具有公示效力,也便于交易活动的进行。鉴于当今世界经济的高速发展,人们对效率的追求经常优先于公平,故当大多数国家开始采用注册取得制度,我国商标法也采取自愿的注册取得商标权制度,这就导致在市场中出现一部分不注册但使用商标的行为。当经营者在生产经营中使用了某一商标,也获得了一定的市场影响力,但没有申请注册,而后有其他经营者注册了与在先使用未注册商标相同或近似的商标并获得专用权,可以对抗其他侵犯商标专用权的行为。那么对在先使用

---

① 李明德:《美国知识产权法》,法律出版社 2003 年版,第 289 页。
② 李雨峰、曹世海:《商标权注册取得制度的改造——兼论我国〈商标法〉的第三次修改》,载《现代法学》2014 年第 3 期。

已经有一定影响力的商标,是否应予以保护及如何保护都成为亟待深入挖掘的问题。

在商标注册制背景下,一个商标想要获得商标权,只需要履行注册程序即可,其有没有在市场上进行实际使用,其后是否立即投入市场使用,法律亦不做过多干涉。尤其是因为市场上存在信息不对称,加之我国地域市场广阔,即使有其他人已经使用某商标,但注册申请人可能并不知晓该种情况,而先使用人也不知他人的注册申请行为,就有可能丧失获得排他性使用商标的权利。

该问题的背后有商标注册主义与商标使用主义的冲突,严格的注册制容易忽视商标的使用价值,而不注册又难以获得商标法周全的保护。商标注册制看重的是效率与安全,程序化的要求便于对商标进行管理,但一味地坚持形式正义可能导致实质正义的缺失。[1] 原本的商标使用人因为申请程序的缺失而得不到应有的保护,这就出现已经在实际的生产经营中使用并获得一定的市场影响力的商标得不到保护,有违公平原则的情形。[2] 而商标先用权人与专用权人作为相关市场的经营者,利用相同或近似的商标开展竞争,因此公平的竞争条件就显得尤为重要。从竞争的角度对先用权人与专用权人的利益冲突进行协调与利益划分是十分必要的。而我国当前对注册商标专用权保护力度的加强其实弱化了市场的竞争,增加了引入竞争的成

---

[1] 苏喆:《把握公平与效率的双重价值取向——论我国商标取得制度的完善》,载《知识产权》2012年第3期。

[2] 邓宏光:《论商标法的价值定位——兼论我国〈商标法〉第1条的修改》,载《法学论坛》2007年第6期。

本，破坏了商标法律制度理性的平衡，使得天平偏向一边即商标权人，而对其他利益主体造成了实体上的不公平。

三、商标先用权保护的现实意义

由上文可知商标先用权产生的背景、原因，即随着商标注册制的确立才开始出现商标先用权是否要保护的问题。在此之前，由于商标权源于商标使用行为，商标权是基于"商标使用"这一客观事实而成立的，只要举证谁先使用，商标权就归属于谁。就使用取得模式而言，"它体现了自罗马法以来的先占原则，是对谁先占有谁先取得权利这一法律精神的实践"。[①]而随着历史的推进及经济发展的需求，注册制成为主流的商标权取得模式。

（一）弥补商标注册制的固有缺陷

采取单一的注册制的代表性国家有法国、巴西、中国等，坚持商标使用制的国家以美国为代表，[②] 还有一类是采用混合制，即使用、注册均可取得商标权的国家，如德国[③]；或采用

---

① 李雨峰、曹世海：《商标权注册取得制度的改造——兼论我国〈商标法〉的第三次修改》，载《现代法学》2015年第3期。

② 美国坚持使用产生商标权制度，虽然引入了商标注册申请，但该注册申请并不能产生法律意义上的商标权，仅具有公示公信效力。《兰哈姆法》（*The Lanham Act*）被编入美国法律汇编第15章，其第1条即15U.S.C.§1051中规定于商业中使用的商标的所有人可以请求注册。

③ 《德国商标法》第4条"商标保护的产生"规定，商标保护通过下列情形之一而产生：（1）将标志作为商标注册于德国专利与商标局的商标注册簿；（2）将标志在商业交易中使用，且其在参与商业交易的群体范围内作为商标获得了第二含义。

"注册+取得"体制的埃及①。注册制有程序上的简便、清晰划定权利边界、便于公示、效力有稳定性等优点，但其亦有缺陷。而规定"商标先用权"制度则可以弥补注册商标权的一些缺陷。

1. 遏制商标恶意抢注

注册取得制度有其本身固有的积弊，其中之一即易引发恶意的商标抢注。在注册制下，获得商标权不需要具备实际的使用行为，只需履行注册程序即可，加之商标注册成本低，程序简便，由此衍生了商标抢注现象，即有些人将具有市场潜力的商标抢先注册，包括他人已经使用但未注册的商标，没有被使用的商业标志，名人的姓名，知名企业的企业名称或字号等诸多具有市场价值的元素。虽然我国《商标法》第四次修正时增加了"不以使用为目的的恶意商标注册申请，应当予以驳回"的规定，但对"恶意商标注册申请""不以使用为目的"的判定缺乏细节性规定，还需要进一步的细化与完善才具有实际操作空间。实际上，商标抢注多为对具有商业价值的商标进行的恶意抢注行为，并以此"法定权利"来阻挠他人使用商标，或进行高价转让，谋取不正当利益。亦有主体将之作为一种不正当竞争手段使用，竞争者将在先商标使用人的未注册商标进行恶意抢注，以迫使在先商标使用人放弃已积累了商誉的旧商标

---

① 《埃及知识产权保护法》第65条规定：除非有证据表明第三方已经在先使用，否则凡进行商标注册并自注册之日起使用5年者，应被视为注册商标权人。在上述5年期限内，商标的在先使用人可以申请宣告商标注册无效。对于恶意注册的商标，提出异议不受时间限制。马伟阳译、樊立君校：《埃及知识产权保护法（商标、厂商名称、代理标志和外观设计）》，载十二国商标法翻译组：《十二国商标法》，清华大学出版社2013年版，第27页。

而采用新商标，相当于放弃了一部分的市场利润。

商标先用权保护商标在先使用者的利益，当面对他人的恶意抢注，在申请阶段，可以通过异议权的行使，终止抢注商标申请程序。而抢注商标一旦获得赋权，商标先用权人可向商标评审委员会申请该商标无效。抑或赋予商标先用权人没有时间限制的撤销权，一旦证明了他人的恶意抢注，则可申请撤销其商标权，此举可在更大程度上维护商标市场的秩序稳定与公平。

2. 调整商标资源配置的失序

商标获得法律保护的根源在于其可以标示不同的来源，以起到区分作用，该作用的发挥需要依赖实际的使用。但注册取得商标权制度下，注册即取得，无须实际的使用行为，因此是法律通过拟制的方式赋予未使用的商标获得相当于使用商标的权利，即获得"法律拟制的商标权"[1]。而这种拟制的权利更容易获得，只需完成注册程序要求即可，并不需要申请人实际使用或做好使用商标的必要准备，这就导致了"商标囤积"现象的出现。恰当的、可用的商标资源有限，大量囤积商标会导致可利用的商标资源减少，若囤积的商标不进行实际使用，会在实际上造成商标资源的浪费。

有些商标注册人甚至抱着不正当的目的囤积商标，将此变成一门有利可图的"生意"。当他们得知他人使用与其囤积的商标相同或相似的商标时，则通过异议程序、无效宣告、侵权诉讼不正当地阻止他人使用该商标，破坏商标使用市场的正常

---

[1] 刘铁光：《商标法基本范畴的界定及其制度的体系化解释与改造》，法律出版社2017年版，第25页。

秩序。显然，这种行为与商标法的立法价值和目的背道而驰，同时增加了竞争者进入商标市场的成本，浪费了有限的商标资源、行政资源。商标资源配置的失序导致那些想要使用某些商标的主体因他人的囤积行为而无法使用，造成资源浪费及市场进入的高门槛。通过规定商标先用权，对注册商标专用权予以一定的限制，即使某些商标被囤积了，但如果他人在先善意地使用这些商标，则可以继续使用，甚至可以就囤积商标提出商标权无效的请求，以此保证商标市场的有序发展。

我国相关部门于2018年开展了持续的打击涉嫌囤积商标的非正常商标申请行为，并重点针对商标囤积等行为于2019年修订了《商标法》。非正常商标申请，是利用我国注册取得商标权的制度，将商标作为牟利手段，大量申请注册商标，但不具有使用的条件和目的，这种行为破坏了商标的本质及商标法的立法本意，故我国商标局倡导以使用为目的进行商标申请。可见，我国对商标使用的认知逐渐增强，以克服注册制的缺陷。而最高人民法院更是通过判例认定"大量囤积商标"行为属于《商标法》第44条第1款"其他不正当手段"。[1]

武汉中郡校园服务有限公司（以下简称武汉中郡公司）"闪银"商标无效宣告案再审申请一案[2]，就是大量囤积商标被驳回申请的例子。案件起源于武汉中郡公司申请注册"闪银"商标，而北京闪银奇异科技有限公司已经在先使用该商标，后武汉中郡公司的行为被商标评审委员会裁定违反《商标法》

---

[1] 一旦注册商标被判定为通过"其他不正当手段"取得，带来的后果是该注册商标可能被宣告无效。

[2] 最高人民法院（2017）最高法行申4191号行政裁定书。

44 条的规定,属于不当抢注,宣告该商标无效,因而武汉中郡公司进行了起诉。法院查明武汉中郡公司在多个类别的商品和服务上申请了包括争议的"闪银"商标在内的 1000 余件商标,这些商标多与知名商标近似,大多未投入使用,并且该公司 2 名股东成立了知识产权代理公司进行商标的售卖。据以上证据可判定武汉中郡公司的商标注册行为缺乏真实使用目的,并非基于生产经营活动的需要而注册,是无正当理由大量囤积商标,谋取不正当利益,扰乱了商标市场的秩序,属于《商标法》第 44 条第 1 款"其他不正当手段"。

(二) 回归商标的使用价值

注册制忽视了商标使用对商标价值形成的重要作用。依据注册制而取得的商标权,有一部分申请之前该商标并未进行实际使用,甚至获得注册之后亦未进行实际使用,且这些未实际使用的商标并不含有任何的商誉,因此没有市场影响力,更未与消费者建立联系,甚至连商标的区分来源、指示作用都没有发挥,但法律却要对其予以商标法上的保护,这在一定程度上与商标制度产生的基础相悖,与洛克的"劳动价值论"这一基本学说相悖。劳动创造价值,若商标权人实际使用了商标并努力经营使其负载商誉,则该商标权人理应享有商标权这一财产权。

有一部分商标申请注册后进行了实际使用,但其使用与商誉的获得之间存在"时间差",即商誉的获得并非一朝一夕的事,需要商标使用人在商标上投入大量精力,提升商品的质量,并进行广告宣传,继而才有可能获得消费者的认可,逐渐地获得商誉。而当这些已经使用但没有获得商誉或商誉较低的商标,与已经在先使用并享有较高商誉的商标产生利益冲突时，法律应该怎么进行利益的划分，成为一个难题。在我国较为严格的商标注册制下，面对上述冲突，商标在先使用人很难获得周全的保护。其实，面对此类冲突，不应以"权利"论，而应以"利益"论，即虽然注册商标权是法定授权，但应尊重商标制度的本质，重视商标使用所产生的商誉，因为商誉代表了市场影响力的大小，此时其不再是一个纯粹的私权，背负了诸多商标法中的公共利益，诸如使用者的竞争利益、消费者的不受混淆、公平的市场竞争环境等。因此，对商标先用权制度的完善可以使商标制度回归其本源，妥善解决上述利益冲突。

（三）填补公平价值的不足

在使用取得商标权模式下，商标权的获得以商标的实际使用为基础和前提，商标权归属于最早使用该商标的主体，这与商标的本质特征是一致的，[①] 同时迎合了法的公平价值。但正如前文所言，商标使用取得模式亦有缺陷，其缺乏公示公信效力，导致权利处于不稳定状态，而权利一旦发生许可使用、转让等情况，被许可人或受让人的权利状态亦极不稳定。虽然是最为公平的商标赋权制度，但却不能满足市场经济快速发展所需要的效率价值、安全价值。因此，注册制的效率与安全开始为人们所重视。

我国作为传统的成文法国家，法律制度有其固有的习惯，而我国商标法倾向于安全与效率的价值取向，故而对公平价值的追求有所忽视。我国商标法在立法目的中明确了主要保护商

---

① 谢冬伟：《中国商标法的效率与公平》，立信会计出版社2012年版，第21页。

标专用权，同时加强商标的行政管理，但未提及对商标市场公平竞争秩序的保护，这与商标使用的实际情况及市场需求是不相符的。同时缺乏对商标与公平竞争关系的正确认识。

商标法的公平与效率是在具体的制度安排中得以体现的，我国商标法的注册程序的简便及使用要求的缺失使得近年来商标申请量大幅上升。据统计显示，截至 2021 年年底，我国累计申请商标共 6214.5 万件，累计核准注册商标共 4166.5 万件，全国有效注册商标 3724.0 万件，数量大幅度增长。[①] 这是商标法效率价值的体现。由于我国固有的法律传统及经济的快速增长，我国商标法当前仍重视对效率与安全的追求，但不能因此忽视实质公平。虽然商标审查等程序中体现出了形式公平，然而商标先用权人与专用权人、消费者之间利益的均衡配置是实质公平的体现，也需要获得商标法的关注。

公平的表现是多方面的，既包括对其他商标使用人正当权益的维护，也包括对消费者正当诉求的回应及对整个商标使用市场公平竞争的维护。保护商标的在先使用，是商标使用主义回归的一个表现，而使用取得能实现的最大效益即公平，因此，规定商标先用权可以弥补我国商标法律制度中在公平价值方面的不足。同时，通过对商标法中公平价值的强调，避免商标沦为注册商标权人私有利益保护的工具。

---

① http://www.scio.gov.cn/xwfbh/gbwxwfbh/xwfbh/zscqi/Document/1731364/1731364.htm，最后访问时间 2022 年 10 月 24 日。

第二节　商标先用权的价值本源

一、商标使用：商标先用权的价值基础

结合上文对商标发展背景、产生原因等方面的分析可知，商标权源于商标使用行为，使用赋予商标法律制度以生命，离开了使用，商标制度将无法存续，因此忽视"使用价值"是有违商标法基本精神的。"尽管商标使用制度在商标法中似乎处于隐形的状态，但其核心作用却是不容置疑的，它不是一项虚构的制度，该制度是将商标法律制度连成整体的工具。"[①] 商标确权的正当性基础应在于经营者将商标贴附于商品之上并投入市场进行了实际的使用，消费者才可以通过商标将商品与特定的提供者相联系，商标的价值得以实现。商标先用权获得承认的价值基础亦在于使用产生商标权。虽然在先使用人没有进行商标注册，但其基于使用行为可以享有一定的实体利益，但在注册取得制下，由于缺乏使用产生商标权的理念，商标在先使用人的权益往往得不到周全的保护。因此，对商标使用的认可，是商标先用权价值实现的基础。虽然我国商标法并没有承认使用可以产生商标权，但是对商标先用权作出了一定的规定本身就证明了使用确实可以产生商标法上的权益，甚至在一定情况下可以对抗注册商标专用权。

[①] Stacey L. Dogan & Mark A. Lemley, Grounding Trade mark Law Through Trade mark Use, Iowa Law Review, Vol. 92, Issue5 (2007), p. 1669.

商标使用是商标法中的基本概念之一，它是构建合理的商标法律制度的基石。在认可使用产生商标权的国家或地区，商标使用是商标权得以成立的前提条件；在实行注册取得商标权的国家或地区，商标使用则是维持商标权有效性的前提条件，所以商标使用的重要性毋庸置疑。[①] 而商标使用的对象是商标，使用行为亦作用于商标之上，通过一系列的使用行为，消费者可以熟悉不同经营者的不同商标，并进行商标选购，故而形成各自稳定的消费市场，由此商标的指示来源、区分功能方得以实现。那么，商标使用与商标相联系，该使用行为也需要具备区分来源的作用方可称为"商标法意义上的使用"。[②]

在商标权维持与侵权的判定中，如何判断使用行为是"商标法意义上的使用"就显得尤为必要，因为一些象征性的使用行为并不符合商标使用的本来含义，不应被认定为权利维持有效性的合法依据。商标法层面的商标使用，需要将标识附着于商品之上，并可以发挥识别来源的作用。识别作用的发挥亦需要消费者的感知。[③] 孔祥俊教授也提出过类似观点，指出商标使用需要商标发挥来源识别作用。[④] 商标使用的概念虽然存在已久，但其内容仍在随着社会及商标制度的发展而不断变化。具体的商标使用行为则需要在行政执法和司法审判的实践中结

[①] 杜颖：《社会进步与商标观念：商标法律制度的过去、现在和未来》，北京大学出版社2012年版，第26页。

[②] 刘铁光：《商标法基本范畴的界定及其制度的体系化解读与改造》，法律出版社2017年版，第100页。

[③] Uli Widmaier, Use, Liability, and the Structure of Trademark Law, 33 HOFSTRA L. REV. (2004-2005), pp. 603, 608.

[④] 孔祥俊：《商标与反不正当竞争法原理和判例》，法律出版社2009年版，第179页。

合具体的情况去认定，法律很难作出周全的列举性规定。

（一）商标权取得中的商标使用

早期的商标制度中，使用取得商标权具有正当性与必然性，也与商标价值形成规律具有一致性。因为使用行为所带来的商标价值的增加是通过消费者的认可及商誉的形成所实现的。亦即，商标本身仅为外在的符号，真正对商标价值的增益具有决定意义的乃是商标标志背后的商誉。而商誉是商标专用权和先用权获得保护的根基。[①] 商誉的形成需要商标权人将商标使用在商品或服务之上，需要财力物力的投入，这些都表现为具体的使用行为。只有当这些财力物力投入市场，接受市场检验，才能获得消费者的购买，进而带来市场份额的增加，这些积极的市场效应体现在商标上就是其商誉的增加。上述商标使用的过程及商誉形成的途径亦符合洛克的"劳动价值论"，因此使用取得原则与商标价值的形成具有一致性。

承认使用产生商标权背景下，基于使用商标产生的权益获得法律保障具有正当的基础，但是在注册产生商标权模式下，基于使用而产生的相关利益却得不到有效周全的保护，这也是摆在注册制商标法律制度面前的一道难题。因为使用产生商标权不符合注册制的内在要求，甚至可以说与注册确权价值相悖。但是随着商标理论的深入发展，越来越多实行注册制的国家也开始重新重视使用价值，因此不论是单一的注册制国家抑或混合制国家，在立法中有限度地承认商标使用的价值已成为一种

---

① 马丽萍：《商标法上的商标使用研究》，中南财经政法大学2017年博士论文，第58页。

立法趋势。重视商标的使用价值可以有效防止商标抢注、商标囤积和商标掮客现象的发生。① "近年来商标取得模式在全球范围出现了一种十分明显的趋同化发展态势，一方面（表现）为采用注册制的国家开始吸收使用产生商标权，另一方面（表现）为本来采用使用产生商标权的国家开始引进注册制。"② 这也在一定程度上表明了当今各国愈来愈重视商标使用及商标法的公平价值。

美国到目前为止都坚持"使用产生商标权"，虽然随后修法时增加了商标注册的规定，但是只有进行了实际使用的商标才能获得注册宣告，并获得商标法和反不正当竞争法的保护。③ 美国商标注册的效力与我国不同，其并非实行注册确权，而是注册具有公示公信、诉讼中的免于证明实际使用行为及推定该商标权于全国范围内有效等程序性效力。1988 年以前美国一直遵循"实际使用"的商标才可申请商标注册，1988 年修改美国商标法增加了"意图使用"的规定，即申请人具有真实使用某

---

① 商标抢注和商标囤积是商标注册制的弊端。在注册制背景下，要想获得商标权，完成法定申请程序即可，有关主管机关不对申请人是否有使用意图或是否实际使用进行考察，这可以提高商标申请的效率，方便申请人。但是对使用行为和使用意图审查的缺乏，导致申请人抢先注册他人已经使用但未注册的商标即商标抢注现象的出现，这有损于在先使用人的正当权益。另外，因为商标申请的成本很低，一些申请人大量囤积商标，但可能并未使用，造成了商标资源的浪费。甚至会出现商标掮客，即专门以抢注他人商标或申请大量闲置商标为生，待申请成功后再向在先使用人提起商标侵权诉讼，以企图利用法律制度的不完善获得非法利益。

② 杜颖：《社会进步与商标观念：商标法律制度的过去、现在和未来》，北京大学出版社 2012 年版，第 28 页。

③ 李明德：《商标、商标权与市场竞争——商标法几个基本理论问题新探》，载《甘肃社会科学》2015 年第 5 期。

一商标的意图亦可申请注册。① 而德国商标法也要求商标必须进行实际使用，规定使用可以产生商标权、注册亦可产生商标权。在界定"使用"时采取的标准是"真实使用"，行为人必须将商标真实地投入市场，用以标示商品或服务来源。

（二）商标权维持中的商标使用

商标使用是商标赋权的正当性基础，是商标价值形成的重要途径，也是商标权得以维持的前提。当一个商标进行了注册，但没有使用，其相当于没有发挥任何的市场价值，也未产生任何的市场影响，更没有与消费者产生联系，此时对已注册但不使用商标的保护就没有意义。"商标的使用价值只有通过使用才能彰显，商标的实际使用在商标权的维持方面也扮演着重要角色。"② 虽然多数国家实行商标取得注册制，但在权利维持方面，大多认可使用是权利得以维持的前提，并作出了具体的制度设计。如《巴黎公约》第 5 条 C 款之第 1 项、《TRIPs 协定》第 19 条第 1 款、《兰哈姆法》第 45 条、③《日本商标法》第 50 条第 1 款、④《英国商标法》第 46 条第 1 款（a）（b）。⑤ 我

---

① 当然，美国商标法亦规定当具有使用意图获得商标注册后并不能当然获得商标权，需要对商标进行实际使用，相关机关才会发布该商标获准注册的公告。

② 曹世海：《注册商标不使用撤销制度及其再完善——兼评〈关于修改《中华人民共和国商标法》的决定〉》，载《法学论坛》2013 年第 10 期。

③ 《兰哈姆法》第 45 条即美国法律汇编第 15 编 "商业与贸易" 中的第 22 章中的 15 U. S. C. §1127 规定商标连续 3 年不使用是放弃的初步证据。杜颖：《美国商标法》，知识产权出版社 2013 年版，第 66 页。

④ 《日本商标法》出于"对注册主义原则的补充"的考虑，设置了未使用的注册商标的取消制度。[日] 田村善之：《日本知识产权法》，周超、李雨峰、李希同译，张玉敏校，知识产权出版社 2011 年版，第 159 页。

⑤ 《英国商标法》第 46 条规定获得缺乏正当理由，注册后的五年内没有将商标进行使用或使用中断的，商标权可被撤销。

国现行《商标法》第 49 条第 2 款也规定"无正当理由连续三年停止使用注册商标的由商标局责令限期改正或者撤销其注册商标"。

关于商标权维持中使用的认定较为复杂，不仅涉及使用的主体是否适格，还涉及使用的具体要求，使用的效果，等等。注册制商标法之所以要求已经获得注册的商标需要在后续进行使用，也是为了在一定程度上弥补单纯的注册取得产生的弊端，注册取得商标权只需要完成程序性要求即可，对于申请人是否有实际使用的行为甚至实际使用的目的，都不过问。故注册制商标法以此种事后救济去实现商标权价值形成的正当性，去清理占用公共资源的"注而不用"商标，以促进商标市场的可持续性发展。

注册商标长期搁置不用，其识别功能无法得到发挥，继而无法产生任何的市场价值，不仅造成了资源浪费，而且妨碍了他人使用与该商标类似的商标，增加了准入市场开展竞争的难度。立法规定商标维持中的商标使用是为了促使商标权人将依法获得的商标投入市场使用，避免商标权成为纸面上的权利，造成商标资源的浪费。"商标功能和商标使用是管窥商标法律制度确立、发展全过程的两条重要线索，其中商标功能当属第一关键词，它是把握商标观念嬗变的一条暗线；而商标使用则属第二关键词，是把握商标观念嬗变的一条明线。"[1]

甚至有些人利用注册制的漏洞，将注册商标变成牟利工具，大量注册商标但不使用，以此进行商标权的高价转让或许可。

---

[1] 杜颖：《社会进步与商标观念：商标法律制度的过去、现在和未来》，北京大学出版社 2012 年版，第 12 页。

更有甚者进行商标恶意抢注，抢注他人已经在先使用但未注册的商标，从而阻止他人继续使用。即明知他人的一些商标或其他商业标志具有价值而抢先注册，并以此"法定权利"来阻挠他人使用商标，或谋取不正当利益。亦有主体将之作为一种不正当竞争手段使用，竞争者将在先商标使用人的未注册商标进行恶意抢注，以此阻止其使用该商标，迫使在先商标使用人放弃已积累了商誉的旧商标而采用新商标，即相当于放弃了一部分的市场份额。

（三）商标侵权判定中的商标使用

商标使用贯穿商标制度的始终，起于商标权的获取，存续于商标权的维持，发挥作用于商标侵权。但商标使用在三者中的意义略有不同，在商标权的取得和维持中，商标使用的判定主要着眼于商标权人自身的权利维护与利益获得，若不遵守商标使用的相关规则，其利益会受损。但商标侵权中"商标使用"的判定则是着眼于他人的商标使用行为是否存在搭便车的嫌疑，是否具有不正当竞争性。

当然，在判断商标侵权时，需要考虑其他多种因素，如是否存在使用与他人注册商标相同或相似商标的行为、消费者是否会发生混淆，但被诉侵权人的商标使用行为是否属于商标法意义上的"商标使用"，也是判断商标侵权的重要依据。而随着互联网的深入发展，一些商标权人的竞争者甚至非竞争者将商标权人的商标作为网页搜索的关键词，借助他人市场知名度，吸引消费者进行点击，增加访问量以获得竞争优势。这种使用是否属于商标法意义上的使用，存有争议，这也是商标侵权中认定使用的难点所在，到底何种使用才是商标法意义上的使用，值得思考。美国学者认为"商标使用是对文字或符号的使用，与提供商品或服务有关，并且是将商品或服务的来源传递给消费者"[1]。"非商标性使用是指没有使用商标作为一个标志来向消费者传递被告或其他人商品或服务来源。"[2] 并有学者认为在商标侵权中的商标使用与商标权取得、维持中使用的标准是一致的。[3] 美国理论界关于商标侵权中的商标使用的界定是，当被诉侵权人把商标权人的商标作为自己提供商品或服务的来源时，才构成商标使用。该理论仍然与商标侵权的核心理论——混淆理论相联系，即是否容易引发消费者对商品来源的混淆。

之所以重视商标侵权判定中的商标使用，是为了避免商标权禁锢竞争自由与言论自由。在市场中或者网络上，一些使用行为并未起到标识商品或服务来源的作用，只是基于商标本身的特性对某一客体进行描述，或者提供某种信息，或是滑稽模仿，或进行合理的比较等，这些行为不存在对他人商标识别功能的损害。例如，网上轮胎销售的网店在其店里所售商品上标注"本店轮胎适用于宝马汽车"，此时网店使用了"宝马"二字，但其并未让消费者认为其与宝马汽车公司有联系。类似的例子还有很多，这些使用不会让消费者对商品来源产生误认。

例如85℃诉光明乳业一案[4]，美食达人公司拥有"85℃"

---

[1] Margreth Barrett, Finding Trademark Use: The Historical Foundation for Limiting Infringement Liability to Uses "in the Manner of a Mark", Wake Forest Law Review, Vol. 43 Issue 4 (2008), p. 894.

[2] Margreth Barrett, Internet Trademark Suits and Demise of "Trademark Use", Davis Law Review, Vol. 39, Issue2 (2006), p. 436.

[3] Uli Widmaier, Use, Liability, and the Structure of Trademark Law, Hofstra Law Review, Vol. 33, Issue 2 (2004), p. 624.

[4] 上海知识产权法院 (2018) 沪73民终289号民事判决书。

"85度C"等商标的注册专用权。而光明乳业生产的"优倍"系列鲜奶产品外包装上的显著位置，使用了与原告商标相似的"85℃"这一标志，且在广告宣传中突出使用。因此美食达人公司认为光明乳业侵害了注册商标专用权。而光明乳业则称该系列牛奶的加工中使用了巴氏杀菌技术，工艺参数为85℃，因此其在外包装使用85℃是一种善意、合理的描述性使用。一审判决光明乳业败诉，而二审则推翻了一审的判决结果。二审法院认为光明乳业使用"85℃"的行为仅仅是为了向公众说明该款牛奶制作工艺的特殊性，属于合理描述商品特点的使用，消费者对光明乳业的牛奶已经产生了较为熟悉的认知，按一般人的理解能力不会对光明乳业的牛奶来源产生误认。其实，"85℃"这几个字符都是取自社会公有领域的符号，本身就是一种公共资源，组合在一起具有一定的含义即表示温度，对此，一般公众都可进行描述性使用。本案的焦点之一是光明乳业牛奶外包装上的"85℃"是商标性使用还是一般的描述性使用，焦点之二是该种使用是否会让消费者对商品来源产生混淆。

虽然在商标侵权中强调使用具有重要意义，但对侵权的判断仍然离不开混淆理论的运用。在市场竞争中，若要搭其他竞争者的便车，最好的办法即模仿其商标，让消费者误以为是商标权人的商品而购买。消费者在长期的购物中已经形成固有的购物习惯，当其看到商标时，潜意识里会出现该商品质量良好的印象，因此会不假思索而直接购买，如果消费者买到了仿冒商标的商品，不仅使得被仿冒者的市场份额减少，还可能损害自身利益，因为仿冒商标的商品质量很可能低于被仿冒商品的质量。因此，不论是商标法还是反不正当竞争法，对仿冒商标都要予以规制。

对商标使用的承认与保护，是商标先用权获得周全保护的基础之一。不论在商标权取得、维持或侵权阶段，将商标使用的理念融入其中，在先使用商标与在后注册商标之间的冲突都会得以良好解决。在商标权取得阶段，若法律承认使用可以产生商标权，则在先使用商标可以正当享有围绕使用行为形成的商标利益，也能妥善解决先使用商标和后注册商标之间的冲突。在商标权维持阶段，若他人将与在先使用商标相同或近似的商标在相同或类似商品类别上予以注册，但没有进行实际使用或无正当理由连续三年未进行使用，在先使用商标权人可据此向有关机关请求撤销该注册商标，从而保证自己商标使用行为的有效。在商标侵权阶段，当在先使用商标与在后注册商标并存时，若在后注册商标权人起诉在先商标使用人侵犯其注册商标权，在先商标使用人可以具体的法条规定或其存在不会导致消费者混淆等理由进行侵权抗辩。总而言之，对商标使用理念的认可可以促使商标先用权的价值实现，在当前商标法律制度背景下，对其承认亦可以使商标法律制度本身更加完善与周全。

二、商誉：商标先用权的价值实现

什么是商誉？商誉（goodwill）概念的起源非常早，而在法律上首次对商誉进行概念界定的是1810年英国的Cruttwell案。[①] 本案法官认为"商誉"是指"老顾客倾向于去老地方的可能性"，强调消费者对商誉形成所起的至关重要的作用，"在现代

---

① Cruttwell v. Lye, 17 Ves. Jr. 335, 34 Eng. Reprint129 (1810).

经济活动中，顾客是商业活动的根本要素，商业竞争的本质在于获得顾客"。① 其实商誉不仅在法律上使用，更在经济学、管理学、会计学上频繁使用，因此想要对商誉下一个确定的概念十分困难。商誉是企业持续经营价值的一部分，与企业的有形资产相关，但却又具有相对的独立性，甚至可以离开企业的有形资产而单独转让。商誉通常被认为是一种积极的声誉，由企业通过广告、保持产品品质获得，但其形成有赖于消费者的购买和认可。②

法律保护商标符号背后的价值——在商标使用过程中围绕商标形成的利益。那么这份利益包括哪些内容？一是商标本身与产品或服务及所有者建立起来的联系，这在市场竞争中是极其重要的一点，因为这层联系可以帮助消费者认识并选择某一品牌的商品，亦可以帮助商标权人扩大市场占有率。二是商标上承载的商誉。"商标实际上是有形标志与无形的商誉紧密连结的统一体。"③ 商标经过使用，所有者对其产品投入精力经营并保证质量，继而其商品被消费者认可，那么该商品使用商标的价值也由此获得了提升。虽然说对商誉的保护需要通过对商标的保护来实现，但应该明白法律保护的对象并非商标本身，而是背后所蕴含的那些价值。有观点直接指出，商标上的商誉才是商标权具有财产权属性的基础，④ 商标与商誉这一对标与本的关系相互结合才使商标权具有财产法上的意义。

---

① 谢晓尧：《论商誉》，载《武汉大学学报》2001年第5期。
② 李阁霞：《论商标与商誉》，知识产权出版社2010年版，第41－43页。
③ 彭学龙：《商标法的符号学分析》，法律出版社2007年版，第34页。
④ 陈锦川：《商标授权确权的司法审查》，中国法制出版社2014年版，第395页。

而商誉的获得，一是靠商标的使用，在商品和商标之间形成指代关系；二是靠消费者对商品和商标的认可。商标上商誉的形成是由使用人的竞争行为所产生的客观结果，注册只是获得专用权的法定程序，即使没有注册，商标上的商誉也是客观存在的。[①] 因为商标本身作为一个符号不会产生商誉，商标上的商誉是靠商标权人一系列的使用行为所凝结。商标权人将其商标贴附于商品，并投入市场接受市场的检验，检验者即是消费者。而商誉的形成有赖于社会公众对产品质量的良好评价。消费者在市场中对产品形成自己的认知，并将评价反映在商标上，强化了商标与商品之间的对应关系，经过长时间的反馈及商品生产者的改进，商誉逐渐在商标上凝结。

在注册制语境下，商标申请注册程序的完成使申请人获得商标权，但商誉的形成并不以获权为起点。亦即，当某一商标没有进行实际使用，商标获得注册后，该商标之上不含有商誉，而若想获得商誉则需要实际的商标使用行为，此时商标获权或商誉取得之间就存在时间差。因此一个未提前进行使用的商标，其商标权与商誉的获得不具有一致性。此时，当一个已经在先使用并积累了一定商誉的商标与获得了注册商标权但不含有商誉的商标相冲突时，如何平衡二者的纠纷？在后使用并积累了一定商誉的商标与获得了注册商标权但不含有商誉的商标相冲突时，又该如何解决？

对于前者，在先使用的商标与已注册但未使用的商标产生利益冲突，如果严格遵循权利法定原则，应该保护注册商标的

---

① 张玉敏：《论使用商标在商标制度构建中的作用——写在商标法第三次修改之际》，载《知识产权》2011年第9期。

利益，但由于先使用商标存在其合理性，同时从商标的本质及商标制度保护对象的本质出发考虑，应该最大限度地保证在先使用商标的利益。因为后注册商标缺乏实际使用，继而该商标上没有产生任何商品与所有者之间的联系信息，也未产生商誉，故不应对后注册商标予以强保护，此种强保护会造成商标的囤积与资源的浪费及他人进入该市场竞争成本的增高。

对于后者，善意的在后使用商标已积累了商誉，注册商标虽然使用了但还未产生商誉，应该在司法实践中贯彻"不使用不赔偿"原则。在注册制商标法下，已经注册的商标依法获得保护，但其没有产生商誉即意味着该商标没有在市场中形成固有的利益范围，他人即使"侵权"，也没有使注册商标权人产生任何利益损失，同时由于在后使用商标的人主观为善意，因注册商标未实际使用，他人的确难以得知该注册商标的信息，[①]客观上未使商标权人的利益受损，没有抢夺其客户资源和市场份额，只是侵犯了法定的注册商标专用权。可以说，此时的注册商标专用权还是"纸面上的权利"，并未在实际的商标市场中发挥其作用，因此不存在他人抢夺竞争利益一说。我国《商标法》第64条规定对侵犯未使用注册商标专用权的，可以提出不赔偿侵权抗辩，成立则不承担赔偿责任，即通过立法确认"不使用不赔偿"这种侵权抗辩，对打击商标囤积行为意义重大，也有利于保护未注册商标使用人的利益，使商标资源可以发挥其本来的功能，促进商标使用市场的繁荣。

商标先用权保护在我国较为严格的注册制背景下是难以获

[①] 在实际生活中，使用完全相同商标的情况很少，除非该商标有特殊的含义，一般使用完全相同的商标很可能是出于恶意，而大多数情况是使用了近似的商标。

得周全保护的，因为我国商标法不承认使用产生商标权。从逻辑上来说，使用产生商标权更公平，使用又包括在先使用、同时使用与在后使用，从合法性上来考虑，后两者主观恶意的可能性更大。在使用产生商标权①和混合制的国家②，在先使用商标获得保护具有逻辑上的合理性，因为它们本来就承认使用产生商标权。但在我国这种以商标注册取得制为主的国家，只能通过在注册制中增加特殊规定的方法进行保护。而对先用权保护的出发点之一即承认使用产生商誉，法律保护商誉而非商标标识本身。

MK 商标案体现了商标法不唯注册商标论的观点。③ 原告建发厂取得了 mk 注册商标专用权，被告迈克尔高司公司（以下简称 MK 公司）是"MICHAEL KORS"品牌在中国的总经销商，并使用"MK"标识，原告指控被告侵犯其注册商标专用权。法院认为英文字母 M 与 K 不具有显著性，是 MK 公司良好的经营行为使该商业标识获得了显著性，而消费者更易将 MK 与 MK 公司联系在一起，这属于被告正当经营所取得的商业成果，对其合法权益应予以保护。司法态度的转变意味着不再绝对保护注册商标，这是符合商标法发展的，同时考虑商标上所承载的商誉、消费者的认知等因素。

---

① 实行纯粹的使用产生商标权制度的国家主要是美国。
② 商标确权混合制即既承认注册产生商标权又承认使用产生商标权，典型代表如德国。
③ 浙江省杭州市中级人民法院（2017）浙 01 民初 27 号民事判决书。

三、公平：商标先用权的价值追求

公平与效率的关系不仅是商标法所关注的，其他法律亦需对此加以考虑。早在古希腊时期人们就把公平正义看作人类社会追求的价值目标。"公平，含有公正和平等两方面的意思，通俗地讲就是得其所得。"① 而公平不是公法所特有的基本原则，私法也应重视公平。公平是一个抽象的概念，所谓公平"就是以利益的均衡作为价值判断标准以调整主体之间的经济利益关系"②。公平原则的基本含义是，在实施一定的法律行为时要以公平理念为指导，在处理法律纠纷时更要以公平作为基本的价值标准。可以说，公平原则贯穿整个民事法律制度，通过价值的均衡配置当事人之间的权利义务，如合同法中的显失公平制度、情势变更制度都是公平原则的体现。公平原则作为一种基本的价值理念，对法律制度的设计及法律的发展都有重大影响。

法律制度所追求的理念是"效率优先，兼顾公平"？还是在追求效率的前提下，最终实现社会的公平正义？其实，世界上不同国家的法律制度有不同的价值选择倾向，而具体到每个部门法，其价值选择又有所不同。我国的商标法律制度重在追求效率与安全。第一，这与社会经济的快速发展所带来的高效率需求有关。在社会主义市场经济进入快速发展阶段之前，社会的整体状态即趋于稳定与平缓，人们对效率的需求不太强烈，

---

① 强世功：《法理学视野中的公平与效率》，载《中国法学》1994年第4期。
② 王利明、杨立新、王轶、程啸：《民法学》（第三版），法律出版社2016年版，第14页。

而随着改革开放的深入推进,我国与国外贸易的深入交流,"效率"一词逐渐成为经济发展中的重要角色。

第二,这与我国法律传统有关,我国现代意义上的法律制度发展起步较晚,始于清末民初,而真正获得发展是在改革开放以后。因此我国法律受传统文化影响较大,充满了对稳定秩序的追求。而我国早期的商标法律制度主要移植于域外,其中当属德国和日本的法律制度对我国影响最大,这两个国家都是传统成文法国家,也重视法律的稳定性。

第三,我国商标法有采取注册制的传统,而注册制带来的就是效率与秩序价值。中国近代第一部商标法规是《商标注册试办章程》,由英国人赫德起草,其自然受到英国商标法的影响。虽然英国也利用普通法的假冒侵权之诉保护未注册商标,但我国没有普通法的传统,因此只将注册制移植于我国的商标法律制度。随后北洋政府的《商标法》以及民国政府的《商标条例》都坚持注册取得商标权制度。中华人民共和国成立之后,由于受传统商标法律制度的影响,也采用了注册制。

公平与效率并非是统一的,追求公平与维护秩序之间有时会产生冲突,如在商标法领域。我国的商标法重视效率与安全价值,对公平价值的维护有所不足。例如,《商标法》第45条第1款关于请求宣告注册商标无效,有5年期间的规定,这是为了促使权利人尽快行使权利。与在先权利冲突的注册商标经过5年即成为不可撤销商标,而在先权利人5年之后就丧失了请求无效宣告的权利,这是为了尽快结束权利的不确定状态,以维持商标市场的秩序稳定。显然以牺牲了在先权利人的利益为代价,从而实现秩序稳定的目标。

但公平与正义应该是法律追求的最终目标，这符合人类的传统道德观念。我国商标法整体上的价值取向是效率与秩序，商标申请与审查程序的简便即是为了使申请人快速取得商标权，进而进行商标的实际使用，以刺激商标市场的繁荣。但其对公平的保护有所不足，如对在先使用商标而言，经营者通过对商标的长期使用和持续经营，把商标与其商品或服务建立起联系，不断向消费者传递相关信息，使其在脑海中形成相关印象，进而获得认可。这种认可表现在商标法中就是商誉，表现在竞争法意义上为市场份额。在这个过程中经营者耗费财力物力，付出劳动，因此享有围绕商标形成的利益是理所当然的，也符合朴素的道德观，因此法律对此应予以认可，这是符合公平竞争观的。"以使用为前提的使用取得原则从结果上看，体现了较高的公平性。"[①]

但在单一的注册之下，除了履行注册程序获得注册商标专用权的商标以外，其他的商业标志都无法获得法律保护，这显然有悖公平原则。在域外一些实行注册制的国家，随着对商标法律制度研究的深入，都逐步开始加强对公平的追求，抑或在取得制度中承认商标使用，抑或在注册制中增加体现公平的具体规定。如《德国商标法》第4条："商标保护通过下列情形之一而产生：（1）将标志作为商标注册于专利局的商标注册簿；（2）将标志在商业交易中使用，且其在参与商业交易的群体范围内作为商标获得了第二含义；（3）因为《巴黎公约》第

[①] 苏喆：《把握公平与效率的双重价值取向——论我国商标权取得制度的完善》，载《知识产权》2012年第3期。

6条意义的商标的驰名。"① 德国通过对商标法理论的修正，开始承认使用产生商标权，而使用产生商标权是最符合商标法发展历史与背景的，是对实质公平的追求与认可。随着我国商标法理论研究的不断深化，人们在一定程度上开始认识到商标法在效率价值之外，也应当对公平价值有所保护。

第三节 公平竞争语境下的商标先用权解构

从知识产权法律和竞争法律的发展来看，首先，知识产权与不正当竞争行为之间存在着密切的联系。知识产权权利在行使过程中极易溢出正当边界引发反竞争的效应，如专利权滥用引起的专利搭售许可②、不争执条款③、专利回馈授权④等问题。其次，商标与不正当竞争存在紧密联系。因商标权人同时是市场竞争中的参与者，与其他经营者一样，将商标作为竞争工具帮助其占领市场份额，因此在使用的过程中容易发生假冒他人注册商标或将他人商标作为自己的企业名称使用等违法行为，现实中更是不乏此类案例。

一、商标与公平竞争

商标是一种竞争工具，商标权人作为市场竞争中的经营者，

---

① 范长军：《德国商标法》，知识产权出版社2013年版，第2页。
② 宁立志：《专利搭售许可的反垄断法分析》，载《上海交通大学学报》（哲学社会科学版）2010年第4期。
③ 宁立志、李文谦：《不争执条款的反垄断法分析》，载《法学研究》2007年第6期。
④ 宁立志、陈珊：《回馈授权的竞争法分析》，载《法学评论》2007年第6期。

将附有商标的商品投入市场开展竞争,消费者作为竞争行为的裁判者,对商标和商品进行选择,被选择的商标会获得消费者的评价,当评价不断浓缩在商标上,消费者与商标或经营者之间的联系就建立了。而经营者通过自己的诚实经营提升产品质量,同时对商标投入大量的广告宣传,久而久之获得消费者的认可,便可扩大自己的市场份额。但我国商标法律制度有商标财产化增强的趋势,这种趋势会产生弱化该市场竞争的效果,[①]引发了许多商标及不正当竞争纠纷案件。

(一) 商标与公平竞争交叉案例频发

商标侵权及不正当竞争案例频发,与商标市场的活跃及商标法律制度和反不正当竞争法律制度的完善密不可分。"吴良材"眼镜商标纠纷横跨了10年,以"吴良材"作为商标或企业字号使用的主体主要有三家,即上海吴良材眼镜公司、苏州市吴良材眼镜有限公司、南京吴良材眼镜有限公司,上海吴良材隶属于上海三联集团,持有"吴良材"商标,而南京吴良材和苏州吴良材都将吴良材作为企业字号使用,并获得工商注册。

随后三者之间发生了一系列的诉讼,有2007年的上海三联集团、上海吴良材眼镜有限公司诉苏州市吴良材眼镜有限公司等商标侵权及不正当竞争纠纷案,[②] 苏州市吴良材眼镜有限公司在知晓上海吴良材眼镜知名度的情况下,仍以"吴良材"字号进行宣传,可推定为主观上有攀附商誉的故意。客观上苏州

---

① 杜颖:《商标法律制度的失衡及其理性回归》,载《中国法学》2015年第3期。
② 江苏省高级人民法院(2009)苏民三终字0181号民事判决书。

与上海地理距离较近,很有可能发生市场的重叠,消费者也有可能受混淆,法院判定苏州市吴良材眼镜有限公司构成不正当竞争。2016年又发生了上海三联集团、上海吴良材眼镜有限公司诉南京吴良材眼镜有限公司等三被告商标侵权及不正当竞争一案,亦构成对上海吴良材眼镜有限公司的不正当竞争侵权。

"吴良材"案只是商标与不正当竞争纠纷领域的一个缩影,由此也可见商标与不正当竞争的紧密联系。因为商标的使用行为不仅对商誉产生影响,其使用在市场竞争中,最终对使用者的竞争利益也会产生影响。市场竞争利益的直接体现是市场份额的消长,当商标因他人的侵权而受到损害时,必然引起市场份额的消减。可以将以攀附他人商誉手段抢占市场份额的行为看作"拉选票"(canvassing)[1],即对于那些中立或态度摇摆不定的选票,通过一定的行为或不正当竞争行为获得该部分选票,相当于经济活动中的潜在消费者选择。[2] 而当某一竞争者攀附了他人的商标商誉,实则是抢夺了该商誉所能带来的市场竞争利益——市场份额,减损了他人的竞争收益。

在商标法中引入公平竞争理念是十分必要的,理念影响行为,理念指导制度的构建。商标法的基本目标是确保市场上的商标可以相互区分,商标使用者的利益互不侵害,构建完善的社会区分体系与公平的市场竞争环境。因此,商标法通过对商标混淆侵权行为进行规制,防止消费者对商品来源产生误认,

---

[1] canvassing 一词源于政治领域,是指候选人为了争取更多的选票而挨家挨户上门拜访的拉票行为(the candidate walking door-to-door in order to solicit votes)。

[2] 宁立志、董维:《规制广告骚扰:广告法抑或竞争法?从〈广告法〉修正案说起》,载《楚天法学》2015年第2期。

以此保证市场上的商标权属清晰;同时通过公共利益的引入对商标权的行使做出一定的限制,防止商标权过度强化损害市场竞争的公平,保证其他利益相关者可以获得应有的合法利益,以上述两种途径营造公平的市场竞争环境。

(二)商标与公平竞争相互影响

一方面,商标的使用对公平竞争环境的形成至关重要,因为商标使用可能产生损害他人竞争利益、扰乱市场竞争秩序的不良影响,而若商标使用人遵循诚实信用原则和公认的商业道德,良好的竞争环境才能得以形成。另一方面,公平的竞争环境对商标使用人权利的行使亦有裨益,在一个良好、自由、公平的竞争环境中,商标使用人可以通过正当的竞争行为获取利润,而不必担心遭受不公正待遇。因此,反不正当竞争法亦可以保护商标。

第一,商标作为重要的竞争工具,经营者对商标权的行使直接影响竞争关系的发展和竞争秩序的稳定。具体而言,商标权人若要行使商标权,必须要把贴有商标的商品或服务投入市场,参与市场竞争,接受市场的检验。而当商品因高质量、良好的服务等因素受到消费者的认可,则商标权人享有了商誉,此时商标权人作为经营者与其他竞争者、消费者都发生了联系,而这三个因素共同对该市场的竞争秩序和竞争环境产生影响,经营者经营行为的改变可能会产生不正当竞争的效果。

第二,商标法与反不正当竞争法在保护对象上具有一致性。商标法主要通过对商标使用的保护来实现市场秩序的稳定,而反不正当竞争法则通过对竞争行为的引导实现市场秩序的稳定,因此二者的最终目的也是一致的,其保护手段也存在交叉之处。

第三，反不正当竞争法对商标的兜底性保护。与商标法对商标权的专门性保护不同，反不正当竞争法对商标而言主要是一种补充性规定。商标法对商标权的保护主要以其核准注册的商标和核定使用的商品类别为限。那么，在非相同或类似商品上使用他人注册商标，或者将他人注册商标用在产品外包装、装潢等其他方面时，商标权就无法得到商标法的有效保护（已注册驰名商标除外），此时反不正当竞争法就对上述问题起到了兜底性的保护，而且不能与商标专门法相抵触。[①]

第四，有国际条约为范例。《巴黎公约》于 1900 年修订时加入了反不正当竞争的规定（即第 10 条第 2 款），反不正当竞争由此成为知识产权保护的重要内容，而司法审判也将不正当竞争纠纷案件纳入知识产权纠纷案件类别中。我国是《巴黎公约》成员国，我国的反不正当竞争法中也有关于知识产权保护的内容。

二、商标先用权与公平竞争

之所以将商标先用权置于竞争语境中进行解析，不仅因为商标法与公平竞争密不可分，而且商标先用权人那份"先用利益"为何获得保护、如何获得保护，与市场竞争紧密联系。商标法律制度的目的不应局限于保护注册商标专用权，而应立足于保护商标上所承载的商誉及消费者对商标的认知，以及使用

[①] 孔祥俊：《反不正当竞争法的创新性适用》，中国法制出版社 2014 年版，第 236 页。

商标的经营者之间的公平竞争。① 对此，我国商标法将保护商标专用权与保护商誉和维护经营者消费者利益都纳入了立法目的，但关注的重点仍是商标管理与商标专用权，一定程度上忽视了对商标使用市场竞争秩序的维护与消费者保护。日本商标法与韩国商标法都通过保护商标使用者的利益及商誉达到促进产业发展的目的。而商标使用者作为商标使用市场的竞争者，通过利用有限的商标资源开展竞争，故有义务维护该市场公平的竞争环境。

（一）商标先用权人竞争利益保障的缺失

就我国目前的商标法律制度及商标先用权保护现状而言，可以说商标先用权人作为市场的竞争者，其竞争利益保障存在一定程度的缺失。作为同一产品市场的竞争者，商标在先使用人与在后注册人会产生利益冲突，在目前的注册制下，商标先用权人与商标专用权人实际处于不平等的竞争地位。

第一，注册制衍生出大量的商标抢注行为。在商标权注册取得模式下，由于商标权的产生仅仅要求注册要件，获权程序简便易行，因此常有投机分子利用该制度，抢先注册他人在市场经营中实际使用并产生一定影响的商标、企业名称、商号，并进行不正当利用，以侵占在先使用人的市场竞争份额。一般来说，商标抢注分为善意与恶意，在善意商标抢注情况下，抢注人对已有他人使用该商标的行为全然不知情，此时法律保护善意者。而我们一般说的抢注指的是恶意抢注，对恶意抢注法

---

① 王先林：《商标法与公平竞争——兼析〈商标法〉第三次修改中的相关条款》，载《中国工商管理》2013 年第 10 期。

律只要求主观恶意为明知或应知即可,即明知或应知他人在使用有一定知名度或影响力的商标而去注册相同或类似商标。对那些利用不正当手段进行商标注册的,不应要求在先使用商标具有影响,而只需要注册人有不正当竞争、谋取非法利益的目的即可,当然对目的的评判需要通过客观的商标使用行为进行判断,如注册后以高额转让或许可使用费向商标在先使用人进行转让或许可使用。

第二,依据当前的商标制度,面对商标在先使用人与在后注册人的冲突,可能产生两种结果,一个是注册人可以获得系争商标的所有权,进行排他性使用,在先使用人则因侵权而停止使用该商标;二是允许在先使用人使用商标,但作出一定的限制性要求,例如,只能在原有地域范围内使用、只能在原产品类别上使用等。前者是对在先使用人在市场中已经形成的竞争利益的剥夺,违反了公平原则及反不正当竞争法。后者虽然允许在先使用人继续使用商标,但也对其权益作出了严格的限制,如在原有范围内附加区别标志使用却不能扩大生产,同时将使用商标的权利转变为一种消极的不侵权抗辩权,这不符合在先使用商标权益的形成规律。结合上文对使用产生商标权及商标法保护商誉而非商业标识的论述,注册制对使用价值的忽视,导致在先使用商标权难以得到完全的对抗效力,这就出现已经实际使用并获得一定影响力的商标可能涉嫌侵犯那些"注而不用"商标的专用权,从而被判停止使用的情形,这是有违公平原则的,也会破坏商标使用市场的秩序。[1]

---

[1] 黄保勇:《论商标法对普通未注册商标的间接保护》,载《知识产权》2013年第2期。

对"注而未用"商标的保护力度应该如何把握？以前在较为严格的法定主义下，法院在司法审判中一般机械地按照商标法的要求对获得了注册商标权的商标进行周全的保护，但随着我国商标理论研究的深入发展，大家逐渐开始接受商标获得保护不应单单以注册为准，而应考量商标上是否形成了市场利益的观点。即使我国实行单一且相对严格的注册商标制，但也规定商标获得注册后连续三年不使用，该商标权即有可能被撤销。因此，对"注而不用"的商标，虽然应该保护，但不应实施强保护。

一是若无人涉嫌侵犯"注而未用"商标的商标权，则其可以正常获得商标法的保护或可能被撤销。二是若有人使用了"注而不用"的商标，此时如何判定责任。此时需要考察该商标上商誉的高低，注册商标经过使用所获得的知名度越高，其商誉越大，所获得的法律保护就越强。故未经许可使用他人"注而不用"的商标，这些商标因未实际使用所以不享有商誉，使用人也未利用该商标的商誉而牟利，使用人的获利很可能源于其诚信经营，在这种情况下不应赋予擅自使用人过多的惩罚，让其停止继续使用该商标即可。

（二）商标先用权人竞争利益获得保护具有正当性

商标在先使用人通过对商标的使用，使商标上蕴含了商誉，那么这份利益应该获得保护，符合商标法的基本精神，而不因注册程序的缺失否定该份利益的合法性与正当性。

（1）为了保护商标先用权人因为商标使用形成的市场利益，确保已经形成具体信用的商标使用者的预测可能性，不至于遭受注册商标人的意外打击。① 在先使用人虽然没有履行商标注册程序，但该商标已与商品产生了具体联系，并投入市场与消费者建立了联系，使用人理应享受这份利益。在商标先用权法律关系中存在商标先用权人与商标专用权人两个主体，在先的经营者通过自己的诚实经营与劳动已经在相关市场中获得了消费者的认可，其商标成为消费者识别经营者及其产品或服务的重要标记。同时消费者对该经营者商誉的认可与积极评价是对经营者诚实经营的回报，构成了企业开展竞争、获取潜在市场份额的重要条件。他人假冒、抢注、抄袭在先使用商标的行为虽然在注册制下不能当然得出违法的结论，但上述行为不仅损害了先用权人的商誉，造成了消费者的混淆，而且扰乱了市场公平竞争秩序。② 法律要对他人在先获得的商誉这一无形财产加以尊重。

（2）为了弥补商标注册制的缺陷。在商标注册制背景下，一个商标想要获得商标权，只需要履行注册程序即可，其有没有在市场上进行实际使用，法律在所不问，其后是否立即投入市场使用，法律亦不做过多干涉。但因审查中可能不够全面，对于某一注册商标而言，极有可能存在他人于相同或类似商品上在先使用相同或类似商标的情况，如此一来，虽然他人使用在先，但由于信息不对称或其他原因未能进行商标的及时注册，或未及时了解他人就相同或类似商标申请注册的信息，由此丧失获得排他性使用商标的权利，这是有违公平原则的。

---

① 李扬：《商标在先使用抗辩研究》，载《知识产权》2016年第10期。
② 杜颖：《商标先使用权解读：〈商标法〉第59条第3款的理解与适用》，载《中外法学》2014年第5期。

湖北有一起关于商标权权属纠纷的案例，即浠水膳美食品有限公司诉湖北美味佳精制食品有限公司案，① 二者均注册在湖北省浠水县巴河镇，以生产、销售鱼面和藕粉为主。但两家公司使用的注册商标中都带有"巴河"字样，故均认为对方侵犯了其注册商标权。本案争议点有二，一是在鱼面上使用"巴河"商标的侵权纠纷，二是在藕粉上使用"巴河"商标的纠纷。对于前者，其实二者注册商标均未被核准在"鱼面"这一产品上，基于地名商标的弱保护特征，两家公司可以合理、善意使用，而且两家生产的鱼面外包装不同，不会引发消费者的混淆。对于后者，美味佳精制食品有限公司于1999年即开始在藕粉这一类食品上使用"巴河"商标，但其并未在藕粉类别上获得商标核准注册。而浠水膳美食品有限公司则获得了在藕粉类别上使用"巴河"商标的权利。但商标上凝结着消费者对经营者的信赖，并由此带给经营者商誉，该信赖、商誉都是基于商标使用而产生，非因注册获得。藕粉类商品上的"巴河"商标的在先使用人因对商标的使用而使该商标积累了价值，理应获得保护。法院最终支持了美味佳精制食品有限公司商标在先使用权的主张。

因商标注册制下存在因使用而存续的商标，极有可能产生利益的冲突。而在同一相关市场中，二者是公平竞争的经营者，理应享有法律的同等对待与公平的竞争环境、平等的竞争条件。但在商标注册制下，法律的天平已然偏向完成注册程序的商标专用权人一方，商标先用权人未履行程序性要求导致权利难以

---

① 湖北省黄冈市中级人民法院（2014）鄂黄冈中知民初字第00066号。

得到保障,这就带来实质上的不公平竞争,有违法律的公平原则。①

三、商标先用权对公共利益的增益

商标法中存在公共利益,在对商标权人的利益进行保护时,有必要预留出公共利益的区间,这不仅包括消费者的利益,还包括商标权人的竞争者利益,对其他主体利益的维护可以促进商标市场竞争秩序的稳定。在公共利益的视野下,商标能够促进有效、公平的竞争,保护消费者利益,商标权权利的真正内涵能够得到有效发掘,商标注册制异化的趋势也能得以扭转。②实际上,商标法存在着公共领域一说,出于平衡各方利益的动机考虑,商标机制需要在保护商标权人的基础上,实现公众无限接近自由使用商标符号和满足公共利益的需求,任何商标权人的利益都要限于这个范围内,即商标法中的公共利益形成了"主权领海内的自由小岛"。③

(一)商标法的公共价值取向

商标法通过对商标使用行为的保护实现维护公平竞争的市场秩序、保护消费者合法利益的目的。④ 众所周知,专利法通

---

① 卢海君:《反不正当竞争法视野下对商标法若干问题的新思考》,载《知识产权》2015年第11期。
② 李喜蕊:《新〈商标法〉对公共利益的增进探究》,载《知识产权》2013年第10期。
③ 付继存:《商标法的价值构造研究——以商标权的价值与形式为中心》,中国政法大学出版社2012年版,第113页。
④ 卢海君:《反不正当竞争法视野下的商标法(上)》,载《电子知识产权》2017年第3期。

过赋予发明人专利权实现对技术创新的鼓励,并通过一系列的专利实施制度刺激技术创新,否则整个社会创新制度就会停滞不前;而著作权法则通过对作品独创性的保护实现社会文化的繁荣创新。与此不同的是,商标法仅仅具备显著性和可识别性即可,而且商标是一个较为简单的标志,该标志上亦几乎未蕴含技术创新。同时,商标法并非关注知识财产的创造和保护,而是关注伪造与欺诈,以上几点都体现了商标制度与知识产权其他客体的迥异之处,商标法对公共利益的保留区间要大于其他知识产权制度。同时,法律对商标权保护的最终目的是实现该市场竞争环境和秩序的稳定,这也体现了商标法的公共价值取向。

我国2013年《商标法》的修正引入了诚实信用原则,在立法上进行行为倡导,通过强调商标使用人的诚实经营,遵守商业道德,来达到良好的市场竞争秩序。因而,商标法本身就包含保护公共利益的旨趣。商标法的公共价值取向是通过对商标权保护这种方式来实现的,或者说保护商标权只是商标法的直接目的,而商标法的根本目的是维护整个商标市场的秩序。当处理商标权的冲突时,不能仅从商标专用权人的利益是否受到侵害考虑,而应从实现商标法整体目的的角度出发去处理利益冲突。

我国商标法虽然在修正时增加了对不以使用为目的的商标注册申请应当予以驳回、诚实信用原则的适用、对在先使用商标的保护等内容,但在整体理念上仍偏离商标法的价值本源。我国商标法到目前仍遵循"法定主义",整部法律重在保护注册商标专用权,条文的设置也以此为核心展开。纵观我国的商标法司法实践，可以发现商标法司法审判中绝大多数案件的诉由都是"注册商标侵权"。但随着商标法理论研究的深入，我们开始意识到商标保护的基础是商标使用行为带来的商誉，商标法的目的还在于维护公平竞争。因此，近期的司法审判态度逐渐开始发生转变，不再唯"注册"论，而开始用商标法理论去审视商标权纠纷，这是我国商标法制构建的一大进步。商标司法审判通过对商标权纠纷的处理，构建和谐的商标使用市场秩序，市场中的主体都会因稳定的市场秩序而得益。

（二）商标的公共产品属性引发先用权人与专用权人的竞争

商标本身是由来自公有领域的文字、图形、数字等符号组成的，这些符号本身取自社会，属于公共资源，任何人都可以自由地使用，"任何人都可以畅饮这生命之泉，但无论谁都无权独享"。[①] 而未经过巧妙设计成为商标的符号本身不具有表明商品来源的目的，即不能发挥商标功能，可能是自然界中的一个不起眼的要素。

这样看来，符号资源源于社会，而社会中能够构成符号的要素具有无限性，可以说符号资源具有无限性，即商标的组成要素的无限性。然而，可注册的恰当的商标资源其实是有限的。因为将这些符号申请为注册商标时，需要受到诸多条件的限制。例如，拟申请注册的商标需要具有显著性和识别性，这就阻止了一部分缺乏显著性的标志成为商标。许多国家的法律都对此作出了规定，如我国《商标法》第9条、《英国商标法》第3条、《德国商标法》第3条。另外，其实构成商标的要素如数

[①] 彭学龙：《商标法的符号学分析》，法律出版社2007年版，第84页。

字、字母、文字都是有限的，如阿拉伯数字 0~9、26 个英文字母，"字母组合作为潜在的商标有着不同的价值，而最有价值的字母组合的供给却并非完全弹性的"。① 通过查询相关汉语词典可知，语言文字也具有一定数量，且有固定的含义，并有不少已经在市场中为他人使用于商标、企业名称、字号等，所以可以构成商标的符号资源实则是有限的。如此一来，社会一般公众可以自由使用的符号资源就更为有限，因此商标先用权人与专用权人对相同或近似商标资源开展争夺也是合乎市场规律的。

（三）公平竞争秩序是商标先用权制度的应有之义

在市场竞争中，商标权人与同一市场的其他经营者、相似商标的在先使用者之间，都存在竞争关系，因其在同一市场即生产相同或近似的商品，开展经营行为吸引消费者，获取市场份额，因此本质上都是该市场的竞争者。当其他竞争者故意使用相同或近似的商标时，即侵犯了其注册商标专用权，同时该行为也是不正当竞争行为，因为此行为有损该市场稳定的竞争秩序，且因为相同或近似商标易引发消费者混淆从而导致消费者误购，减损了商标权人应有的市场利润，商标侵权人则利用市场混淆这一不正当手段获取了一部分市场利润。

而商标法对公平竞争的追求和实现是通过对商标上承载商誉的维护实现的。商誉是法律因保护诚实信用的需要而被提出的，但却是跨越经济学、会计学、法学的普遍概念。商誉代表

---

① ［美］威廉·M. 兰德斯、理查德·A. 波斯纳：《知识产权法的经济结构》，金海军译，北京大学出版社 2016 年版，第 219 页。

了无形商业价值,反映了消费者与特定经营者进行交易时的偏好。商誉的获得非政府授予,而是商标使用者通过自身的诚信经营所取得,即商誉是商标使用者亦即某一市场中的经营者的经营行为累积起来的积极性评价。积极评价源自消费者,消费者对该经营者的商品或服务较为满意,会作出积极评价,而评价则反映在商标上。若该经营者的商品或服务获得了消费者的认可与积极评价,侧面反映了其遵守市场竞争规则,遵循诚实信用原则,理应获得竞争利益的保护,从而可以达到对该市场竞争秩序的维护。

事实上,我国许多商标纠纷案件的诉由都是"商标侵权及不正当竞争",如早期的 PRADA 商标案,[①] 普拉达公司拥有"PRADA"注册商标专用权,被告东方源公司未经授权,擅自将"PRADA"商标使用在房产项目广告中。法院审理认为东方源公司这种使用对房产项目没有商标性标识作用,并不能使消费者将"PRADA"与该公司或其房产项目联系到一起,不会损害普拉达公司的商标识别功能,因此未侵犯其商标专用权。但是,东方源公司非法攀附了"PRADA"商标的商誉,以此吸引消费者,不正当地获取了比其他竞争者更多的交易机会和有利的地位。可见,对商标的使用行为即使有时并未侵犯商标专用权,但也会违反商标法及反不正当竞争法的诚实信用要求,破坏对竞争秩序的维护。

商标法与反不正当竞争法有着紧密的联系。通过第一节对商标先用权的历史溯源可知,英国的假冒之诉是商标权获得保

---

① 陕西省西安市中级人民法院(2013)西民四初字第 00227 号民事判决书。

护的标志性事件。而把商誉作为假冒之诉的客体是一种主流观点，假冒之诉并非对商标符号、企业名称符号的不当使用，而是对这些符号上的商誉的侵犯，商誉是经营者良好经营行为的体现，因此假冒之诉其实是侵权人对被侵权人商誉及商誉背后的权益——市场竞争利益的侵犯。美国学者认为，美国的不正当竞争诉讼相当于英国的假冒之诉，反不正当竞争法有一部分职责就是保护市场竞争中的商誉，阻止竞争者盗用他人经营成果。[①] 但我国商标法的一个显著特征是强化了对注册商标专用权的保护。注册商标专用权保护力度的加强其实弱化了该市场的竞争，增加了引入竞争的成本，破坏了商标法律制度理性的平衡，使得天平偏向商标权人，而对其他利益主体造成了实际上的不公平。

[①] 刘维、张丽敏：《未注册商标权益形成机制研究》，载《知识产权》2016年第7期。

第二章

我国商标先用权的现状检视

对商标先用权问题的探讨离不开具体的语境，每个国家或地区的商标法指导理念不同，商标法律制度也不尽相同。对在先使用商标的规定，则与该国的商标权取得模式息息相关。在承认使用主义的国家或地区，去探讨商标先用权意义不大，因为在这种法律模式下，在先使用者天然地享有商标权利，更不存在在先使用商标与在后注册商标的冲突问题。因此，对商标先用权的探讨需要结合具体的制度背景才有意义。我国实行商标的注册取得制，虽然也逐渐开始保护一些未注册商标，如"对未注册驰名商标的保护"，但这一规定本身就与"商标权依注册产生"的理念相悖，在一定程度上证明了注册取得商标权制度内在逻辑的混乱，所以更需要通过具体的制度反思来追求进步与完善。

第一节　商标先用权保护的现实困境

我国现代意义上的商标法保护始于清朝末年颁布的《商标注册试办章程》，但由于历史的原因，商标法一直没有得以发展，中华人民共和国成立后随着1950年《商标注册暂行条例》、1963年《商标管理条例》及1982年《中华人民共和国商标法》的颁行，我国的商标法律制度才得以确立并逐步发展。在短短几十年内，我国的商标法律制度虽取得了长足的进步，但仍存在诸多问题，其中包括宏观层面如商标法价值取向的问题，微观层面如商标抢注，对商标在先使用保护力度不够等问题，究其原因，与我国商标制度本身有着极大的关联，当然亦有我国法律环境等方面的原因，故本节将着重对商标先用权保护不足背后的原因或困境进行探究。

一、理论困境：商标使用理念的缺位

对一个法律问题进行审视，首先要反思其指导理念，因为法律理念引导法律制度的发展，不同的理念之下所产生的法律制度可能千差万别。如美国重视自由与公平，其商标法的基本指导理念为"劳动创造价值，使用创造商标价值"，故其商标法律制度一直坚持使用取得商标权，未因世界其他国家转向注册制而发生动摇。德国作为典型的大陆法系的国家，一向重视法的稳定性及权利的稳定，商标法自始采用"注册制"，如1874年第一部《德国商标保护法》规定只保护注册商标，且一开始并不承认商标使用行为的意义。随着商标法研究的深入，其指导理念发生了变化。随后德国商标法进行了不断修正，现在其认可商标权产生的两种途径，即注册可产生商标权，使用亦可产生商标权。我国商标法的立法理念有自己的特色，由于我国行政干预、管理的观念根深蒂固，我国商标法带有行政法的色彩，商标权本是私权，其取得应遵循市场规律，政府对此只要加以公示增加其稳定性即可，但我国商标制度是较为单一的商标注册制度，并且过于强调商标法的效率与安全，而这个理念影响着商标制度的各个方面。

从客观上看，商标是一种标识符号，但并非社会中一般的标识符号，其具有特定的指示性内涵，而且无论该商标注册与否，均不影响商标的价值，因为商标的价值是通过使用产生的。

商标这种符号与特定的商品或服务建立联系是商标价值实现的逻辑起点，而这种联系的建立是通过商标使用实现的。商标确权的正当性基础在于经营者将商标贴附于商品之上并投入市场进行了实际的使用，消费者通过选购商品、认识商标，才能对不同的商品提供者产生印象，进而对商标产生认知，若商品拥有高质量，消费者会持续购买并最终使得商标的价值增强。而在这个过程中，商标使用是基础性的、关键性的，它在市场中发挥着重要作用，并且连接了商标与商品、商标与市场、商标与消费者。

使用取得商标权是商标制度发展中自然形成的一种确权方式，即尊重客观事实及相关利益的实际状态，将权利赋予最先使用商标的主体，因为该主体的使用行为使得商标识别来源作用得以发挥，使得围绕该商标产生了一系列利益，这些利益亦应由该主体享有，符合朴素的道德观。商标发展的历史也是起始于商标使用行为，随后通过法律对这一事实行为进行确认，由早期英国的"欺诈之诉"演变而来。欺诈之诉由英国普通法所创立，旨在为通过使用已在公众中建立起良好声誉的商标提供保护。欺诈之诉的基础是任何人不能假借他人之名来销售自己的商品，亦即使用者对商标的使用投入必要的人力、物力、财力。当消费者已经认可该商标时，若有其他人搭便车，便剥夺了诚实经营者的劳动成果，欺骗了消费者，破坏了公平竞争，因此要受到法律的制裁。

商标使用决定着商标价值形成的规律，结合上文的分析可知商标价值实现于商标使用过程中，因为商标所应获得保护的价值在于商誉和背后的信息，不在于该商标是否注册，而商誉和信息的累积亦需通过商标的反复使用才能建立。在这个过程中，商标与消费者产生联系。同时，消费者将其体验认知与评价凝结在商品之上，如果一个商品得到的都是不满意的评价，其商誉是无法形成的，只有那些良好的评价经过持续积累才会形成商标的商誉。商誉高的商标自然获得了市场价值与竞争优势。所以，商标使用是商标价值形成的唯一途径。但我国的立法或司法似乎还未意识到这一点，尤其是早期的商标审判，"唯注册"的论调极为广泛，几乎只要是与注册的商标利益相冲突的就判定为商标侵权。随着司法审判经验的不断丰富、立法及相关理论研究的不断深入和我国司法制度的不断完善，近几年来司法审判的态度明显发生了改变，许多判例开始结合商标使用、消费者混淆等多重标准进行综合判断。所以，在先使用商标不侵权的案例也逐渐多了起来。

商标使用契合商标法保护目的。从商标保护的历史来看，早期商标保护的目的主要在于禁止竞争对手使用与他人相同或相似的商标来混淆商品来源，欺骗消费者。"欺诈之诉"判例表明商标保护的原理是通过对在先使用商标的保护，达到消费者免受欺骗的目的，维护市场竞争秩序。所以普通法始终认为唯一需要保护的就是在先使用商标产生的商誉。这种理念契合市场利益形成的规律，符合商标法的本质。虽然随后出现了注册制，但注册制应该是对商标权进行公示公信，使其权利得到加强的工具，而非替代商标权产生的基础。所以，商标使用的价值使得商标先用权的保护具有正当性。

商标使用是商标先用权获得保护的价值基础之一，在先使用的商标没有履行注册程序获得注册商标专用权，其只是进行了实际的商标性使用，因此无法通过注册制商标法来获得保护，而只能从商标的本源上寻求对其进行保护的价值理念。

当然，商标先用权保护的价值基础除了对商标使用的认识，还有商誉的重要性，这些代表了商标这个竞争工具在市场中的影响，以及围绕它形成的相关市场利益格局，这些利益是商标这个符号背后的意义，也是在进行商标制度研究时所应看到的。当然，消费者在商标使用中的利益同样不能被忽略。而这些利益形成的基础在于商标的使用行为。我国以往的商标法缺乏对"商标使用"的关注与认可，在2013年对《商标法》进行修正之前，我国商标法中没有"商标使用"的概念，2013年的修正增加了第六章"商标使用的管理"，对具体的商标使用行为进行了规制，但该"使用"与我们所说的"使用"不是一个语境下的使用，《商标法》中的"使用"是相对于商标侵权行为来说的，即哪些具体的商标使用行为是侵害注册商标专用权的，仍是在注册制的背景下对具体的"不规范使用行为"进行探讨。而我们一般提到的"使用"是与注册相对的商标法意义上的商标使用，即使用取得中"使用"的意义。

2019年《商标法》的修正在第4条增加了"不以使用为目的的恶意商标注册申请，应当予以驳回"的规定，具有显著的进步，但该条款的适用存在不确定性问题，以及判定时是否需要"不以使用为目的"与"恶意"要件同时具备。如果有明显攀附他人商誉的目的或者已经囤积了一些"搭便车"的商标，在进行新的商标申请时可能会被判定为"不以使用为目的的恶意商标注册申请"而予以驳回。或者申请注册商标时故意以奥运冠军"全红婵""谷爱凌"姓名申请注册，可直接判定为恶意而驳回等。但如果缺乏判定为"恶意"或"不以使用为目的"的佐证，仅仅为了申请商标进行囤积，后续没有实际使用行为，似乎无法以第4条来进行规制。因此，如何判定"使用目的"，如何解释"恶意注册申请"都成为亟待细化的问题。

可见，我国商标法在从商标产生的本质上对"使用与注册"的关系进行的思考有所欠缺，这导致基于"使用"而存在的相关制度缺乏价值基础，将其置于注册制商标法中显得格格不入。在具体的制度安排中，对"实际使用"的规定也显得较为贫乏。我国商标法对申请注册的商标没有要求必须进行了实际的使用或者为使用做好了必要准备，只是作出了原则性规定，"不以使用为目的的恶意商标注册申请，应当予以驳回"，显然与促进经济快速发展的要求不符。这使得我国商标的申请程序较为简单，只需要符合商标构成要件并避免商标禁止注册条件即可，大量的商标注而不用成为常态。当在先使用的商标与这些注而不用的商标产生冲突时，如果严格依照注册理念对在先使用商标是不保护的。所以，我国商标法中缺乏对"商标使用"的理解与重视，对商标先用权的保护是不利的。

二、制度困境：我国商标注册制的异化

对商标法的指导理念进行反思之后，需要对商标制度进行审视，当然，制度的合理与否很大程度上取决于一国的立法理念，而制度实施与执行的效果又会影响立法理念的发展。商标法律制度对商标权人利益的影响很大，可以说商标权人获权多少以及如何对抗侵权都由商标制度来决定。

(一) 域外商标注册制的流变

商标的产生有其特定的历史原因，随着商业贸易的发展，社会才对起到区分来源作用的符号有了需求，也正是由于特定的权贵或商人阶级的推动才逐渐产生了商标法。但商标及商标法发展的早期，没有"商标注册制"一说，彼时的商标法遵循自然法法则，基于劳动产生财产权，即谁先使用商标、对商标倾注了劳动，谁就取得商标专用权，其他在后使用该商标的行为即为违法。"假冒之诉最初是为了使消费者免于欺骗和混淆，但后来假冒救济逐渐发展为对商标使用人提供一种类似于所有权那样的绝对权的救济。"① 因此当时不存在探讨商标先用权的土壤，只存在"在先权利"一说，即取得商标权的商标使用行为可能会侵害其他在先权利，如使用的商标是他人的作品，即侵害了他人的著作权；使用的商标是他人的外观设计产品，即侵害了他人的专利权。使用取得商标权"体现了自罗马法以来的先占原则，是对谁先占有谁先取得权利这一法律精神的实践"。② 但随着使用取得模式的弊端不断显现，注册制开始取代使用取得模式，成为世界上主流的商标权取得模式。

西方早期的商标注册制的效力并非是商标确权的门槛，而是对通过使用确立的商标权起宣告或者推定作用，即类似于目前美国实行的注册制。1837年商人汤普森诉温彻斯特一案被认为是开启美国普通法上以欺诈之诉保护商标的首个案例。③ 从

---

① 谢冬伟：《中国商标法的效率与公平》，立信会计出版社2012年版，第6页。
② 李雨峰、曹世海：《商标权注册取得制度的改造——兼论我国〈商标法〉的第三次修改》，载《现代法学》2014年第3期。
③ Thompson v. Winchester, 36 Mass. 214 (1837).

权利的原始取得角度来看，这种情形之下的商标权的取得与物权的取得相似，即主体对商标的首先使用行为这一法律实施是商标权形成的依据。① 只有将商标进行实际的使用，并发挥识别来源作用，在市场中形成特定的利益格局，美国法律才为之提供法律保护。但是随着经济的发展，商品销售范围突破既有的地域扩展至全国市场，此时原来的保护制度在保护商标权方面显得捉襟见肘，商标权人在证明自己是最先使用者方面困难重重，因此美国开始引入注册制度，并经过1881年《美国商标注册和保护授权法案》、1905年《美国商标法案》、1946年《兰哈姆法》，才最终确立起来。

为了遵循使用主义，尽管美国联邦商标法也规定了注册制度，但该注册制度像注册制度刚出现之时拥有的作用，仅仅是对已经存在的基于使用而产生的商标权予以法律上确认，从而使商标权人在一些程序中使用如注册证书为其提供权属证明。美国的注册制与当前其他国家实行的注册制即我们平常所称的注册制不同，美国的商标注册并不能创设任何权利，即非商标权的取得模式，商标使用仍然是商标获权的唯一途径。所以，美国的注册制是建立在使用原则基础上的商标权公示制度，是为了弥补商标使用取得模式的某些缺陷。美国商标法律制度中要求商标在注册前已经实际使用或意图使用（intent‐to‐use），即至少提交一份使用声明，并自愿接受相关的法律约束。所以，美国的注册制度是对业已存在的那些商标利益进行程序法上的确认，而这份利益的形成基础在于使用商标。"意图使用"是

---

① 杜颖：《社会进步与商标观念：商标法律制度的过去、现在和未来》，北京大学出版社2012年版，第30页。

1988年通过对《兰哈姆法》的修改增加的，即对没有实际使用但声明要进行使用的那部分商标，法律赋予其一种推定所有权，只有当申请人开始真实地将商标使用时该注册才会发布。美国的注册制与我国的不同，它不是确权的必要条件，使用才是赋权条件，注册只是表明权力的归属，加强其证明效力，同时推定该商标权在美国全国范围内有效，这样可以免除诉讼中自己举证证明是商标所有人的责任。可见，注册制的原始意义即是权利证明及诉讼中的举证责任豁免。

而与美国不同，其他很多国家开始逐渐接受注册制，包括我国也实行注册制。在使用取得商标权的模式中，注册的价值仅仅是所有权的声明。可以说使用取得模式很好地保持了商标注册制度的原始功能，并通过使用价值的提升来降低注册价值，使得商标权建立在诚信使用这一原点之上，也减少了注册形式化的危害。[①] 但注册制在一些国家出现了异化的现象，成为商标赋权的实质性要件，从而背离了商标源于使用这一基本理念。其实商标注册与物权登记的程序价值类似，但商标注册制却异化为向特定机关申请并获得审查授权。现在的商标权取得中，商标使用与注册都成为商标权的逻辑结构要素。可以说，在实行注册制的国家，注册是商标赋权的前提，而且许多国家不承认"使用产生商标权"这一价值理念，如中国、巴西、葡萄牙等国家。而较早实行注册制的英国、德国等国家，在商标法律制度的不断发展及商标法理念的不断完善中，已经修正了其商标权取得制度。

---

① 付继存：《商标法的价值构造研究——以商标权的价值与形式为中心》，中国政法大学出版社2012年版，第220页。

如当今的德国商标法实行的是商标权混合取得制,英国也承认注册与使用都产生商标权。德国曾经是单一的商标注册制的典型代表,认可商标注册产生商标权,但德国商标法在修改过程中增加了使用取得商标权模式。《德国商标法》第4条规定了商标注册或使用都可获得商标权,[①] 同时在第28条规定了权利人履行注册程序可以享有法律推定的所有权证明。此时的注册起到了一种效力增强的作用,可以保证权利状态的稳定与权利秩序的安全,商标权人不会担心自己的权利不稳定而影响事业的开展,因此对经济发展是有利的。

(二) 我国商标注册制的异化

我国当前的商标法律制度不承认"使用产生商标权",即采取注册取得商标权模式。我国商标法的发展缺乏内生性要求,从清朝晚期开始基本上是为了立法而立法,[②] 尤其是在移植域外法的过程中,在对注册制的理解上加入了我国历史文化传统因素,因此我国的注册制表现为一种行政管理型的注册管理制度,强调权利由政府赋予,这种理解上的偏差使得我国商标制度缺乏商标使用的意味,从而也造成了后来商标法中商标使用理念的缺乏。我国曾经的商标立法更是带有浓厚的行政管理色彩,如1963年的《商标管理条例》实行商标全面注册原则,从1982年的《商标法》开始才重新明确了商标的自愿注册。强制全面注册本身与商标法私法属性相悖,与商标权的私权属性不相符合。所以,我国的商标法律制度是注册而非以商标使

---

① 范长军:《德国商标法》,知识产权出版社2013年版,第2页。
② 我国彼时商标法的制定不是出于经济发展的内在要求,而是在当时特定的历史背景下,作为一项立法任务而制定。

用或商标本身为逻辑起点。同时我国的商标注册制出现了一定的异化现象，过于强调商标注册与商标管理的地位，也依靠商标法作为相关市场的行政管理手段，因此我国的商标法其实是在一定程度上背离了商标的本质与内在逻辑的，可以说一度蜕变为国家管理工商业活动的工具，如我国商标法在立法目的中明确其制定是为了加强商标管理，这与域外国家商标法立法目的存在较大出入，如日本商标法主要强调对商标的保护与信用的维护，韩国商标法则强调促进生产的发展，他们都未强调政府对商标的管理。

商标本是私权，商标使用更是体现自由意志，法律应尊重权利的本来形态与内在需求，但我国的商标法律制度在注册赋权指导下一步步异化为行政管理工具。商标法的管理工具色彩较为浓厚，这与商标权私权属性不符，也可能不利于商标市场的自由竞争与公平发展。在这种商标法律制度下，依据注册获权的商标享有全面、强势的法律保护，而未注册商标则似乎处于隐形状态，这与商标发展规律不一致。当然，我国商标法律制度开始意识到存在的问题，并通过《商标法》第四次修正将一些细节予以修改，相信此后的商标法必将通过修改而更加完善。但当前的管理型商标法特性仍然存在，具体到商标先用权领域，在注册商标专用权人获得周全保护的同时，商标的在先使用人却难以获得法律的承认，享有的也仅仅是有限的权利。这与我国传统的法律保护态势有关，也与使用产生权利观念的缺失息息相关，同时国家行政管理对商标制度的渗透也在一定程度上影响了法律价值走向。因此，对我国商标制度的反思尤为必要，需要明确的是商标和商标权的产生源于使用行为，履行注册程序是通过注册这种公示方式实现私权自由与法律保障的结合与统一，使用与注册都有其独特的价值和意义。

我国商标法不承认使用产生商标权，在一定程度上忽视了对在先使用商标的周全保护。反观域外，日本商标法中将商标先用权规定在"商标权"一章中，非规定在"对商标权的限制"中，且赋予其较为积极的权利。与域外相关商标法律制度相比，可以说我国对在先使用商标的保护是与商标及商标权的产生基础及理论背景有所差驰的。而且注册商标专用权保护力度的加强其实在一定程度上弱化了该市场的竞争，增加了引入竞争的成本，破坏了商标法律制度理性的平衡，使得天平偏向一边即商标权人，而对其他利益主体造成了不公平。

商标权属于财产权，而我国单一的商标注册制与商标权财产权属性是相背离的。朴素的道德观认为权利来源于劳动，劳动之下的财产属于劳动者的财产。而商标使用产生商誉，该商誉属于付出劳动的使用者，符合洛克的劳动价值论，使得商标产生与商标价值的形成具有了一致性。洛克在《政府论》中说劳动产生的物品都是私人财产，只要是掺杂了劳动的某些东西都具有私人财产倾向，是劳动使得某些物品价值有了增加，故理应由劳动者享有。[①]

洛克的理论确立了劳动作为财产权的正当性基础。而具体到商标领域，商标符号在成为商标之前只是自然界的无主物，是一种公共资源，而当使用人将该商标符号进行创意与加工，使之形成具有识别性的符号，这个过程本身就包含了劳动。当

---

① ［英］洛克：《政府论》（下篇），叶启芳、翟菊农译，商务印书馆1964年版，第19页。

其将该商业符号用在商品之上并投入市场经营,该符号就与商品建立了特定的指代关系,使商标成为消费者做选择的判断依据。这个过程也包含了使用人的劳动与努力,才使这种指代关系建立起来。使用人投入研发、进行广告宣传、诚实经营,消费者开始认识并认可该商标商品,逐渐形成商誉,赢得市场份额。显然,竞争利益的获得是使用人诚实经营的结果,应获得法律的保护。

但我国相对严格的注册制,主要以是否注册为标准,而非以实际使用作为衡量基准,不承认使用产生商标权,背离了"劳动创造价值"这一朴素的道德观念,与商标权是财产权的属性相悖,所以说我国商标法内在逻辑存在一定的混乱,需要进一步厘清修改。然而随着商标法律研究的不断深入,近年来,我国对"商用产生商标权益"已有了新的认识,开始对注册商标专用权作出一定的限制,有限度承认未注册商标的相关权益,并针对商标囤积与抢注也作出了相应的规定。

使用代表对实质公平的追求,注册则代表对效率与安全的渴望,在商标法领域,使用价值与注册价值逐渐成为各国商标法所共同重视的价值取向,而不能过于追求某一种价值,在注册这种形式化程序中注入公平理念,以实现商标制度的良性发展,也应是我国追求的目标。

(三) 我国商标制度的行政管理色彩浓厚

我国商标制度本身存在一定的问题,有诸多不合理之处,甚至早期整个商标制度可以说是注册商标保护制度与商标行政管理制度的融合,商标法领域的其他问题,在商标法里仅有只言片语的体现。

行政管理法的特征冲淡了商标权私权属性。国外的商标及商标法的发展是符合历史发展规律的，是经济发展决定上层建筑的反映。当商品贸易的发展需要商标这种符号来进行区分标记时，商标就产生了，而当市场上商标的使用中出现了假冒他人商标的情形时，商人阶级为保护自身权益开始推动商标法的发展。虽然西方商标法的发展带有明显的阶级烙印，是为了维护特权阶级的利益而生，但需要承认其发展是符合历史规律的。当商标保护制度建立以后，其惠及的是所有的商标使用行为及市场的公平竞争秩序。可以说，西方各国商标保护的理念经历了从唯公平论到追求效率，再到公平与效率的兼顾，相应地，在商标权获得上，其经历了从唯使用论到唯注册论，再到现在的混合制发展历程。西方各国尤其是具有代表性的美国、英国、德国，其商标法指导理念已趋于科学、合理。

我国早期的商标法指导理念不慎明晰，或者说是在行政主导下建立起来的商标法律制度，缺少商标发展与商标保护形成过程的规律性。这不能简单地进行评定，既需要结合我国的社会发展史来看，也要结合时代背景下的法律历史。我国现代意义上的商标法产生于清末，当时的历史背景是我国在半殖民地半封建社会的夹缝中生存，西方列强在我国领土内肆意欺压我们，而清政府的统治更是山雨欲来风满楼，这决定了当时的商标法律制度必然带有当时的历史色彩，所以说该商标法的出现缺少经济法内生性要求，只是为了履行不平等条约而设。而后经历了北洋政府、民国政府等时代更迭，商标法律制度也在不断变化，但历史动荡时期经济发展停滞，彼时的中国几乎没有使用商标的需求，这也使得我国的商标法律制度最终得以发展是在中华人民共和国成立后，尤其是在改革开放后。

因此从历史来看，我国的商标法可以总结出两个特点。一是以注册作为商标获权的逻辑起点，某种程度上忽视了商标使用的价值。这是因为我国缺乏商标产生的内在需要，即非经济基础决定上层建筑，而是以行政管理需要为目的对相关法律制度进行配置，我国的商标制度没有经历商标产生所必经的阶段，缺乏商标制度变革的内在动力。二是我国的商标法具有较为浓厚的行政管理色彩，以此作为政府的行政管理手段对商标市场秩序进行管理。与商标产生于贸易发展的需要不同，我国的商标产生缺少经济动因，皆因行政管制的需要而设立，因此与域外发达国家的商标制度相比，其内在逻辑较为混乱。这些特点的形成与前文所述的历史原因是息息相关的，但随着我国商标法律制度的不断发展与完善，其相关制度必将走向合理。

可以说，我国商标权早期的行政赋权、商标法的行政色彩等特征与商标权的私权属性存在出入，基本的意思自治与公平价值体现不够，过多地掺杂了管理色彩。在本质上，我国民法的意思自治原则就是要给予市场主体以充分的自由，保障自愿选择从事的民事活动并可以选择以何种方式从事民事活动。① 商标法属于知识产权法，虽然与公平竞争密不可分，但仍属于传统的私法。然而我国的商标法里却带有一定的公法色彩，从我国立法目的就可窥见一二，比如开篇明确地提出商标法的立法目的是加强商标管理，这在其他国家的商标法律制度中并不

---

① 王利明、杨立新、王轶、程啸：《民法学》（第三版），法律出版社2011年版，第14页。

常见,《德国商标法》第 1 条规定"本法保护商标、商业名称、产地来源标志"[①];《日本商标法》第 1 条规定"商标法是通过对商标的保护,维护商标使用者在业务上的信用,以此对产业的发展作出贡献,并以对消费者的利益予以保护为目的的法律",[②] 可以看出其目的在于通过保护商标使用者的利益及商誉达到促进产业发展的目的。我国商标法期望通过对商标管理的强调,实现对商标专用权、生产者利益、消费者利益的保护,但在一定程度上忽视了使用产生的价值。

我国商标制度固有的缺陷,给我国商标先用权的保护带来了一定的困难,虽然当前立法在一定程度上给予先用权人有限的保护,但该保护限于继续使用不侵权,远不能满足商标先用权人继续使用商标进行生产经营的需要,尤其是网络销售的"无地域性"特点可能与法条中的"原有范围"产生冲突。在商标制度框架下,商标先用权想要获得更大范围的利益难以实现,而在面对商标先用权与注册商标专用权的利益冲突时,不管是行政管理机关还是司法审判机关都不得不趋从于制度的规定,将商标先用权作为对注册商标专用权的一种限制,在合理限制的限度内划分二者之间的利益。因为陷于制度中,许多人看不清商标保护的实质,认不清商标先用权获权的原理,不敢突破现有制度,而唯有遵循现有的制度。司法审判甚至也有遵循判例的习惯,当其他法院对某一类型的争议作出判决,其他法院一般也在该框架内进行判决。因此,制度是否合适对权利

---

① 范长军:《德国商标法》,知识产权出版社 2013 年版,第 1 页。
② [日]森智香子、广濑文彦、森康晃:《日本商标法实务》,北京林达刘知识产权代理事务所译,知识产权出版社 2012 年版,第 1 页。

保护的影响很大，我国商标法单一的注册取得特性为商标先用权的保护增加了困难，使其缺乏合理的制度土壤。

三、立法困境：法律适用的模糊

我国《商标法》颁行于1982年，并经历了四次修正。该法的颁布与当时特定的经济、政治环境分不开。当时中国经济正值改革开放，国民经济复苏，对外贸易加强，加之此前特定的历史原因导致的法律停滞，此时经济的发展需要法律的保证。而在对外交往中，国外贸易对象也要求中国对其贸易往来提供必要的法律保护。但当时法律制定较为急迫，许多制度的设立并非契合我国经济发展的实际情况，而是在照搬域外经验的基础上进行修改，加之回应性立法必然具有的滞后性，导致许多制度在适用中存在一些问题。

（一）商标先用权立法规定缺乏操作性

我国立法虽然对商标在先使用进行了一定的规定，但是还不太完善，在缺乏对先用权本质认识的情况下，将其作为一种对注册专用权的限制规定在立法中，并对其行使作出诸多限制，这与在先使用权产生的法理基础不相符。当然，如此规定是为了尽可能地维护注册制的权威，但结合商标法的产生基础，商标权存在的正当性原理，以及商标与商誉的关系等方面，我们可以得出商标的保护不应以注册与否为限制，更不应以"权利论"来对此种未注册的商标实行弱保护，而是需要纠正认识上的偏差，以"利益论"来正确评判，即主要以商标背后所含商誉的高低来作为保护程度高低的依据。当然，鉴于商誉判定缺乏标准，这种保护只能实现于司法实践中。但司法实践在对商标先用权保护划定范围时，也常常面临无法可依、缺乏细节规定的状态，根源就在于我国对商标先用权规定过于简单，在一定程度上缺乏操作性。

第一，在先使用商标与在后注册商标发生利益冲突时，首先要解决的问题是两个主体主观状态如何，这是我国商标法未明确规定的内容。法律保护合法利益，而商标法要求使用者诚实守信、正当行使权利。《商标法》的第三次修正将公序良俗、诚实信用引入，作为遏制一些不良商标注册、使用行为的法律依据。这些标准具有弹性，在适用上具有普遍性，可以有效遏制一些不正当注册行为。而商标在先使用人是否需要主观上的善意，法律没有规定。对此，我国台湾地区"商标法"规定了其主观上的善意，否则不能主张在先使用权。日本相关商标立法也作出了类似善意的要求，即要求主张者没有不正当竞争的目的。因为法律对在先使用商标进行保护的出发点是对正当权利行使产生的相关利益进行维护，而不能保护违法获得的利益，故上述规定对我国来说都具有参考意义。尤其是在面对与注册商标的冲突时，不能突破注册制度，但不能出现先用权人与专用权人利益配置过于失衡的情况。

在后注册人主观上善意与否对其注册权利的影响更大。在商标的实际使用中，一般有两种情况，一是在后商标注册人主观上是善意的，其确实不知道有在先使用商标，只是碰巧注册了与在先使用的商标相同或相似的商标。其实在实际生活中，很少出现在后注册商标与在先使用商标完全一样的情况，大部分都是商标相似。此时，法律在对先用权人与专用权人利益进行划分时，要以公平理念去进行分配，具体的论述下文将详细展开。注册完全一样的商标的情况亦可分为两类。一类是善意地使用地名商标,如浠水膳美食品有限公司诉湖北美味佳精制食品有限公司案。① 湖北美味佳精制食品有限公司与浠水膳美食品有限公司均注册在湖北省浠水县巴河镇,二者均以生产、销售鱼面和藕粉为主。但两家公司使用的注册商标中均带有"巴河"字样,故均认为对方侵犯了其注册商标权。因为"巴河"是地名,二者都善意地将地名作为商标使用。另一类是使用生活中常见的固有词汇作为商标,如"黄鹤楼"牌香烟、"黄鹤楼"牌白酒等。

二是在后注册人主观上为恶意的。其实商标资源众多,能在其中找到合适的商标不仅需要创意,还需要与生产的商品特点契合,想出一个恰当的商标并不容易,所以很难出现完全一样的商标,尤其是当那些商标具有创意或特殊意义时。一般这样的情况下,绝大部分在后注册人都是明知有他人在先使用商标而故意注册。如知晓他人在先使用未注册的商标,将其在同类商品上进行注册;知晓他人其他名称、字号等有一定影响力或具有特殊性,将其在同类或异类商品上进行注册;知晓他人在先使用的未注册商标具有一定影响力,将其注册在非同类商品上等。或者是在后注册人与在先使用人之间存在特定的关系,如前员工与单位的关系。对恶意抢注,法律只要求主观恶意为明知或应知即可,即明知或应知他人有一定知名度或影响力的商标在使用而去注册相同或类似商标。对以不正当手段进行商标注册的即主观为恶意的,并不要求在先使用商标具有一定的

---

① 湖北省黄冈市中级人民法院(2014)鄂黄冈中知民初字第 00066 号。

影响力。所以主体主观状态对利益的划分提供了重要的参考因素，但我国商标法对此没有作出明确规定，有待于进一步地完善。

第二，在主观之外就要考虑客观上在先使用人与在后注册人是否都有实际的商标使用行为，这是判断并解决二者利益冲突的考虑因素，对此我国商标法也没有作出规定。商标使用在商标法律制度的构建中至关重要，对于他人商标利益的侵犯主要是以商标法上的商标使用行为为判断依据。假设他人没有就商标实施使用行为，亦不会给商标权人带去市场利益的损失，则无规制的必要。而在商标侵权中，我国商标司法审判的态度也开始逐渐重视商标使用，这就要求立法作出相应的修改。因此对在先使用商标来说，立法应该要求其进行了持续使用，否则就丧失了保护的价值基础。正因为先用权人持续使用该商标，使该商标继续发挥识别与区分的功能，影响消费者的购买，也使得该商标上的商誉得以存在。《英国商标法》第11条也对商标在先使用作出了"持续性使用"的要求，该要求符合商标保护的价值基础。如果没有持续使用，则无进行利益冲突协调的必要。

若在后注册商标在注册后亦进行了实际的商标性使用，则需要根据一定的条件对上述二者的利益进行合理的划分。若在后注册商标在注册后没有投入市场进行实际的商标性使用，在划分上述二者利益时是否要对在后注册商标进行否定性评价呢？我国商标法中缺乏关于商标使用的要求，尤其是在申请注册时既不要求商标已经进行了实际使用，也不要求为使用做了必要准备，而是要求对不以使用为目的的恶意商标注册申请予以驳回,在商标权维持中规定了使用要件,但对"三年不使用撤销"中的"使用"标准没有作出详细解释,而在实践中对该使用的把握非常宽松。另外《商标法》第64条的"不使用不赔偿"也是对使用价值重视的体现之一。

第三,我国《商标法》第59条第3款的规定仍有多处在适用上具有模糊性。其一,如"他人已经……先于商标注册人使用"中的"先于",具体的判定标准如何把握,是在注册申请日前在先使用人就已经开始了实际的使用,即贴有该商标的商品已经投入市场进行销售,还是做了必要的使用准备即可?在具体进行证明时又该以什么证据加以佐证?是以会计账簿为准还是以经销商具体销售的证言为准?这些都缺乏明确的要求。

其二,第59条要求在先使用商标"有一定影响",暂且不论该要求是否合理,"有一定影响"如何进行判断成了一个难题,是把有一定影响与驰名进行比较还是需要制定单独的判断规则。"有一定影响"是否需要限定地域范围也不甚清晰,在全国范围内有一定影响还是在一个市或者一个县有一定影响,我国的司法判例对此把握标准不一,这也造成了相似案例的不同判决结果。有的案子只在某镇上有一定影响,法院就使用了先用权规定对其进行保护。对"有一定影响"进行判定时需要考虑哪些因素,是否需要把使用人的广告投放、促销活动及其范围也纳入考虑范围呢?

其三,第59条第3款要求在先使用商标"在原有范围内"继续使用,"原有范围"指的是地域范围抑或产生规模,见仁见智。而对原有范围的限制实际上限制了商标使用人的经营,若市场对其商品认可度高即需求高,其能否加大生产量?当该地区外的消费者想要购买该商品时，其能否将商品销往外地呢？若由其他人将其商品带到外地进行销售，是否构成侵权？现在网络销售已成为常态，那么在先使用人在网络市场销售商品是否算作突破了"原有范围"呢？

其四，该在先使用商标是否可以进行转让也不清楚。商标权是可以进行转让、许可使用的，许多经营者以商标权进行融资扩大再生产，对在先使用的商标是否要赋予其与一般商标相同的权利，这其中有许多理论问题需要分析。

其五，第59条规定"注册商标专用权人……可以要求其附加适当区别标识"，何为区别标识？北京稻香村与苏州稻香村都使用"稻香村"商标，但北京稻香村在"稻香村"商标前加上了"三禾"的标志，这可以视为附加了区别标识，以防止消费者发生混淆。但二者都使用"稻香村"商标，其实消费者很难区分出哪个是北京稻香村、哪个是苏州稻香村，也不知道到底哪个才是正宗稻香村。

所以，我国《商标法》第59条第3款对商标先用权的规定在适用时存在诸多不确定之处，这都导致了商标先用权在司法上的适用困难，也造成了司法判决上的差异。可以说，我国《商标法》虽然对商标先用权作出了一定的规定，但该规定不够完善，不能很好地解决当前商标使用中存在的冲突。而对商标先用权的理论进行梳理，再对相关主体的利益结构进行分析，才能在最后提出合理的制度构建的建议。

所以，我国的商标法律制度在处理商标先用权与注册商标专用权时，没有妥善地遵循商标法的本质去解决相关主体间的利益冲突，进而造成了几个主体之间利益划分的不均。因此，在对我国的商标先用权问题进行检视时,需要格外关注主体之间利益划分的平衡问题。而通过何种理念用何种方法对我国的商标先用权制度进行反思与重构,将是下文要着重解决的。

(二)《反不正当竞争法》的补充性保护

由于商标与竞争存在密切关系,除了《商标法》以外,《反不正当竞争法》也承担了一部分的商标保护责任,但主要是对《商标法》规定以外的部分进行补充性规定。《商标法》是关于商标的全面性规定,但在我国的注册制下主要保护商标专用权以及商标的行政管理等方面,《反不正当竞争法》则在一定程度上保护广义上的未注册商标,即商品名称、企业字号、域名、包装装潢等,同样发挥了区分来源作用的商业标识。

《反不正当竞争法》第 6 条提到了对商标的保护,该条款在实践中被称为"市场混淆"条款,即这些行为易引起相关公众的混淆,对商品或服务来源产生误认误判。其实,这些客体与商标一起被称为广义上的商业标识,它们和商标既有区别亦有联系。这些客体经过使用,也与商品或服务建立了联系,具有了识别性和指代作用,成为事实上的未注册商标。当有人擅自使用这些标识时,相关主体可依据《反不正当竞争法》主张获得保护。因为这些标识不是狭义上的商标,但与商标又较为相关,且具有类似功能,因此才会受到《反不正当竞争法》的保护,成为"补充保护"的对象。例如,将有一定影响的 A 企业名称注册为 B 自己的商标,此时消费者会误以为 B 生产的商品与 A 企业有关,从而进行购买,这是关联混淆;若 B 企业产品以次充好,也会影响 A 企业的企业形象,那么 A 企业如何维护权益?此时《商标法》是覆盖不了企业名称的保护的,就要用《反不正当竞争法》来进行权利的维护。

如王将饺子（大连）餐饮有限公司与被申请人李某某侵犯注册商标专用权纠纷案①中，2005年日本王将株式会社投资成立王将饺子（大连）餐饮有限公司，将"王将"作为企业字号使用，且具有相当的知名度，但其未申请注册"王将"商标。2003年李某某获准注册"王将"商标，并在哈尔滨市经营的餐馆中使用"王将"商标。王将饺子（大连）餐饮有限公司在其餐厅招牌、餐具、菜谱、茶具、发票印鉴上使用"王将"服务标志，因此李某某认为王将饺子（大连）餐饮有限公司的行为侵犯了其注册商标专用权。该案中，日本王将株式会社的企业字号被李某某擅自使用并获得商标注册，但王将饺子（大连）餐饮有限公司并不能拿出有力的证据来佐证自己的观点，导致了一审、二审的败诉。最高人民法院再审时则秉持诚实信用、维护公平竞争和保护在先权利的原则对此案进行了判决，认为李某某的商标没有获得较高的知名度，且仅在哈尔滨市使用，而王将饺子（大连）餐饮有限公司与日本王将株式会社均以"王将"作为企业字号，具有合理性及知名度，规范使用不会导致消费者混淆，因此未判决王将饺子（大连）餐饮有限公司停止使用该字号，只是要求其规范使用该字号。

注册商标与企业名称均是按照相应的法律程序获得的标识权利，分属不同的标识序列，依照相应的法律受到相应的保护。但二者都为经营者的经营行为所用，均会产生显著性与区别性，而且许多企业字号同时也是商标，如"海尔"是青岛海尔股份

---

① 最高人民法院（2010）民提字第15号民事判决书。

有限公司的字号，也是其生产的各类电器的商标，类似的还有"松下""格力""耐克"等；有些企业字号与商标并不一致，如宝洁公司的主要产品商标有"玉兰油""舒肤佳""潘婷""海飞丝"等；类似的还有"丝宝"集团旗下产品商标，主要是"舒蕾""洁婷"等。二者有一定的关联，消费者常会分不清商标与字号的区别，而造成实际上的混用，因此市场中经常出现将他人具有一定影响的企业字号注册为商标、在非类似商品上抢注他人有一定影响的未注册商标、将他人注册商标作为企业字号使用，从而引起商标与企业名称或字号的冲突情形，此时就需要《反不正当竞争法》发挥作用对正当权益予以保护。

第二节 商标先用权利益配置的失衡

"从逻辑上来说，商标经过实际使用，同具体的商品的生产和销售相结合才会形成商标权，这体现了公平。但是，单纯的使用欠缺公示性，不同人在互不知晓情况下使用相同商标会造成不断的冲突。这会导致商标行政主管机关和司法机关处于两难的境地，进而最终影响公平。这时，商标注册制度的优越性就凸显出来，逐渐被世界各国采用。"[①] 在注册制下，市场中有已注册商标也有未注册商标，只是获得法律保护的程度不同。源于单一注册制的本质，我国对在先使用商标保护非常有限，而对注册商标的保护是强势且较为全面的，因此可以说二者在商标利益配置中是不平等的。

---

① 杜颖：《社会进步与商标观念：商标法律制度的过去、现在和未来》，北京大学出版社2012年版，第33页。

商标先用权的法理反思与制度修正

一、商标先用权人与专用权人利益分配的失衡

在自愿的商标注册制下会出现一些人已经在实际的生产经营中使用某一商标，但由于各种原因没有申请注册，或者说不愿意申请注册，导致其权利状态不够稳定，尤其是面对后注册商标的侵权指控时，风险更高。我国2013年修订《商标法》之前，没有明确提出对在先使用商标的保护，只是在商标权撤销中作出了细枝末节的规定，但一般只针对恶意抢注。虽然《商标法》第59条第3款中明确了对在先使用商标的保护，但对其利益配置似乎不符合公平竞争的内涵。

首先，我国的商标先用权表现为一种消极权利。在顺位上，第59条第3款规定在侵犯商标权条款的下面，是作为侵犯商标权行为的例外规定存在的，即对注册商标专用权的限制。可以表述为"在先使用不侵权抗辩条款"，因此是一种消极的权利。法律未从正面确定商标先用人的利益范围，没有将该权利作为一种请求权或支配权。商标先用权人没有因使用商标而获得法定的或可以转让的积极意义上的"使用权"。

其次，商标先用权人享有的权利范围较窄。从条文表述来看，商标先用权人仅享有一项权利，即继续使用，而且表述是"继续使用不侵权"。即当有其他在后注册人注册了相同或近似商标时，在先使用人可据此提出抗辩以限制注册商标权。但这种权利是否能转让？是否有权禁止他人使用？是否能够要求损

害赔偿？法律没有作出规定。① 按照严格的权利法定，没有法条规定即可视为禁止，那么可以说商标在先使用人享有极为有限的权利，仅仅表现为不侵权抗辩。

我国商标先用权人不享有优先注册权。域外一些实行商标注册制的国家，在注册制中增加对商标先用注册权的规定，如巴西商标法规定善意的商标在先使用者在他人提出商标注册申请时，可以优先申请注册。这种做法符合在先使用商标形成的利益，符合公平原则，可以更好地维护商标市场的秩序。

最后，商标先用权人权利行使受到一定限制。虽然法条对商标在先使用人使用商标作出了规定，但是为了维护注册制度的权威，对于在先使用仍然作出了诸多规定，如要求该商标必须具有影响力，且要在原有范围内使用。对原有范围是从地域范围上进行理解，还是从产品类别上进行理解，没有作出详细规定，这导致司法实践中不同案件的判决结果不一样，也使得法官的自由裁量权过大。对此，下文还将展开详细的论述。面对他人善意的商标注册行为，商标在先使用人只享有有限的继续使用权，这是极不公平的。仅仅因为注册程序的缺乏，商标先用权人与商标专用权人在利益的划分上处于不平等的地位，这与商标法产生的基础及价值本质是有所背离的。

二、利益配置中消费者保护的考量比重存在偏差

知识产权作为私权，消费者这一公共利益的代表在知识产

---

① 杜颖：《商标先使用权解读——〈商标法〉第59条第3款的理解与适用》，载《中外法学》2014年第5期。

权中似乎存在感很低。在专利权法中，保护专利权人的利益是第一要务，有利于鼓励发明创造促进社会科学技术的进步，因此，专利权人与专利被许可人的关系以及对竞争结构的影响是我们需要关注的重点。而在著作权领域，消费者因素的影响就更低，著作权法主要是为了促进社会文化繁荣而赋予著作权人一定的保护。与专利权、著作权不同，消费者是商标法律制度中的要素，商标权人对商标的使用，商标侵权都与消费者利益息息相关。

首先，消费者的认可是商誉形成的关键。商誉并非与生俱来，而是经过一系列经济行为的发生，伴随消费者对产品质量的良好评价而逐步积累起来的。具体而言，商标使用人将商标标志贴附在商品或服务上，投入市场进行销售，这是具体的商标使用行为。这些投入市场的商品或服务接受消费者的选择。当消费者购买该商品并对该商标产生印象，再慢慢在消费过程中识别商标对应的商品，商标与商品之间的指代关系才算建立起来。而消费者将购买商品所获得的良好体验与服务，形成的评价反馈于商标上，商标的商誉才慢慢形成。而商誉的高低、口碑的好坏也依赖消费者的感受和评价，如果商品质量下滑，消费者不会为此买单。

其次，消费者混淆是商标侵权判定的要素。商标侵权判定的"混淆理论"中的"混淆"指的就是消费者混淆。商标是消费者通过视觉等感知器官直接接触的客观存在。在长期的购物消费者中，消费者已经养成了认牌购物的习惯，即消费者一旦接触商标，会根据商标传递的信息识别商品来源。商标是消费者识别商品来源最直接的工具，消费者会根据商标做出购买决定。在商品类别相同或相似的情况下，商标权人的商品与侵权者的商标越相近似，消费者越容易发生混淆。消费者分辨不出商品的真实来源，误买到仿冒商品，其实就是侵权人模仿商标权人的商标。

如假冒他人注册商标的行为会引起消费者混淆，损害其利益。本来消费者的购买习惯是买娃哈哈饮料，但当货架上出现了"哈哈娃"，消费者很可能会因没有看清商标而购买了假冒商标的商品。又比如消费者本来准备购买小米电视，其商标"mi"是贴附于其电视下方边框，而假冒商标的"小米电视"在电视边框下方贴附商标"小米电视"，此时消费者会发生混淆，以为贴着"小米电视"商标的电视就是小米生产的电视，这些行为都侵犯了消费者的利益。在"伟哥案"[①]中，即辉瑞公司、辉瑞制药与江苏联环药业公司的商标侵权纠纷中，消费者是否因商标使用发生混淆成为本案判决的关键。最高人民法院认为，联环药业公司生产的药片置于不透明包装内，外面亦有包装盒，消费者在购买时是看不到里面药片的形状的。所以该浅蓝色菱形商标并不能发挥指示商品来源的功能，消费者在购买时不会发生混淆，判定不构成侵权。

在商标先用权问题中，商标先用权人与商标专用权人之间的利益分配失衡是一方面，对消费者利益保护不足是另一方面。作为贴有商标的商品或服务最直接的购买者——消费者，其利益常会因在先使用商标与在后注册商标的纠纷而变动不居。

第一，在先使用人是在特定的地域范围内使用在先商标，

---

① 最高人民法院（2009）民终字第268号民事裁定书。

当在后注册商标的商品也进入该地域进行销售时，消费者就有发生混淆的可能性，按照消费者的一般注意程度，可能难以区分该两种相同或近似商标的差别。当商标使用的地域范围较大时，会有更多的消费者面临混淆。例如，在加多宝与王老吉的纠纷中，仅仅是商标所有者之间的变更就导致消费者难以辨别哪种饮料属于哪个公司，更何况商标先用权里两种商标是相同或近似的。

第二，当消费者面临在先使用商标与在后注册商标的商品时，会出现选择与区分的困难，从经济学上来说会导致其搜索成本上升，① 需要花费更多的精力、时间甚至金钱去区分两种商品和商标。消费者在长期的认牌购物中已经形成了固有的消费习惯，当其寻找习惯购买的品牌时也容易发生误购。

第三，消费者的信赖利益受损。商标经过长期的使用，与消费者之间建立特定的联系，即消费者认可该商标的商品，而消费者的反馈会促使生产者进一步提高商品质量。消费者认可该商品，则会形成购物习惯，并且在某一产品行业依赖该品牌的商品，若因为该在先使用商标与在后注册商标发生冲突被限制使用，某些地区的消费者可能买不到该商标商品，其信赖利益受损。

第四，因为商标先用权人与在后注册商标权人存在竞争利益的冲突，为了降低纠纷带来的经济利益减损，二者有可能通过商标转让来降低纠纷的负面效应，但不论是商标与营业单独转让抑或一同转让，都有可能带来损害消费者利益的后果。商

---

① 冯晓青：《论商标法的目的与利益平衡》，载《湖南科技大学学报（社会科学版）》2004 年第 2 期。

标一旦单独转让，会造成原商标与原企业的分离，进而可能会产生使用该商标的新商品不具有原商品的良好品质的问题，损及消费者利益。如果商标与营业一同转让，则可能会出现先用权人与专用权人以商标转让为幌子实施的企业合并，涉嫌垄断。又如，商标先用权人与专用权人达成互不竞争协议，限定各自的商标使用地域范围，垄断协议的达成更有损消费者利益。[1]

所以，我国的商标法律制度在处理商标先用权与注册商标专用权时，没有妥善地遵循商标制度的本质去解决相关主体间的利益冲突，进而造成了几个主体之间利益划分的不均。因此，在对我国的商标先用权问题进行检视时，需要格外关注主体之间利益划分的平衡问题。而通过何种理念用何种方法对我国的商标先用权制度进行反思与修正，将是下文要着重解决的问题。

---

[1] 罗晓霞：《论商标法的多元价值与核心价值——从商标权的"行"与"禁"谈起》，载《知识产权》2010年第2期。

第三章

竞争利益冲突
——先用权人与专用权人利益配置失衡的核心矛盾

第三章 竞争利益冲突

商标是一种竞争工具。经营者通过在市场中使用商标开展竞争，吸引消费者以获取市场份额。商标亦是一种竞争资源。享有较高声誉的商标意味着巨大的商业价值与经济利益，[①] 经营者在市场竞争中搜寻具有商业价值的商标以为己用。可以说，商标与市场竞争密不可分。经营者利用商标作为工具开展竞争，此时商标使用人同时是竞争者，当他们将商标用于同类商品时，可以说他们处于同一产品市场；当使用于不同种类的商品时，则不处于同一产品市场。因此，当他们处于同一产品市场时，商标使用人就具有直接的竞争关系。尤其是当其商标相同或近似时，二者之间就产生了直接的利益冲突。在后一种情况下，商标使用人之间一般不具有直接的竞争关系，但他们之间亦可能实施违反《反不正当竞争法》的行为。[②] 因此，不管是在商标法语境下还是反不正当竞争法语境下谈商标，都离不开公平竞争。

[①] 当商标在使用中获得消费者认可并享有较高声誉，即意味着该商标可带来巨大的商业价值与经济利益，因此此种商标经常发生许可、转让抑或证券化融资等情况。当然，商标价值的高低与商标附着商品的质量及经营关系密切。如"三鹿"奶粉商标在三聚氰胺事件前价值100亿元，当三鹿集团破产拍卖时，该商标仅以730万元出售。

[②] 实践中对不正当竞争行为进行认定时需要以具有直接的竞争关系为前提，存有争议，有学者坚持"狭义竞争关系说"，认为需要经营者具有直接的竞争关系才可构成不正当竞争侵害；有学者坚持"广义竞争关系说"，认为损害了有竞争关系的经营者和无竞争关系但可能产生竞争利益纠纷的竞争者、无竞争关系的消费者，也构成不正当竞争行为。

商标先用权的法理反思与制度修正

第一节　商标先用权人与专用权人的竞争利益冲突

知识产权有三大主要客体——著作权、专利权、商标权，三者皆为私权。为了鼓励知识创新与技术创造，法律赋予知识产权主体一定期间的合法垄断权，以激励其持续创新，促进社会知识与文化的繁荣。一旦知识产权权利人取得某项知识产权，便在该相关市场获得了一定垄断地位。垄断可以独占市场、拥有众多消费者及市场份额，为企业带来高额利润。这些拥有合法垄断权的主体出于理性经济人的本能，极有可能利用其垄断地位，滥用其知识产权，产生限制自由竞争或公平竞争的现象。主要是专利权人利用专利技术实施专利搭售许可[①]、专利回馈授权[②]、一揽子许可、专利联营等涉嫌垄断的行为[③]。与专利不同，商标与反不正当竞争联系最为密切，商标权人将商标贴附于商品或服务投入市场开展竞争，在这个过程中可能会出现假冒他人注册商标、抢注他人在先使用商标、将他人商标作为企业字号使用或将他人有一定影响的商号注册为商标等违反商标法及反不正当竞争法的行为。《巴黎公约》中把反不正当竞争作为工业产权保护的任务之一。因此，合法的垄断是知识产权的内容，而对竞争秩序的破坏就是竞争法的内容。

[①] 宁立志：《专利搭售许可的反垄断法分析》，载《上海交通大学学报（哲学社会科学版）》2010年第4期。
[②] 宁立志、陈珊：《回馈授权的竞争法分析》，载《法学评论》2007年第6期。
[③] 宁立志、胡贞珍：《从美国法例看专利联营的反垄断法规制》，载《环球法律评论》2006年第4期。

一、商标先用权人与专用权人具有直接竞争关系

不论从商标法意义上来说，还是从竞争法范畴来看，商标先用权人与专用权人是在同一相关市场开展竞争的竞争者，二者具有直接的竞争关系。首先，二者是在同一相关市场开展竞争的。商标先用权人与专用权人使用相同或近似的商标，并且将商标用于相同或类似商品上，所以二者之间的利益冲突最为直接，尤其当他们处于同一地域市场开展竞争时，因此需要对该冲突进行平衡。如果二者的商标不是使用在相同或类似种类的商品上，则一般不会产生利益冲突，因为商标法对一般的商标实行同类保护，对已注册驰名商标才实行跨商品类别的保护。法律认为当在相同类别的商品上使用相同或近似商品时，很容易引起消费者混淆，因为按照一般人的注意力，很可能不会发现其中的差别，进而发生错买的情形，为了保护消费者利益，同时为了维护市场秩序的稳定，需要法律对上述情况加以干预。而商品类别不同，代表着销售渠道的不同，以及消费者的需求不同，这些差异能够有效地保证消费者不会错买。如圣芳"采乐"洗发水与强生"采乐"药膏商标权纠纷，[①] 最终被最高院判决该商标可以共存，因为各自形成了相对稳定的销售渠道与销售市场，不会引起消费者混淆。

商标法对已经注册的驰名商标给予高强度保护，即使跨越了商品类别，只要使用与驰名商标相同或近似的商标，都有可能被判定为侵权。因为驰名商标享有较高的商誉，较大的市场

---

① 最高人民法院（2008）行提字第 2 号行政判决书。

份额，其企业规模亦可能较大，那么或许生产的商品种类也多，或会对其他领域进行投资，当有其他种类的商品也使用其商标时，会使得消费者误以为是驰名商标所属企业的。如海尔集团以其生产的电器闻名，若市场上出现海尔洗衣粉，消费者会误以为是海尔集团生产的新产品。因此，鉴于已注册驰名商标的高商誉，我国商标法对其实行跨类保护，这也印证了我国商标法虽然实行注册取得制，但对商标的保护也考量商誉高低，在一定程度上从侧面证明了我国商标法内在逻辑存有混乱。

其次，商标先用权人与专用权人在相同或类似商品上使用相同或近似的商标，即要争夺同一消费群体，故二者之间的竞争利益冲突是最为直接、最为明显的。另外，二者使用商标开展竞争的方式也是类似的，即将商标贴附在商品上并投入市场进行销售，通过其经营行为使消费者认识该商标的商品，当消费者进行选购后，若认可其质量则会再次选购，久而久之，一个质量稳定的商品会得到消费者与市场的认同，即占领了一定的市场份额。而当其已经积累了一定的商誉时，若市场中出现与该商标近似的商标商品，则消费者会产生混淆，同时可能会带走在先使用人的一部分市场竞争份额。因此，二者的竞争利益冲突最为直接，对该商标资源的争夺决定着其能否继续使用该商标开展经营。

而在有些情况下，在先使用商标经过使用承载了商誉，获得了稳定的消费群体，但因其未注册，此时很可能有其他经营者出于不正当竞争的目的，利用我国的商标注册制度的缺陷，将该商标或与之相似的商标申请注册，欲获得该商标的专有使用权。客观上来看，出现毫无关联的两个相同或近似商标使用在同一种商品上的概率很低，一般都是后者欲攀附前者的商誉，或前者商誉较低但后者认为前者的商标设计具有市场潜力而故意占有前者商标。尤其是一些商标极具创意与独特性，此时出现相同或近似商标的可能性就更低了。但他人恶意抢注时，在先使用人有时并不能及时知晓该情况，尤其当他们处于不同的地域市场时，等后者商誉逐渐积累起来后可能前者才知晓，此时早已过了异议期或无效宣告期间。但要想证明后者主观恶意是十分困难的，因此就需要商标先用权制度对前者的利益进行补救，产生事实上的商标共存现象。抑或他人没有注册该商标，而是模仿其特有的包装装潢生产同样的商品，此时亦会给在先使用商标的市场份额带来不利影响，此时需要援引反不正当竞争法对在先使用商标进行保护。

二、商誉是先用权人与专用权人的竞争目的

市场竞争中，经营者通过多种手段对市场份额展开竞争，如进行商品质量提升、加强售后服务、降低商品价格、进行广告宣传、赠送礼品等，而这些手段最终反映到商品上，即该商品被消费者认可，获得了商誉。在竞争法语境下，竞争者开展竞争的最终目的是获得市场份额，但在商标法语境下，经营者即商标使用人，对商标的使用行为所要达到的直接目的是提升商誉，因为商誉的提升不仅意味着商标价值的增加，还会吸引消费者，最终体现为市场份额的扩大。同时，商誉也是商标法保护的目的和价值所在，即使在我国严格的注册制背景下，商标依据注册获得商标权，但法律应该保护的是商标上的商誉与背后的信息，而不能以是否注册为准。因此，在市场竞争中，

当这些商标上承载了商誉,就是法律应该保护的对象,也使得这些商标成为竞争者展开争夺的对象。

商誉的形成有赖商标权人的竞争行为。商誉的获得是经过经营者即商标权人诚实信用经营才产生的,是市场对其持续的诚信经营、谨慎履行义务、认真维持商品质量、真诚对待顾客的回馈。商誉反映的是经营者与消费者之间的关系,产生这种关系的基础是经营者的诚信与消费者的信赖。随着附有商标的商品进入市场进行销售,"经营要素的构成更加合理,消费者的认可度逐渐提高,贴附特定标记的商品就会被消费者识别出来,成为负载消费者评价的商品,消费者的购买意愿形成了市场占有份额。商标作为识别性标记负载的信誉构成了品牌商誉。消费者在购买中爱屋及乌的心态逐渐扩张了商誉内涵,形成了对企业产品的信赖,形成企业商誉。商誉的层次就由单一的品牌上升到企业。企业开发新产品能够形成产品商誉,企业通过商标的心理学广告也会形成商标的固有商誉"[①]。

三、商标先用权人与专用权人具有直接竞争关系

经营者在市场中开展竞争需要商标,没有商标竞争是无意义的。此处的商标可以理解为广义上的商标,即商业标识。在商标市场中,除了狭义的商标即我们所称的由字母、数字等要素构成的,附着于商品或服务上起到区分来源,具有识别作用的商业标志之外,还存在许多具有同样功能的商业标识,如企

[①] 付继存:《商标法的价值构造研究——以商标权的价值与形式为中心》,中国政法大学出版社2012年版,第131页。

业名称、商号、包装装潢、地理标志等,它们与商标一起被统称为广义上的商业标识。在市场中,企业名称、字号、商品包装装潢等标识在经过使用之后,也具有识别商品或服务来源、保证商标质量、进行广告宣传的功能,即与狭义上的商标具有同样的功能,因此当这些标识经过长期使用,产生了上述功能,其就成为事实上的未注册商标,应该受到法律的保护。

而对这些标识的损害则会直接影响经营者的市场竞争利益,当他人将某企业具有一定影响力的企业字号注册为商标使用,则会让消费者误以为二者存在关联,进而产生消费者群体的转移。又如,使用与知名商品相似的包装,也会让消费者误认误购。[1] 虽然在我国《商标法》中找不到保护依据,[2] 但可以凭《反不正当竞争法》主张权利。例如加多宝、王老吉系列纠纷中的"红罐凉茶包装、装潢案"就是加多宝、王老吉商标及不正当竞争纠纷案其中之一。[3] 法院认为商品包装、装潢经过使用,发挥了指示商品来源的作用,该包装与"王老吉"商标也不可分割,消费者对此已经形成了自己的判断。

所以,商标是经营者的竞争工具,而离开商标的竞争是无意义的。一个经营者参与市场竞争,其要想获得竞争优势,势必要投入生产经营,而其进行生产经营的客体一般是商品或服

---

[1] 如前些年我国商标市场中假冒商标(广义的假冒商标)现象泛滥,曾出现"康师傅""康帅傅""康师博"等相似的商品名称的商品一起在市场上销售的情况;又比如使用与"康师傅经典红烧牛肉面"一样的红袋包装、相似的字体,即使商品名称或商标不一样,也会引起消费者误认的情况。

[2] 我国商标法在立法目的中明确仅保护"商标专用权",而商标法在条文中明确了注册的商业标志方能获得商标专用权,因此,我国商标法对商号、企业名称、商标包装装潢等客体是不进行保护的。这些由《反不正当竞争法》进行规制。

[3] 最高人民法院(2015)民三终字第2号、第3号民事判决书。

务。假设没有商标，当一个商品被生产出来，该包装上只有该商品的通用名称如"饼干"，将其投入市场进行销售，消费者在选择饼干时，面对花样繁多的饼干是否会选择没有商标的饼干？一般来说，消费者基于其消费惯性，会选择以前购买的饼干，当其看到新的产品时，也有进行购买的可能，但因该饼干没有商标，消费者很难记住该饼干的名字并再次购买，即该饼干的显著性在众多饼干商标中进一步被淡化了，即使一直在市场上出售，消费者也很难将之与对应的生产者进行特定的联系，更不会出现认牌购物的情形。

在市场经济条件下，商标是交易能够进行的重要一环。根据经济学研究，在市场中，经营者具有信息优势地位，消费者处于信息劣势地位。在这种情况下，如果商品上没有商标，消费者要花费更多的时间和精力成本来搜索满意的商品，而且其购物风险也随之上升。在这种情况下，消费者为避免风险，就不愿去选择没有贴附商标的商品。如果每一种商品都贴附有自己的商标，情况则完全不同。原因在于商标是传递信息的工具。因此，经营者开展竞争，商标是其重要的工具，而其生产经营的努力最终也都体现在该商标上，当其诚实经营、进行广告宣传，消费者认可该商品，记住该商标，自然会再次购买，并且消费者的积极评价也反映在该商标上即较高的商誉，当消费者选购某一类商品时，会在脑海中对品牌进行筛选，即对商标的甄别。因此，经营者竞争的开展依赖商标。当商标获得较高商誉，甚至成为驰名商标时，该商标的价值会得到巨大的增加，成为企业重要的资产，因此经营者会对商标资源展开争夺。

第二节　商标先用权中竞争利益冲突的表现

在市场竞争中，商标先用权人与注册商标专用权人对竞争利益的争夺是具化在特定的竞争行为上的，不论是正当竞争行为，抑或不正当竞争行为，都需要在商标使用市场的竞争大环境下进行分析与解读。在商标取得注册制下，商标先用权人与注册商标专用权人相比，由于权属上的争议与不确定性，前者天然处于竞争劣势。而且，由于注册制度固有的缺陷，经常有后注册商标故意侵犯在先使用商标权益的问题，若在先商标使用人对在后注册商标权人实施不正当竞争或商标侵权行为，则不属于商标先用权范畴要解决的问题。①

一、商标抢注：割裂了使用价值与商标权的联系

商标抢注是抢先注册行为的一种，是行为人将他人已经使用或未使用的商标抢先进行商标注册。商标抢注本是一个中性词，抢注商标的行为不一定是不正当的，在某种特殊情况下抢注可能是善意的。即当抢先注册人主观上不知道已有他人就商标进行了使用，且未申请注册，或不知道该商标属于他人。在这种情形下，商标一般只具有相同或近似性，很少出现完全一

---

① 在商标先用权人与注册商标专用权人开展竞争时，不免会产生诸多正当抑或不正当竞争行为，一般来说由于先用权人处于天然的劣势，其在先使用权更容易遭到注册商标人的侵犯。而在二者开展竞争时，若先用权人对注册商标权人实施不正当竞争行为如商业诋毁，则落入反不正当竞争法规制的范畴；若先用权人对注册商标权人实施商标侵权行为，则属于商标法解决的问题，这两种情况下都不属于商标先用权问题范畴。

样的情况。但凡事都有例外，极个别的情况下也会出现商标完全一样的情况，多是文字商标，如基于某个著名的客体像小说人物、卡通人物等衍生的概念，或者是有特色的地名，如前文所提到的浠水膳美食品有限公司诉湖北美味佳精制食品有限公司案①中的"巴河"商标。而在商标法中常常提到的商标抢注多数情况下是指恶意抢注，即我国《商标法》中的"不正当手段取得注册"。恶意抢注是抢注人主观上明知或应知他人已经使用了商标，仍以不当获利为目的进行抢先注册，侵害商标在先使用人利益的行为。

善意的抢注或者说善意的在先申请注册，是否属于商标先用权的探讨范畴？实践中，商标先用权申请保护的情况大多发生在无法证明就相同或相似商标申请注册的主体主观是否为恶意的情形下，即他人申请商标的行为在先商标使用人是很难得知的，在随后的诉讼中也很难加以证明，因此只能要求商标先用权保护，可以说，商标先用权存在的前提之一就是注册商标人是善意的，或者即使注册商标人是恶意的，但在我国5年期限的限制下，在先商标使用人无法行使无效宣告权，这两种情况都导致在后注册商标继续有效，此时在先商标使用人为了继续使用商标才请求商标先用权保护。当然，也有个别情况能够证明在后注册商标人是恶意的，比如其曾是在先使用商标人单位的员工或是在先使用商标人企业所在地的邻居等一些特殊关系，或者在先使用商标具有极强的特殊性，如是无任何含义的文字或字母的创意性组合，这些证据可以佐证在后申请注册人

---

① 湖北省黄冈市中级人民法院（2014）鄂黄冈中知民初字第00066号。

是恶意的。然而，一旦司法认定在后注册人主观是善意的，在先商标使用人则不能行使撤销权、无效宣告权等一些权利，这是我国商标注册制的应然选择。对此，后文将会展开详细论述。

商标使用的意义在前面的论述中已获得证实，使用是商标识别来源作用得以发挥的途径，但是我国这种单一的注册制商标法通过注册赋权强制割裂了使用与商标权获得之间的联系，实际上就是以法律拟制使没有实际使用的商标获得相当于实际使用商标的权利。这种拟制权利的获得极为容易，不需要投入金钱、精力、时间成本进行商标的实际经营，因此容易衍生商标抢注，以利用该标志所含的来源识别性优势抢占市场，或攀附在先使用人的商誉。商标抢注人抢注商标之后或为己用即利用他人商誉抢占市场，或就此向在先使用人主张商标侵权损害赔偿，或转让其抢注的商标获利。市场中不乏此种案例，但囿于注册制的困境，商标先用权人的利益常常得不到妥善的保护。

在早期的"iPad"商标案中，该商标早就被深圳唯冠科技公司（以下简称唯冠公司）申请注册用在电脑等电子产品上，此后苹果公司欲在中国大陆地区销售商标为"iPad"的平板电脑就涉嫌侵犯唯冠公司的注册商标专用权，最后双方通过协商，苹果公司支付6000万美元从唯冠公司受让该商标的所有权。其实，唯冠公司注册"iPad"是恶意或善意，苹果公司很难进行举证，又加之知识产权的地域性，苹果公司在美国或欧洲拥有iPad商标所有权但不代表在中国亦拥有。但该案中，iPad商标即被他人抢注，导致苹果公司不得不支付巨额的转让费。商标抢注并不是中国商标法领域中的特例，英国知识产权法学者Cornish教授认为："商标抢注（squatting）在英国早为所知，一个商标在进入英国使用之前已经广为人知,但一个冒险者抢先注册该商标,并希望能卖给外国建立该商标商誉的人。"① 欧盟近年来大量的商标审查纠纷案例证明欧盟也存在该现象。其实,我国的联想集团要将商品在德国、英国等国售卖时,发现其商标"Legend"已经被注册,故将商标改为"lenovo"。

大量抢注的商标要么损害了在先使用人的利益(恶意抢注),要么造成了商标资源被占用导致商标使用竞争市场准入的困难(抢先注册在先权益)。商标在先使用人虽然没有申请注册,但对使用商标投入了大量物力财力,并进行广告宣传,当其商标具有了一定的知名度,即其已经在市场中占领一定的份额,那么这份正当竞争的利益理应获得法律的保护。而其他人利用我国商标注册不要求实际使用的特点,将该在先使用未注册商标申请注册,当在先申请人没有在异议期内提出异议,则该商标获准注册,注册人享有专用使用权,并可以以此来对抗商标在先使用人。显然,该商标注册行为是有违正当竞争要义的,并且侵犯了在先使用人的在先利益,因此衍生了商标先用权制度来保护在先使用人的利益,但该制度的设置是否合理完善有待下文进一步的解析。

如果商标抢注的是市场中暂无人使用的标志,则造成了实质上的商标囤积。因为商标资源的有限性,大量囤积商标就造成了他人可利用的商标资源的减少,而这些囤积的商标造成了商标资源的浪费。有些甚至抱着不正当的目的,当他们得知他人使用与其囤积的商标相同或相似的商标时,便通过异议程序、

---

① W. R. Cornish, Intellectual Property: Patents, Copyright, Trademark and Allied Rights, 4th ed, London, Sweet & Maxwell, 1999, p. 663.

无效宣告、侵权诉讼不正当地阻止他人使用该商标，破坏了商标使用市场的正常秩序。显然，这种行为与商标法的立法价值和目的背道而驰，同时增加了竞争者进入商标市场的成本，浪费了有限的商标资源。最高人民法院通过判例认定"大量囤积商标"行为属于《商标法》第44条第1款"其他不正当手段"，前文的武汉中郡校园服务有限公司再审申请一案①，就是大量囤积商标被驳回申请的例子。

我国2019年之前的《商标法》对抢注在先权益，或大量抢注商标缺乏具体的规定②，彼时最高人民法院通过判例对《商标法》第44条进行了解读，即大量抢注商标进行囤积，而缺乏实际使用意图的行为，构成"以不正当手段取得商标"的情形。然而立法对"不正当手段"没有进行具体解释，应该是将之作为兜底条款来适用。虽然最高人民法院通过判例对此进行了解释，但我国是非判例法国家，该判例能否具有普遍适用性和指导性，并不能一言以概之，加之我国司法案件情况复杂，个性化差异较大，因此案件的判决进行大范围适用的可能性较低，更为实际的做法是由最高人民法院出台司法解释对"不正当手段"进行列举式的规定，为司法适用指明标准。当然，对于商标的抢注，现在我国《商标法》第4条、第9条、第32条也有相关规定，即不以使用为目的的恶意商标注册申请应当予以驳回，申请注册商标不能侵犯他人享有权利的客体如姓名、

---

① 最高人民法院（2017）最高法行申4191号行政裁定书。
② 2019年我国《商标法》的第四次修正为了遏制商标囤积、商标抢注行为，在第4条增加了"不以使用为目的的恶意商标注册申请，应当予以驳回"的规定，在一定程度上丰富了我国《商标法》针对商标囤积、商标抢注现象的规范。

著作权等，否则在先权利人可依据《商标法》第 45 条请求该商标无效。但为了维持商标秩序的稳定性，促使在先权利人积极行使自己的权利，法律规定了 5 年的期限。

我国《商标法》第 59 条第 3 款只赋予了商标先用权人不侵权抗辩权，没有作出其他规定，那么他们能否根据第 45 条来主张无效宣告？对此，学界是有争议的。有人认为，为了维护注册制度，商标先使用人仅能主张不侵权抗辩，无效宣告针对的是损害他人在先权利，但商标法不承认未注册商标权，只是保护未注册商标但并未赋予其未注册商标专用权。有人认为，既然商标法已经承认了在先使用商标人所享有的权利，并且赋予其面对恶意抢注时享有"异议权"这种事先的权利，那么也应该赋予其"事后"的救济权，即请求无效宣告。

法律要求权利人积极行使自己的权利，若权利人或利害关系人怠于主张权利，则其利益会受损，而法律有时对这种利益受损予以一定的容忍。当商标先用权人面对恶意抢注，有机会在注册商标确权之前维护自己的权利，即依据我国《商标法》第 15 条的规定提出异议，针对代理人或代表人这类特殊主体的抢注行为，鉴于他们间的特殊关系，可提出异议。或者是法律推定的其他可知晓在先使用人使用商标行为的关系如有业务往来关系的主体。这是法律对恶意抢注的一种情形推定，但并非是恶意抢注的所有内容，而我国《商标法》没有对"恶意抢注"进行界定。关于"恶意抢注"的定义和解释，2005 年 12 月原国家商标总局颁布的《商标审理标准》在第五部分明确了商标法中的"其他不正当手段取得注册"。而若商标先用权人没有在异议期内发现该注册实施，丧失了异议权，面对恶意抢注又该如何维护自己的权利呢?这又回到了问题的本质,即商标先用权人能否援引《商标法》第 45 条的规定请求宣告注册商标无效。

我国《商标法》第 32 条和第 59 条都要求被抢注的商标是有一定影响的商标,那么已经使用但不具有影响的商标不能对抗商标抢注。如"微信"商标案①,现有事实证明不了二者谁是恶意谁是善意,到底是巧合还是有人抢注他人商标,不得而知。该案的适用法律及判决结果都存在争议,但也暴露了一个问题,商标的使用人面对他人抢注时,在现有法律规定不足的情况下如何维护自己的权利。即使能证明他人是恶意抢注,但商标法中没有对此规定损害赔偿制度,是否可依据民法主张损害赔偿,值得思考。从这些条款都可以看出我国《商标法》对商标抢注规定的不足。在法律没有明确规定时,面对恶意抢注的商标,能否对之予以无效宣告或撤销,可以从其他因素加以考虑,如诚实信用原则、公共利益、商标是否实际使用等。

二、商业诋毁:利用商标减损他人商誉

商业诋毁是一种常见的不正当竞争行为,"或称诋毁商誉、商业诽谤,是指在市场交易中,捏造、散布虚伪事实,损害竞争对手的商业信誉和商品声誉,削弱竞争对手的竞争能力的行为"②。我国现行《反不正当竞争法》第 11 条对此作了规定,与原《反不正当竞争法》相比,现行《反不正当竞争法》主要

---

① 北京市高级人民法院(2015)高行(知)终字第 1538 号行政判决书。
② 王先林:《竞争法学》,中国人民大学出版社 2010 年版,第 191 页。

增加了"误导性信息"的规定,因为在实践中,捏造或传播竞争对手的虚假信息可以让竞争对手失去一部分消费者,而捏造或传播误导性信息或真实但会引人误解的信息,也会减损竞争者的竞争利益。除了虚假信息,传播一些可以误导消费者的信息,亦要受到法律的规制。如半真半假的信息、夸大虚假部分而忽视真实部分的信息、断章取义的信息,以及科学上的未定论即目前还不能确定真假的信息。其实在市场竞争中,不论是虚假的抑或误导性的信息,只要能够产生诋毁性效果,法律就应该一视同仁。商业诋毁与市场混淆、虚假宣传等不正当竞争行为联系紧密,他们都是对消费者的误导,市场混淆是对商品来源的误导,商业诋毁是对他人商誉的误导,虚假宣传亦是对商品来源或享有商誉的误导。而因经营者参与市场竞争主要依靠自己的商标与商品,故商业诋毁、虚假宣传、市场混淆行为的发生亦多与商标相关联。其实,《反不正当竞争法》中的许多规定都是针对商标侵权行为而设定,或与商标权的维护息息相关。

(一) 商业诋毁主要表现为对商标的诋毁

行为人实施商业诋毁的目的在于损害竞争对手的商誉,而商誉的主要载体是商标,因此商业诋毁主要体现在对他人商标的诋毁上。如某洗衣粉商家称其他品牌的洗衣粉洗不干净衣服,这种是最直接的商业诋毁行为。可以说,对竞争对手实施的具体诋毁行为大多是体现在商标之上的,对某经营者的商标商品进行直接的攻击,其原因就在于商标的特性,即商标是联结商品与经营者的纽带,具有特定的指示意义与区分来源作用,对一商标进行诋毁即实现了对某一经营者及其商品进行诋毁的目的。

同时，商标亦是联系商品与消费者的纽带，即消费者凭借商标进行认牌购物，而一个商标商誉高低直接决定着消费者是否信赖该商标商品。同时因为消费者与经营者之间存在信息不对称的情形，经营者的诸多信息是消费者获知不了的，故消费者一般只能凭借对商品商标上商誉的高低及相关的广告宣传对商品质量进行判断，进而选择是否购买。在当今社会，消费者面对冗杂的商业信息侵扰，常常难以对信息的真假进行准确的判断，因而多数消费者会随大流，并非心理上的真实认可。但当大多数人选择相信某一观点时，其他的人也会认可该观点。所以，对他人商标进行抹黑可以轻易地使得该经营者失去消费者。因此，商业诋毁是市场中一种常见的商业手段，同时亦是严重违反诚实信用原则与商业道德的不正当竞争行为。

山西白水杜康酒业有限公司（以下简称白水杜康公司）诉洛阳杜康控股有限公司（以下简称洛阳杜康公司）商业诋毁一案即是有关商标使用及商业诋毁的案子。① "杜康"二字在中国历史文化中有着特殊的意义，与酒有密切联系。由于历史原因，白水杜康公司与洛阳杜康公司均使用该商标。而在"杜康"酒销售的这些年间，各家杜康公司形成了自己的特色，也拥有了稳定的消费群体，均是正宗杜康酒的观念已为消费者所接受，故共用商标不会引起消费者混淆。而洛阳杜康公司在杜康酒的包装上使用"杜康商标唯一持有企业"的表述，极易使得消费者误以为只有洛阳杜康公司才与"杜康"商标具有唯一的对应

---

① 最高人民法院（2017）最高法民申 4643 号民事裁定书。

关系，而白水杜康公司与"杜康"商标没有关联，认为其生产销售的杜康酒是假冒商标商品，从而对白水杜康公司及其商品产生错误评价，并对白水杜康公司的商誉产生负面影响。

(二) 商业诋毁的最终对象是商誉

商誉本身是一个中性词，没有直接指明是好的抑或坏的评价，但实际上商誉多与积极评价相关联，因此商誉受到经营者的重视。而商誉与特定的经营者及其商品或服务相联系，主要涉及经营者的市场形象与社会认同，甚至代表着其商品质量的好坏，因此商誉成为经营者重要的无形资产和市场竞争力的重要组成部分。[①] 在激烈的市场竞争中，拥有良好的商誉意味着优势的竞争条件以及更多的商业机会和市场份额。经营者对其创造的商誉所享有的专有权和排斥他人对商誉进行侵害的权利，商誉所带来的相关权益也归商誉创造者所有。商誉这种无形财产是经营者参与市场竞争过程中逐渐形成的，经营者建立与维护良好商誉需要付出极大的努力，如诚信守法经营、严格履行合同、提高技术水平、保证商品质量，等等，而这些努力外化于商标之上，为经营者赢得交易机会和消费者信任。所以，对他人商誉的诋毁也就成为一些不法经营者经常采取的不正当竞争手段。

《巴黎公约》第 10 条之 2 第 3 款第 2 项规定了商业诋毁，世界知识产权组织《反不正当竞争示范条款》第 5 条规定也明确了商业诋毁是一种不正当竞争行为，英美法系国家主要通过判例建立起对商誉的保护制度，商业诋毁被视为侵权行为而适

---

① 王先林：《竞争法学》，中国人民大学出版社 2010 年版，第 191 页。

用普通法关于侵权行为规制途径,并且明确了商誉的无形财产权属性。而大陆法系国家多采用反不正当竞争法对商业诋毁进行规定。《德国反不正当竞争法》第 8 条规定了商业诋毁,我国台湾地区的"公平交易法"第 22 条也规定了营业诽谤之禁止。

我国早在《反不正当竞争法》实施的 20 世纪 90 年代,就出现过一起典型且影响较大的商业诋毁案——娃哈哈商业诋毁案,即杭州娃哈哈集团公司(以下简称娃哈哈公司)诉珠海巨人高科技集团公司(以下简称巨人集团)不正当竞争纠纷案。[①]原告娃哈哈公司的儿童营养液广告词为"喝了娃哈哈,吃饭就是香",该营养液已家喻户晓,在全国广受欢迎。而被告巨人集团也生产了与娃哈哈儿童营养液类似的产品"巨人吃饭香",但其在广告宣传中称娃哈哈儿童营养液有激素等,并进行大肆宣传,导致了娃哈哈营养液销量下滑。法院查明娃哈哈营养液并无上述危害,巨人集团是对娃哈哈公司进行商业诋毁,损害了其商誉,削减了市场份额。

(三)商业诋毁有违诚实信用原则和商业道德

经营者为了取得优势地位和经济利益而编造、散布虚假的或具有误导性的信息,直接损害了竞争对手的合法权益,不仅给竞争对手的商誉造成损害,使得某一些经营者的企业形象受损,继而导致其失去交易伙伴和消费者,直接影响其市场份额,因此是一种不正当竞争行为。同时该行为还损害了消费者权益,

---

① 中国法院网:http://www.chinacourt.org/html/article/200211/04/16742.shtml,最后访问时间:2019 年 1 月 23 日。

使得消费者接收到错误的信息，导致消费者无法了解真相甚至破坏其消费习惯，因此该行为违背了诚实信用原则和商业道德。诚实信用原则是贯穿民法、反不正当竞争法、商标法等法律制度始终的原则，它类似于《反不正当竞争法》中的一般条款，作为一种原则性的评判标准存在，对其进行细化是件困难的事，而现在的反不正当竞争判例中，经常以违反诚实信用作为评判准则，这样做可以打击不正当竞争行为，但也可能带来法律适用的泛化。

商业道德则是对市场经营活动中经营者的竞争行为附加道德标准，但此种道德与平常生活中所说的伦理道德不同，商业道德的评价依据主要取决于经营行为的实施是否会侵害其他竞争者的利益，是否影响消费者的利益，是否有损市场竞争秩序等，而不能是对某一个竞争者利益产生了损害就认定为损害了商业道德。该种商业道德应该为某一行业内所普遍认可的道德标准，当然，对于商业道德内涵的界定又是一件较为困难的事，其中充满了法官的自由裁量。[①] 最高人民法院在判例中首次明确提出了经济人伦理标准，[②] 即以特定的商业领域普遍认识和接受的伦理标准，认定是否违反商业道德，防止将商业道德简单等同于个人道德或社会公德。我国 2017 年修订的《反不正当竞争法》第 2 条将"公认的商业道德"修改为"商业道德"，即删去了"公认的"这个限定词，因为何为"公认"在实践

[①] 孔祥俊：《反不正当竞争法的创新性适用》，中国法制出版社 2014 年版，第 61 页。

[②] 最高人民法院在山东食品公司与马达庆等不正当竞争案件中首次提出该概念，意在强调其为职业性的道德标准，以示与日常生活道德的差异。

中难以具体把握,而多数的司法实践对该条款的适用与解释都进行了扩大化处理,即违反一般的商业道德伦理即可认定为不正当竞争,因此《反不正当竞争法》修订也顺应了司法实践的客观需求,将第2条修改为"商业道德",进一步加强了打击不正当竞争行为的力度,当然,对该概念的解释亦不能进行泛化,仍应以特定商业领域普遍认可和接受的经济人伦理为尺度。

竞争行为的正当性是按照公认的商业道德进行衡量的,即商业活动中客观的做法或惯例。因为商业道德缺乏确定性因素,很难进行具体的量化,因此需要结合具体行业的行业习惯进行综合判定,即在实际的商业惯例框架内讨论,不能与一般的理想化标准混同。尤其是对其进行认定时,不能以一次、两次的行为就直接进行认定,而应持普遍性观点。在商标在先使用人与在后的注册商标人之间,因为二者在商标获取上可能存在一定的纠纷,加之二者又是在相同或类似的商品类别上使用相同或近似的商标,即使处于不同地域范围,但市场划分不是一成不变的,因此二者的竞争利益冲突最为直接,都想从该相关市场中将对方剔除。因此在他们中间易产生商业诋毁行为,如在后注册商标权人诋毁在先商标使用人假冒商标,或在先商标使用人诋毁在后注册人假冒商标等,所以在商标先用权问题中讨论商业诋毁是十分有意义且必要的。而现在随着互联网的迅速发展,信息的传播速度快、覆盖面广,加之传播媒介的增多,一个信息瞬间就能出现在每个人的手机上,因此对商业诋毁信息的传播规制就显得更为重要。

同仁堂商标商业诋毁案即是在网络上对他人实施商业诋毁

的案例①。北京同仁堂公司是中国传统老字号企业同仁堂药房的延续，与始创于1669年的同仁堂药房有历史承继关系，而同仁堂药房的创始人乐显扬及其后人虽然与现在的同仁堂公司没有关系，但在公司改制时乐家传人亦有参与见证。同时，北京同仁堂公司在全国开设有同仁堂药店，其产品上亦印有"同仁堂"商标，并受到了消费者的认可与喜爱，"同仁堂"药品与北京同仁堂公司建立了特定的指代关系。而同仁堂科技公司是在中国台湾地区依法设立的公司，在常州市设有代表处，并通过开设店铺的形式开展了商业经营，在开设的店铺上使用了"中华同仁堂"字样。其在网址为www.zhtrt.com的网站上多处使用"中华同仁堂""大清御用同仁堂""正宗御用同仁堂"等字样，并且称自己是正宗同仁堂，而2013年乐氏后人出具声明书并经公证证明其与"中华同仁堂"并无关联。"中华同仁堂"与"同仁堂"的发展历史无任何联系，却在其网站及商铺上使用"同仁堂"商标及同仁堂相关影像资料，同时声称北京同仁堂公司已名存实亡，用不实信息进行虚假宣传和商业诋毁，损害了北京同仁堂公司的商业信息，构成不正当竞争并侵犯了北京同仁堂公司的商标权。

三、商誉攀附：模仿他人商标剥夺市场份额

商誉攀附包含的内容较广，但凡不正当利用他人商誉获得利益的行为，基本上都可纳入商誉攀附中来，或者说这是一个具有概括性、兜底性的概念。尤其是一些具有不正当性的竞争

---

① 最高人民法院（2014）民申字第1462号民事裁定书。

行为并未侵犯注册商标专用权，但确实利用他人良好的商誉为自己牟利，此时难以用商标法对该行为进行定性，唯有用诚实信用原则与公认的商业道德来进行约束。如前文提到的普拉达商标纠纷案①，房地产企业将"PRADA"商标用在房地产项目推广广告中，但这种使用不是商标性的使用，并不能使消费者将"PRADA"与该公司或其房产项目联系到一起，不会引起消费者的混淆，也不会损害 PRADA 公司的商标识别功能，因此未侵犯其商标专用权。但案中的房地产商为了在同业竞争者中获得有力的市场竞争地位，未经"PRADA"公司许可利用其知名度推介自己的房地产项目，非法攀附了"PRADA"商标的商誉，以此吸引消费者，不正当地获取了比其他竞争者更多的交易机会和有利的地位，故有违诚实信用原则，构成不正当竞争。在商标使用领域，"搭便车"的现象非常普遍，经营者热衷于假冒、仿冒他人的商标和商品包装，以造成消费者混淆和误购。

在商标先用权问题中，因为难以充分证明在后注册商标人的主观恶意，使得先用权人靠《商标法》第 59 条很难获得周全的保护。而实际上，在先使用商标与在后注册商标相冲突的例子中许多在后注册人主观上是具有恶意的，也有一些佐证，但难以证明达到商标法上的"恶意"程度。而在后注册人对他人在先使用的商标进行注册的目的多是欲意攀附在先商标的商誉，抢夺其市场份额，或者是在先商标具有显著性与独特性，与该商品契合度高，具有潜在的市场价值。当在后注册人将在先商标进行了商标注册，获得注册商标专用权，即可以"正

---

① 陕西省西安市中级人民法院（2013）西民四初字第 00227 号民事判决书。

当"地享受他人商誉产生的利益及市场份额，消费者也会误将在后注册商标商品当作在先商标的商品进行购买，或者消费者会产生混淆不知谁是正宗的，不论产生哪种后果，都会损及在先商标人的利益及消费者利益。

在先使用商标没有通过注册程序获得专用权，如果有他人将该商标登记为企业字号，这属于攀附在先使用商标商誉的行为。我国法条仅规定了将注册商标与未注册的驰名商标作为字号使用的情形下该如何处理，但对在先使用的未注册商标却没有作出保护性规定，此时该如何保护其权利？其实，此时可以利用《反不正当竞争法》来进行权益的保护，虽然找不到完全对应的法条，但《反不正当竞争法》的一般条款可以发挥作用。因为在先使用的未注册商标也发挥了识别来源的作用，也指明了商品的生产者，甚至获得了消费者的喜爱，此时《反不正当竞争法》需要发挥其兜底作用，对已经产生市场价值的未注册的在先使用商标进行保护。那此时《反不正当竞争法》对在先使用有一定影响的商标进行了保护，规制了他人将该商标作为企业名称使用的行为，周全地保护了在先商标使用行为，说明《反不正当竞争法》对在先使用商标提供了大于《商标法》的保护。[①]

上述两部法律之间出现了矛盾与衔接上的问题，更说明了我国商标法内在逻辑存在一定的混乱，一方面在立法目的中强调保护注册商标的利益，另一方面又通过其他方式为在先商标提供一定的保护。同时，《商标法》要求未注册商标达

---

① 在我国当前的《商标法》中，第59条第3款仅仅为在先商标使用人提供"在原有范围内继续使用"的保护。

到驰名的程度才可获得保护，但《反不正当竞争法》第 6 条规定的保护标识中仅仅要求"有一定影响"即可，并未要求未注册商标达到驰名程度。《反不正当竞争法》在 2017 年进行修改，其原来规定要求商业标识达到"知名"程度，此次修改降低了对这些未注册商标的要求，仅仅达到"有一定影响"即可获得保护，说明了我国《反不正当竞争法》对商业标识侵权保护力度的加强，通过标准的降低强化对侵害商誉行为的打击，净化市场竞争环境。这一点与我国《商标法》第 59 条对商标先用权保护的标准一致，即都要求商标达到"有一定影响"。

当然，"有一定影响"是一个缺乏具体衡量标准的概念，对它的把握仍需要相关机关出台具体的指南或适用标准进行解释。"法律条文对解释者构成疑难时，他借着解释这一媒介的活动来了解该条文的意旨；而一个法律条文之疑难则在于其被考虑到它对某一特定的法律事实之适用性时发生。"① 法律在适用时才具有被解释的必要，因法条总是存在一些晦涩难懂或捉摸不定的地方。但解释论不仅存在于具体的案件适用中，还应该关注法律本身在体系上的协调。"民法法律解释包括法源论与解释论，法源论即对制定法及其他法源进行整理并依一定逻辑顺序所构成的体系；而解释论是指运用解释方法针对判例事实或设例所提出的具体解释。"② 因此，虽然法条中有缺乏具体标准的规定，但有赖于法律解释学，该法条在适用时需要由相关主体作出解释。从逻辑上来看，《反不正当竞争法》可以通

---

① 黄茂荣：《法学方法与现代民法》，法律出版社 2007 年版，第 320 页。
② 梁慧星：《民法解释学》，中国政法大学出版社 2000 年版，序言第 1 页。

过一般条款为在先使用的未注册商标提供一定的保护，尤其是他人擅自将已使用的商标作为商品名称、企业字号等使用时，而当在先使用的未注册商标与在后注册的商标产生冲突时，就会落入《商标法》的范畴。

若在先使用商标具有了一定影响，但未申请注册，而后有其他主体亦将该商标或与该商标近似的商标使用在相同或类似的商品类别上，即虽然没有在后注册，但由于他人的在后使用行为，此时如何保护在先商标的权利？此时具有一定影响的在先商标商誉亦受到侵害，该在先使用的商标业已占领了一定的市场，商标也发挥了识别性作用，可以指示其商品的来源，并且"具有一定影响"，即在一定地域范围内获得了消费者的认可，并且有了稳定的市场份额，因此该商标亦应获得保护。不管是在后注册商标抑或在后使用该商标，都是对该商标上商誉的攀附，对该商标代表的市场利益的减损。但在我国当前的《商标法》中找不到保护依据。我国《商标法》主要是对注册商标专用权提供保护的，对其他客体的保护并不周全。因此，若发生上述情形，也只能在《反不正当竞争法》中寻求保护，通过《反不正当竞争法》的诚实信用原则和商业道德对具有不正当性的商誉攀附行为进行规制，维持市场竞争秩序的稳定与公平。

第三节　商标先用权中竞争利益冲突的成因分析

在市场中，从"竞与争"本意出发，经营者之间要在市场上开展竞争行为从而赢得利润。竞争是市场经营者为了自身生存发展而与其他经营者进行某种形式的角逐和较量的活动。①竞争是为社会发展所必需的，所谓"物竞天择，适者生存"，竞争导致社会的优胜劣汰，从而促进社会整体的进步，能在激烈的竞争中存续下来的必定有较强实力与发展前景的对象。出于理性经济人逐利性的本能，不免会出现竞争利益争夺上的冲突。商标先用权人与商标专用权人在市场竞争中也存在直接的竞争利益冲突，撇开竞争的本意，这与二者在商标使用上的争端息息相关，除此之外，仍有许多内在或外化的原因导致了二者利益上的冲突。如前文提到的我国商标先用权制度的不完善导致先用权人与专用权人竞争利益配置失衡，以及二者在竞争条件获取上的不平等，基于注册制产生的商标专用权天然处于攫取竞争资源的优势地位，而先用权人则在注册制下"战战兢兢"地行使继续使用商标的有限权利，并随时面临被诉侵权的风险。商标作为一种竞争资源，具有二重性，加之商标使用市场地域性特征明显等，引发了商标先使用人与后注册人的竞争利益配置冲突。其实，竞争具有两面性，既能带来积极的效果，也会造成一定消极影响。竞争是对剩余价值的追求，更是对有限资源的分配，即全社会如何分享总量一定的资源。如果法律对市场经营者的竞争行为不加调整，则可能出现竞争的消极效果任意蔓延的情况，由此会带来资源分配不公等问题。因此，面对商标先用权人与专用权人竞争利益冲突及竞争资源获取不平等的问题，需要深究其原因所在，继而在制度上进行完善。

---

① 王先林：《竞争法学》，中国人民大学出版社2009年版，第4页。

一、商标符号资源的相对有限性

资源的充足抑或稀缺可以引发相关主体间竞争程度的变化，在资源充足且获取条件较为容易时，相关市场的竞争表现一般不激烈，而现实中，大多数情况下资源是有限的，资源稀缺性是多数经济问题的本源。正是由于经济社会中存在"资源是有限的，但人的需求是无限的"这一基本矛盾，才产生了如何有效配置资源这一经济问题。商标使用领域也有这一基本矛盾的体现，即适合的、可利用的商标资源的有限性与人们对商标资源的无限需求之间的矛盾。① 这一客观矛盾促使我们思考如何优化配置资源。而商标资源的配置亦要置于具体的商标取得制度下去思考，即在我国的注册制度下，商标资源有无得到公平、合理的配置。

（一）商标资源的无限性

商标本身既是商标法律制度的核心概念，也是该制度得以构建的逻辑起点，一切商标法律制度都围绕着商标而展开，可以说商标法中脱离商标的制度是不存在的。在市场中，经营者会利用商标开展竞争，尤其是醒目、具有吸引力的商标，可以让消费者迅速记住该品牌，为经营者带去知名度和利润，因此美好的、恰当的、具有独特性的商标往往成为经营者追逐的对象，尤其是与自己的商品或服务特点契合的那些商标。商标由一些符号要素构成，这些要素存在于社会中，看似是无限多。

---

① 马丽萍：《商标法上的商标使用研究》，中南财经政法大学 2017 年博士论文，第 103 页。

彭学龙教授在商标的符号学领域进行了深入研究,他指出从符号学意义上来说,商标的外在表现是我们肉眼可见的那些商标标志,而商标背后的信息以及商标所附着的商品或服务都是商标内涵的重要组成部分。① 皮埃尔·吉罗的《符号学概论》一书中也有这种观点,他认为符号是能指和所指的统一。能指是指声音的形象,是外在的人们所感知的;所指是指声音形象所表达的概念。②

而构成商标的符号,取自社会共有领域,即原本就在社会中存在的各种文字、语言、数字、字母、图形等元素,其中有的符号本身具有一定的意义,有些符号只有与其他符号相互组合时才有一定的意义。从理论上说,这些符号是无限的,可选择构成商标的符号亦是众多的。而且,可以构成商标的符号元素也在不断增加。我国《商标法》在 2013 年修正时规定声音也可以构成商标。我国香港地区的《商标条例》第 3 条第 2 款除了规定了传统的商标构成元素以外,还规定了颜色、声音、气味和包装等新型商标构成要素。我国台湾地区的"商标法"将立体、动态的元素也规定为可构成商标的要素,《韩国商标法》和《日本商标法》亦规定了全息图和动态商标。因此从这个层面来看,随着可构成商标要素的不断开放,能够组成的商标也应该是越来越多的,在此意义上可称之为商标资源的无限性。

---

① 彭学龙:《商标法的符号学分析》,法律出版社 2007 年版,第 64 页。
② [法] 皮埃尔·吉罗:《符号学概论》,怀宇译,四川人民出版社 1988 年版,第 2 页。

(二) 商标资源的相对有限性

商标资源的无限性指的是可以构成商标标志的要素是无限多的，但是法律对商标注册有一定的要求，这些要求就已经过滤掉了一部分可注册的商标资源，如绝对禁止事项已经将一部分符号元素排除出商标范围。而商标组成要素主要包括文字、字母、数字、图形等，看似种类繁多，其实有些构成要素本身就是有限的，如英文字母只有 26 个；汉字符号资源也是有限的，例如《现代汉语词典》收录了 13000 多个单字。因此，商标的构成要素看似资源众多，实则可利用的、适合做商标的资源是有限的。

而一个商标的构成要具有一定的意义与价值才会被经营者所用，因为商标是联结商品和消费者的纽带，商标的组成要醒目、具有美感、具有创意性等，即为消费者容易接受。当违反消费者的购物习惯、生活习惯或者地区风俗时，该商标就不容易被接受。因此，经营者在选定商标时，倾向于那些特点突出、容易记住的商标，生僻的字与图形等元素亦容易被排斥在外。"一般来说，那些读起来朗朗上口，独特性强，具有美感，容易被认知、记忆的符号容易获得消费者认可。"[1] 这导致可使用、可注册的商标资源进一步减少。同时，商标的使用和注册还不能侵犯他人的在先权利，如姓名权、著作权等，这又进一步缩小了可用的商标资源。而商标资源取自社会共有领域，当社会对商标使用人让渡了一部分权利，即将大部分符号作为可

---

[1] 赵建蕊：《商标使用在 TRIPs 中的体现及在网络环境下的新发展》，中国政法大学出版社 2014 年版，第 107 页。

注册的商标资源,那么法律也需要保留其他人正常使用一些符号的权利,尤其是当符号本身在生活中具有其他含义。

世界各国的商标立法一般都规定申请注册的商标要具有显著性,这是取得商标权的前置性条件,要么该标识本身就有极强的显著性,要么即使没有经过使用,但只要出现消费者也很容易记住。有些标识本身不具有显著性或显著性较低,而需要经过使用来获得显著性,尤其是一些商标在使用过程中与自身产品或提供者产生了较强的指代性,消费者看到该商标就联想到某商品,其显著性也就逐渐形成了。前者是固有显著性,后者是获得显著性,二者在商标法领域都是正当的。商标的显著性指向的是什么?简单来说,显著性意味着商标和商品的可识别性,具有显著性的商标才能获得消费者的识别、区分,才能保证商标功能的正常发挥,让商标这个区分体系得以正常运转,保证市场上的商品不至于相互混淆。[①] 显著性要求将那些不具有显著性的标志排除在外,甚至有些符号标志经过了使用亦难以获得显著性或难以被消费者记住,这些亦不适合作为商标使用。所以,商标资源看似无穷多,但无限的商标资源在商标使用和实践中变成了一种有限的符号资源。

(三) 商标资源配置不合理

商标资源的二重性导致商标市场中实际可用的商标是有限的,而与经营者的营业及其商品或服务的特点较为契合的商标资源就更少,因此商标资源亦成为商标使用人竞争的资源。我国的商标资源配置中存在不少问题,由于我国实行商标取得注

---

① 彭学龙:《商标显著性新探》,载《法律科学》2006 年第 2 期。

册制,注册制产生的本意是加强商标权的确权效力,并且减轻商标申请人的负担,在商标纠纷中也有强有力的保证。注册取得商标权模式对申请注册商标不作使用要求,一般来说完成注册程序即可取得商标。由于商标注册程序简便易行,有的申请人出于有备无患的目的申请多个商标以及近似的商标,这导致大量注册商标没有投入使用。商标囤积造成商标资源的浪费,提高了他人利用商标开展竞争的门槛。甚至这些商标资源可能会成为投机分子谋取不正当利益的来源,如抢注他人商标并高价许可他人使用,或待价而沽,或以该商标进行恶意的商标诉讼,扰乱竞争者的正常经营等。而其他使用商标但未注册的主体,其商标资源也面临被剥夺的风险,甚至其商标的使用行为亦要受到诸多限制。这些现象是商标注册制下商标资源配置不合理的具体反映。

当资源较为有限时,由生产效率高的生产者占有和使用稀缺资源符合经济学理论,这样可以最大限度地实现稀缺资源最优配置。我国商标法没有按公平原则进行商标资源的分配使用,而是按照注册获权将商标权赋予注册商标权人,这使得许多低效率的使用者占有了较多的商标资源。而低效率的使用者占据商标资源的原因就在于我国商标法对商标使用不作要求,在商标权的维持中对使用的认定标准又过于宽泛,一些形式化而非真实的使用也被认作商标使用。那么其他高效率的商标使用者则可能因为涉嫌侵权而无法继续使用该商标,这不符合资源配置最优的要求。为了实现商标市场的资源优化配置,仍需要对严格的注册制进行改革与完善。

在商标市场中,许多占用商标资源但不进行具体、真实使用的人，为了商标不因"连续三年不使用"而被撤销，常常在三年中的某一节点将商标进行一次广告宣传，而我国司法判例一般对此使用予以认可，继而商标囤积人可继续占有那些商标资源，造成了商标获取条件上实质的不公平。商标先使用人本来已经使用的商标资源被在后注册人申请了注册并控诉侵权，实际上后者不一定对商标进行了实际的使用，而很有可能是以此为要挟获得高额侵权赔偿。二者在商标资源分配上的不平等归结于我国商标注册制度的不完善与机械化，因此要实现商标资源的有效配置，需要对商标使用作出一定的要求，并且设置配套的商标撤销制度，让那些闲置商标回归社会共有领域。

对此，我国司法审判中有个别案例已经开始重视商标实际使用或有实际使用的意图在商标权维持中的作用，如"大桥 DAQIAO"商标案[①]。大桥商标归大桥公司，但该英文商标为他人所有，后大桥公司发现该注册人没有实际使用商标，因此提起了撤销请求，但商标评审委员会根据注册人提供的有限证据作出了商标真实使用的认定。后在诉讼中查明本案系争商标在系争的三年间只进行了一次广告行为，没有其他实际的使用行为，且该广告行为发生在争议发生之后，据此可认定其商标使用行为并非为了商业竞争目的，可以认定是为了维护商标注册的有效而进行的象征性使用。这说明我国司法审判对待商标使用的态度已经有所转变，而想要真正地实现商标资源的合理配置，对我国严格的商标注册制的改革势在必行。

---

① 北京市高级人民法院（2010）高行终字第294号行政判决书。

二、商标先用权定位的边缘性

(一) 商标法保护商标专用权

商标先用权需要置于注册制背景下讨论。在奉行使用取得商标权的国家或地区,商标权被赋予最先使用该商标的主体,当出现争议时只需举证证明自己是最先的使用者即可,这里的最先使用者与商标先用权人不是一个概念。在使用取得商标权模式下,所有的商标权人都是商标使用者,而对相同或近似的商标,最早也即第一个使用者就是最先使用者。在注册取得商标权制度下,商标法将权利赋予最先申请注册并完成注册程序的主体,那么该商标的其他先使用人的在先的市场利益则无法得到保障,尤其是在商标先用权制度出现之前,在先使用人常常面临侵权指控。而基于商标的本质以及商标受保护的法理基础,在先使用商标的主体之相关权益亦应得到保障,故衍生出"商标先用权"之概念,但在注册取得商标权的国家或地区,出于注册的本意,其商标法仍主要保护注册商标专用权。该商标法是围绕注册商标而构建的一套法律调整体系,对因使用而成立的商标关注少之又少,可以说在先使用商标在此种立法模式中的定位是模糊的。

商标注册取得顺应了社会发展的趋势及商标法律制度发展的潮流,可以说其出现具有历史必然性,且注册取得商标权模式在确权效率及秩序稳定方面有其内在的优势,然其不以商标使用为要件,不仅使得基于该制度而产生的商标权缺乏正当性基础,并且存在诸多弊端。商标抢注与商标囤积即是商标注册制的衍生物。因为我国实行自愿的商标注册制,就出现有一部分人使用商标但不注册的情况。在目前的法律制度下，这部分业已形成的商标利益是难以获得周全的法律保障的，尤其是当未注册的商标知名度较低时，更寻求不到保护之道。在没有其他相同或近似的注册商标出现时，未注册的商标在市场中是一种自然的存在、使用状态，如果之后又有他人就相同或近似商标申请注册，就会发生在先使用商标与后注册商标冲突的情况。在单一的注册制国家，在先使用商标一般都得不到完全的保护，尤其是我国这种严格的注册制国家，对商标在先使用进行了有限度的承认，但依旧设置了重重障碍。

我国商标立法明确保护的对象是"商标专用权"，而在现有制度下，只有履行了注册程序的商标才能获得此种专用权，因此可以说我国的商标立法其实本质上更偏向于"注册商标保护法"，对注册商标提供全方位的保护，虽然这种做法可以鼓励商标使用者去申请注册以获得全面保护。但商标法属于私法行列，商标权从性质上看也是私权，是否申请注册应属于商标使用人的意思自治领域，法律不能强加干涉或在实质上设置阻碍。在商标市场中，不注册不保护似乎已成为基本规律，这与商标法本质不相符合，因此在接下来的修法中以及以后我国商标法的发展趋势中，尊重商标法的私法属性应成为重点。而对于注册商标，商标法给予周全的保护，甚至把商标侵权行为上升到刑事法律责任的层面，但对商标是否实际使用，是否取得了商誉，商标法相关要求则不充分。

（二）商标法忽视对未注册商标权人的保护

商标先用权在商标注册取得模式中处于非主流地位，即相对于占据主导地位的商标专用权人而言，其地位与利益保护始终不明晰。该情况实属正常，因为注册制商标法的内在逻辑是履行注册程序才可获得承认与保护，而在先使用商标这种基于商标的使用价值而存在的制度，似乎与当前商标法的价值基础有一定的冲突，因为我国的注册制是较为严格的注册制，对使用的认可是有限的。而若要注册制商标法承认在先使用商标可以享有商标权，似乎强人所难，但随着对商标法律制度认识的加深，完全忽视在先使用商标的价值已不可取，不可否认的是客观效果之一是使用产生的商标权与依注册而生的商标权共存。因此，有人提出对在先使用的商标进行保护会对我国商标法的基础产生冲击，破坏我国商标注册制的完整性。其实不然，若我国的商标法律制度过于机械地坚持"注册"并夸大了"注册"的意义，会使得整部法律内在逻辑混乱，而引入商标先用权制度不会破坏商标制度的完整性，反而会使我国的商标法律制度走向完善。

但不可否认，商标先用权的发展在我国商标法中举步维艰，在2013年对商标法进行修改以前，我国商标法不承认商标在先使用产生的权益。由于缺乏具体的规定，此前的司法审判中也存在法官间的不同观点，在自由裁量权之下，有些判决严格遵循注册制的要求，对基于使用而产生的相关利益不予认可，而有些判决则认可由于商标使用而产生的那份市场竞争利益，即使在商标法中找不到支撑的依据，由反不正当竞争法的一般条款也可作出裁决。即在商标法修改之前法院坚持知识产权法定原则，不对在先使用商标进行保护，少量法院根据民法的公平原则和诚实信用原则对在先使用商标进行保护。而商标法修改后赋予了商标先用权以法律制度上的正当性，但对商标先用权人权利的行使作出了诸多限制,如对"有一定影响"的适用缺乏细化标准,同时规定先用权人只能在原有范围内使用该商标,基于法律解释的严谨性,可理解为先用权人不得随意扩大地域范围与企业规模,这些规定其实存在一定的内在矛盾,即法律承认了商标先用权人可基于使用获得商标法保护,但又对其权利的形式作出诸多限制。

商标先用权人在商标资源的分配中处于弱势地位,在众多相似商标中,其不能再使用其他的相似商标,仅能固守"争议商标"进行使用,超过范围的使用都有可能构成侵权。但是在后的注册商标权人不仅可以使用系争商标,还可以使用其他近似的商标,亦可随意扩大商标使用的范围包括地域范围、产品类别范围等。有些情况下商标注册人为了防止他人攀附其商誉,会将类似的商标都进行注册申请,抑或跨越商品类别进行注册,注册权人权利范围的扩大很有可能影响在先使用人对商标的使用,这样不利于公平竞争的开展。商标先用权人不能根据市场的需求扩大生产规模,即使消费者有需求也不行,这是对商标先用权人的公平市场竞争者竞争权益的损害,也不符合公平竞争原则。而在地域范围上,因为受到了严格的限制,商标先用权人不能在超出其原有地域范围的地方销售商品,亦不能在全国性的媒体上进行广告宣传,这限制了先用权人获取资源的途径。出于商标权私权属性的考虑,商标权人应该包括所有正当使用商标进行生产经营的主体,不能因为程序性限制制约私权主体的行为自由,私权主体在不违反法律的情况下,理应享有意思自治的自由。

在竞争环境之下,结合我国较为单一的注册制度考量,并没有为使用商标的主体提供公平的竞争环境。由于对注册人的强保护，使得注册人可能大量申请注册商标，也许该种行为存在不正当竞争性，也许只是为了防止他人日后的抢注，但大量申请但不使用会导致这些商标成为闲置不用的资源，提高了商标使用市场的门槛，商标先用权人即使想更换相似的商标，有时也难以找到合适的商标资源。在注册制下，商标先使用人处于天然的竞争劣势，其在竞争资源的获取、竞争机会的争夺等方面无法与注册人平等展开竞争。即使后者是恶意抄袭在先使用人的商标，也难以对主观恶意进行举证，进而导致商标先用权人受到不公平的待遇。

域外一些实行商标注册制的国家逐渐开始意识到商标注册的一些缺陷，对商标注册人给予的保护过度，而对未注册商标的保护不足，故而保护基于使用形成客观的市场利益。如《英国商标法》在第5条将有他人在先使用商标作为驳回注册的理由之一，并且规定后使用或后注册不能攀附在先使用商标的商誉。同时也指出了先使用不对注册商标构成侵权，且在先使用商标可对注册商标申请提出异议。《日本商标法》第32条也规定了商标的在先使用。① 《埃及知识产权保护法》第65条规定在先使用商标的存在可以成为阻却后注册商标获得注册的理由，甚至在注册商标获得注册后，如果存在在先使用商标也可以对注册商标宣告无效。② 我国《商标法》将商标在先使用的保护增加进法条之中，在法律层面上对商标在先使用可以产生相关

---

① 李扬：《日本商标法》，知识产权出版社2011年版，第62页。
② 马伟阳译、樊立君校：《埃及知识产权保护法（商标、厂商名称、地理标志和外观设计）》，载《十二国商标法》，清华大学出版社2013年版，第27页。

权益进行了确认,也改变了司法实践中审判结果不一的状况,可以说是一次进步,但相关规定仍有不足。随着《商标法》第四次修正增加"不以使用为目的的恶意商标注册申请,应当予以驳回"的规定,可以看到我国商标法律制度的不断完善,可以寄盼今后的修法会进一步扭转我国商标注册制的偏差,增加商标使用的相关规定。

三、商标使用的地域性

知识产权特征中有"地域性"特征,但是此地域性指的是知识产权的效力不是无限的,因为它的获权是依据一国法律,因此只在该国领土范围内有效,在其他国家并非当然有效。这也与知识产权这种无形财产的特征相关,无体性决定了它不像有体物那样权随物动。但是本书所提的商标使用的地域性,指的不是跨越国界的法律效力有无的问题,而是指的地域范围或使用行为的地域市场,因为商标是使用在不同的地理市场的。如我国有34个省级行政区划,每个行政区之间有不同的行政政策、不同的市场结构[①]、不同的市场需求,因此商标的使用亦分布于不同地域市场。再比如美国是联邦制国家,商标权人因在某一州的地域范围内使用商标取得的商标权不能当然对抗其他州类似的商标权。因为美国领土范围极广,一州的商标使用者可能不知道在其他州也存在与之相同或近似的商标处于在使

---

① 商标使用与市场联系最为紧密,因此对市场的考察就显得尤为重要,当贴附商标的商品欲投入某一地域市场前,需要对该市场内此类商品或服务的饱和度进行调查,同时要考虑该地区消费习惯,如在川渝地区售卖清淡食物的市场前景一般,因川渝地区饮食习惯重辣;或在海南售卖取暖器,更是不符合当地的特征。

用状态。此时这两个商标权在美国范围内是相冲突的,而当他们产生权利冲突时,谁依据联邦商标法进行了商标注册,则可在法律上推定为获得注册的商标权全国范围内有效,在商标侵权诉讼中也获得了免于举证自己是最先使用者的责任。经营者在选择低于市场开展业务之前,通常会结合自己的商品或服务之特点,加之对即将进入的地区市场结构的考察,再决定是否在该地域市场进行经营。

商标使用中的地域市场与我们平常所说的竞争法中的相关地域市场是类似的,因为商标作为一种竞争工具也是使用在市场竞争中的。某一商品的销售不一定是销往全国的,根据商品特点而有选择性地开拓某些地域市场是较为恰当的营销策略,尤其是一些与气候、口味相关的商品,如取暖器一般不在海南等地销售,因此当商标使用在某一地域范围内时,即使有知名度一般也仅限于该地域及邻近地区。那么,其他地区也有可能有他人在使用与之相同或近似的商标,不管是无意的巧合还是恶意的使用,此时导致的结果是商标的重叠使用。商标使用的地域性间隔,使得两个地区之间的经营者互不知道对方商标使用的情况,由此出现了两个商标共存的现象。而在双方营业扩大至其他地域范围之前,他们也很难获知对方商标使用的信息。在市场竞争中,中小经营者仍然占大多数,营业范围及广告宣传能扩及多个省份乃至全国范围的经营者毕竟是少数。而经营者选定某一商标时,多因为该商标与其营业特点较为契合,甚至该商标改编自一些典故,或与某些地域特征相联系,或与某些商品特征相联系,加之可用的商标资源的有限性,出现近似商标的可能性极大。

商标使用市场的地域性是导致出现商标先用权人与商标专用权人利益冲突的原因之一,二者作为同一相关产品市场中的竞争者,当其地区市场发生重叠时,自然会引发更多的冲突与纠纷。商标使用的地域性,使得商标先用权人与商标专用权人使用相同或近似的商标成为现实,在他们获知这一情况之前,冲突是隐形和潜在的,而一旦知晓该种情况,冲突即会显露出来。

在成都蚂蚁物流有限公司诉长沙市蚂蚁搬家有限公司商标侵权案[①]中,位于成都的蚂蚁物流有限公司是"蚂蚁搬家"注册商标持有人,该商标注册于2012年。而位于长沙的蚂蚁搬家有限公司成立于2002年,其公司在运输车辆上、广告及网站上使用了"蚂蚁搬家"字样及蚂蚁图。起初二者互不知晓对方的商标使用情况,其使用该商标应该与蚂蚁这一昆虫善于搬运东西有关,故而在搬家、物流服务上使用"蚂蚁搬家",契合其提供的服务之特点。在无证据表明二者主观恶意的情况下,推定其为善意的使用。成都与长沙的两家蚂蚁搬家公司的业务即分属不同的地域市场,一个在先开始使用该文字标示,一个在后注册该商标,从而形成了事实上的商标权益冲突,但鉴于二者的商标使用在不同的地域市场,因此其权益冲突亦是数年后才显露,但不可否认,商标使用的地域性的确是引发商标先用权人与商标专用权人利益冲突的原因之一。而通过制度设计实现不同地域市场的互联互通,才能有效地解决这个问题。

---

① 长沙市中级人民法院(2015)长中民五初字第00757号民事判决书。

第四章

消费者利益保护不足
——商标先用权的制度偏离

第四章　消费者利益保护不足

知识产权制度与公共利益不可分离,而消费者权益又是公共利益中的重要一环。知识产权制度创设的本意,即国家通过授予知识产权人特定期间内的合法垄断权,使其垄断一定的资源,但同时知识产权人须让渡一部分权利给社会,让公众亦可在第一时间获取并享有最近的知识产品。亦即,知识产权是国家与知识产权权利人之间订立的契约,该契约的签订以利益平衡为核心,并设立一些制度予以实现。但出于理性经济人的本性,知识产权容易溢出权利边界,出现知识产权滥用的现象,此时需要《反垄断法》《反不正当竞争法》等法律的补充适用,以保障知识产权权利行使合乎规范。而消费者作为公共利益中的重要一环,在专利、著作权、商标领域都不可或缺,尤其是在商标领域。消费者是市场竞争中的要素,参与市场竞争的各个环节,因此商标与消费者已不可分离。

商标法律制度的构建以商标为核心,商标使用的对象是消费者,商标使用效果的检验也要靠消费者,商标侵权的判定更是以消费者是否发生混淆作为重要考量标准。在市场竞争中,竞争者之间的竞争行为的裁判者是消费者,即竞争效果如何需要消费者的检验,消费者认可的才能获得市场份额。"商标法的公共利益体现为确保消费者利益和促进有效竞争,从而增进公共利益。"[①] 但是随着商标理论的发展,商标法不再以消费者为核心而展开,对消费者混淆的重视程度也不复以往,比如商

---

① 冯晓青:《商标法中的公共利益》,载《新疆社科论坛》2007 年第 2 期。

标构成要素逐渐全方位开放，进一步剥夺了消费者可自由使用的符号资源；再如商标侵权判断有时没有发生消费者混淆，只是侵害了商标专用权即可构成商标侵权。尤其是随着商标制度发展的多样化态势，事实上的商标共存、商标反相混淆、商标反淡化都陆续出现，这些现象会引发消费者的混淆，尤其是消费者在市场中处于信息劣势，他们对信息的掌握越来越少。不论是在商标法中，还是在竞争法中，消费者都是与行为人相对的一方，其有时处于隐形状态，但其利益却一直受市场参与者行为的影响。在商标先用权中，法律关注的重点是对商标先使用人与后注册人之间的利益进行配置，但似乎忽视了对消费者利益的保护，因此本章就竞争架构下，当处理商标先用权人与商标专用权人利益分配时对消费者利益的考量展开论述。

第一节 消费者利益保护——商标法应有之义

商标利益的分配经常忽视消费者的利益，而仅仅从使用商标的相关主体出发考虑，但是消费者既受商标使用行为的影响，也是商标使用行为的检验者。商标的区分来源性、识别性都与消费者相关，所以消费者在商标制度中承载了多种价值。

一、消费者保护是商标法的重要内容

商标法的立法目的具有一定的层次性，直接目的是保护商标权，但在保护商标权的同时亦实现了对消费者利益的保护。即通过对市场中商标使用秩序的维护，防止出现商标间的攀附、商标仿冒等现象，从而间接保护了消费者利益。而

商标侵权相关规范的直接目的也在于维护商标权人的利益，但在进行行为判定时，不可避免地要以消费者混淆为核心，因为消费者的认知是商标区分功能实现的基础，而消费者对某一商标的认知代表的是市场利益，因此商品侵权的判定离不开消费者混淆。在公共利益的视野下，商标能够促进有效、公平的竞争，保护消费者利益，商标权权利的真正内涵能够得到有效发掘。[①]

商标法中的公共利益边界在哪？其实公共利益本身是一个内涵与外延都不易确定的概念，有观点认为商标法中的公共利益指的是消费者利益的体现和市场竞争秩序的稳定；而有的观点则认为市场中竞争者即商标使用者的公平竞争利益不是公共利益的一部分，这种竞争利益属于私益。其实，竞争者利用商标在市场中开展竞争活动，不可避免地要对竞争环境、竞争秩序产生影响，这些影响最终反映在商标使用秩序上，因此消费者利益与竞争者利益都可看作公共利益的一部分，甚至竞争者利益也会影响消费者利益的实现。各国商标立法都在立法目的中明确了保护消费者利益的主张，消费者在商标法中所受的混淆等侵害在传统的消费者权益保护法中难以寻求救济，消费者权益保护法保护的是消费者在实际的经济活动中因购物行为所发生的具体侵害，因此在商标法中明确对消费者的保护是必要的。正是在商标法立法目的的指导下，商标制度的设置如商标使用、商标侵权都不可避免地体现了消费者在其中的作用。从另一个层面说，商标权人参与商标市场的竞争，消费者亦是竞

[①] 李喜蕊：《新〈商标法〉对公共利益的增进探究》，载《知识产权》2013年第10期。

争市场中的关键构成要素,经营者实施竞争行为亦需要考虑对消费者利益的影响。

(一) 商标显著性的获取需要消费者参与

商标本身具有的符号学的意义远大于法律意义,只有当商标符号与商品结合,发生了识别和区分来源作用,才能称之为法律意义上的商标。商标识别来源功能的发挥需要靠消费者的认知,当消费者能够将某商标与其商品或提供者联系起来时,商标的功能才算得以一定的实现。如果没有消费者的参与,商标如何能够识别来源?如果该主体空缺,该识别功能的存在也没有意义。商标想要获得消费者识别,本身要具有显著性,当然对显著性的判断也依赖消费者的认知水平,除了极具特色的商标以外,大部分商标在投入市场时都需要消费者对其进行认识并在自己的脑海中形成一定的印象,慢慢将该印象与特定商品进行联系,商标的显著性才逐渐得以形成,一般认为显著性是指商标能够起到区分作用的独特性,即该商标能够明确指示该商标与其他商标具有不同之处。① 独特的商标才能引起消费者的注意与记忆,尤其是面对市场中信息不对称的情况,独特的商标向消费者传递信息更容易被消费者接受与识别,只有能够被消费者认识和认可的商标才能够有效地传递信息并为消费者接受。当然,独特性较差的商标也并非不具有显著性,此时可能需要消费者更长时间的识别。

商标是否具有固有显著性需要消费者认可才行,经营者所谓的显著性不被消费者所承认,即消费者在购物时不会注意到

---

① 彭学龙:《商标法的符号学分析》,法律出版社2007年版,第108页。

该商标。当缺乏独创性的商标想要通过使用获得显著性时，更需要消费者对其予以认知，而且这种过程一般较长，显著性的获得不是一朝一夕的事，需要消费者在市场中识别并慢慢记忆该商品；同时与商品质量也关系密切，如果是质量好的商品对其商标被识别是有助益作用的。当消费者认知了某商标与商品之间的联系，即对商标的指代性予以了解，形成特定的印象，此时商标获得显著性。

"从认知心理学的视角来看，市场中的消费者一开始对贴附在商品之上的标识一无所知，因为消费者还未在大脑中存储这些标识的相关信息。商品的提供者会通过广告宣传、促销等方式来改变消费者对其商品上特定标识的认知，让消费者逐渐熟悉该标识。当商品上外在的可感知的商标标识与人体感觉器官相接触时，相关外在刺激就会转化成生物电信号传递至消费者大脑的特定区域，随后消费者对该外界刺激进行辨识，对这些信息进行处理与编辑。当消费者在记忆中建立起以特定商标为中心的认知网络后，再次遇到该商标时就会识别商标，并从大脑中提取记忆。当某一标识与特定经营者相联系，在消费者记忆中形成特定认知后，该标识才演化为商标，具有显著性。"[①] 例如，"苹果"本是一种水果，当美国苹果公司将其作为商标与企业名称使用时，该商标并不具有显著性，而经过苹果公司的经营，被咬了一口的苹果标志逐渐被消费者记住，获得了消费者的认可，使得"苹果"商标与苹果公司的产品之间形成了特定的指代关系，此时的"苹果"商标不仅具备了显著

---

① 姚鹤徽：《商标法基本问题研究》，知识产权出版社 2015 年版，第 134 - 135 页。

性，更获得了较高的商誉，而此形成过程有赖于消费者的参与和贡献。

（二）商标侵权判定围绕消费者展开

从商标保护历史来看，英美等国的商标保护起源于欺诈之诉，早期商标保护的目的在于禁止竞争对手使用相同或近似的商标来混淆商品出处，欺骗消费者。以上述方式对商标权提供保护，而无论是通过反不正当竞争对商标权进行保护，抑或通过欺诈之诉对商标权进行保护，都是通过对商标权人进行保护这种手段，最终实现消费者免受混淆的目的。当商标侵权发生时，若在市场中不会引发消费者混淆，就不宜判定为侵权，因为此时消费者没有因混淆而流失，即被侵权人其实没有利益损失，在这种情况下判定停止侵权行为即可，对利益损失的弥补其实没有合法依据。

如上文提到的成都蚂蚁物流公司与长沙蚂蚁搬家公司商标侵权纠纷案①中，长沙蚂蚁搬家公司已形成自己固有的市场，长沙地区的消费者亦对长沙蚂蚁搬家公司予以认可与信任，而成都蚂蚁搬家物流公司的主要市场与长沙蚂蚁搬家公司有显著区别，消费群体亦有区分，故不会引发消费者混淆，法院判定此二者商标可以共存。而南北稻香村之争中，苏州稻香村与北京稻香村都使用"稻香村"商标进行糕点售卖，甚至地域市场都主要集中在北京地区，鉴于稻香村糕点的高知名度，许多北京人及外地游客都会购买该糕点，但是购买的到底是北京稻香村的还是苏州稻香村的，其实消费者也不尽然知晓。而后二者

---

① 长沙市中级人民法院（2015）长中民五初字第00757号民事判决书。

在天猫网站开设网店,店铺名称分别为"北京稻香村旗舰店"与"稻香村旗舰店",消费者对此更是一头雾水,稻香村商标的共存使用其实已经使消费者产生了商品来源混淆,因此需要司法判决对稻香村商标的使用予以规范。当然,南北稻香村已陆续在全国多地展开诉讼,判决结果亦会持续更新。①

按照一般的理解,商标侵权侵害的是商标权人的利益,但消费者利益也可能因此受损,而法律没有赋予消费者在商标法中寻求救济的途径。原因在于在商标使用市场中,作为竞争者的商标权人在打击商标侵权方面更有优势与积极性,一则其掌握假冒或仿冒商标的具体证据;二则商标权人作为利益直接受侵害者具有较强的积极性,同时与消费者相比,他们在经济实力上更为雄厚,可以负担起高昂的诉讼成本,而消费者在财力上与市场经营者相比处于弱势地位。商标权人维护自身权利的附带效果是保护了消费者的利益,因为假冒商标行为最终侵害的是消费者的利益,使得消费者对该商品的来源发生了误认,甚至会买到假冒商品,抑或因消费者难辨真假继而打破其消费习惯转而购买其他品牌商品。所以说,"商标权保护与消费者保护不仅具有方向上的一致性"②,因为商标权人与消费者及其他市场中的竞争者都是围绕商标展开利益划分的,如果各自依规行事,那么商标使用市场的秩序是稳定的,对相关主体利益的保护也是有益的,所以法律追求市场的公平竞争秩序,就是

---

① 对稻香村商标纠纷案,北京市知识产权法院与苏州工业园区法院作出了截然相反的判决。北京市知识产权法院(2015)京知民初字第1606号,苏州工业园区人民法院(2018)苏0591民初1277号。

② 王太平:《论商标法中消费者的地位》,载《知识产权》2011年第5期。

出于这种考虑。

对消费者利益进行保护也是商标法追求利益平衡的表现之一，是商标法利益平衡机制的重要组成部分。从商标法的立法目的可以看出，商标法立足于保护商标权人参与商标市场竞争，实现该市场的公平、有效竞争秩序。这要求根据公平竞争的内涵，均衡配置商标先用权人、商标专用权人以及消费者之间在商标市场中的利益。商标法重在保护商标权人与市场中的其他竞争者之间的利益分配公平，同时通过这种利益分配的均衡实现消费者免于混淆或欺骗，即对后者的保护是建立在前者利益分配均衡的基础之上的。而对后者的保护又可以促进商标权人利益的实现，即通过保护消费者不受混淆，让消费者买到正宗而非假冒商标的商品，可以提高商标权人的市场利润，所以二者是互为影响的。一般而言，对商标权进行保护可以避免消费者混淆，但当商标专用权的保护发展到对消费者利益构成威胁时，将导致商标权人保护和消费者利益保护的失衡。[1] 商标法若给予商标专用权过多的保护，忽视对其他合法使用商标的行为进行保护，则不仅会造成市场竞争秩序的不稳定，还会影响消费者的利益保护，如若商标法不对在先使用商标进行保护，那么原来购买在先商标商品的消费者将被迫改变消费习惯。所以，在商标法中对各方利益进行权衡时，切不可忽视对消费者利益的考量。

---

[1] 冯晓青：《论商标法的目的与利益平衡》，载《湖南科技大学学报（社会科学版）》2004年第2期。

二、消费者认可是商标使用及商誉形成的重要依据

（一）商标使用需要消费者的参与

商标使用作为商标法的核心概念之一，已经渗透到商标法律制度的方方面面。从历史角度来看，没有使用行为则不会产生相关权益，当一个商标权形成时，若该权益上并未负载商业商誉，既没有在市场中产生影响，也未与消费者建立联系，那该商标权就不值得保护，因此商标使用产生商誉，商标使用是商标权产生以及获得保护的正当性基础。在商标使用中，商标本身的独特性与新颖性等特点以及商标使用人的诚信、辛勤经营固然对商标使用意义重大，可以说商标使用人将商标贴附于商品或服务之上，并投入市场开始，商标使用行为即宣告开始。而用商标进行广告宣传、将商标用在店面招牌上、将贴有商标的商品进行销售等行为，都是商标使用行为，一般意义上将商标使用归属于商标使用人，其实消费者在商标使用中亦扮演了重要角色。

商标使用人的商标使用行为存在于市场竞争中，但面对的是消费者，而其想要获得的也是消费者的认可与购买，消费者的选择意味着市场份额的增加。贴有商标的商品投放市场时，消费者是该投放行为的直接对象，若消费者不去识别该商标，不去选购该商标的商品，那么可以说该商标使用行为是失败的。商标使用人通过广告去吸引、影响消费者是一种有效的途径，可以让消费者产生较深的印象。例如在"汰渍"洗衣液广告中，短短20秒的广告"汰渍"商标即重复出现了5次，平均4秒一次，这种高频率的宣传即是为了让消费者在潜意识里记住

该商标。因为经营者参与市场竞争的目的是获取利润,而利润的最终来源都是消费者,虽然有代理商的进货,但最终购买商品的都是消费者,经营者的生产成本也要转嫁到消费者身上,他们的广告投入、研发成本亦都要转嫁给消费者,所以说消费者是经营者的"上帝",没有消费者的购买,经营者永远不会获得市场利润。在一条生产、销售链条中,不管是上游供应商还是下游销售商,整个环节中虽然有经营者与经营者之间的交易,但若无市场需求即消费者需求,该生产、销售链条就是不完整的,也难以持续进行下去。因此,虽然看似商标使用中主要是商标使用者的使用行为,但消费者是商标使用的对象,更是使商标价值得以实现的关键。

(二) 商誉形成依赖消费者的认可

商标法之所以对商标提供保护,是因为商标经过使用能够识别商标或服务来源,并由此产生特定的需要法律予以保护的利益。这种特定的利益表现在两个方面,一是商标标志与特定商品或服务建立起来的关联关系,二是凝结在商标之上的商誉。[①] 尽管商誉不是法律对商标提供保护的唯一理由,商标也不是商誉的唯一载体,但不可否认,商誉是构成商标保护的正当性基础之一。"从商标权保护的对象来看,商标权保护的本质在于对商誉的保护。"[②] "商标实际上是有形标志与无形的商誉连结的统一体。"[③]

[①] 赵建蕊:《商标使用在 TRIPs 中的体现及在网络环境下的新发展》,中国政法大学出版社 2014 年版,第 25 页。
[②] 陈锦川:《商标授权确权的司法审查》,中国法制出版社 2014 年版,第 395 页。
[③] 彭学龙:《商标法的符号学分析》,法律出版社 2007 年版,第 34 页。

当然，商誉并非随着商标的出现而即刻形成的，商标开始使用或获得注册与商誉的形成之间存在时间差。当一个商标生成并投入使用，商标之上并不负载商誉，商誉的形成需要过程，是随着一系列的经济行为及消费者的评价逐渐积累起来的。首先，需要有商标使用行为，一个符号本身不会产生商誉，只有当商标权人将该商标投入市场并进行具体的使用，商标才能指示来源，而指代关系的建立并不意味着商誉的形成。尽管商标权人对商标使用投入人力、物力、财力，兢兢业业地进行营业经营，遵守诚实信用原则，但商誉形成与否取决于消费者是否认可该商标与商品。可以说，商誉的形成符合公平原则，而法律最终的价值在于实现社会的公平正义，这符合人类的传统道德观念和价值追求。

从商标使用意义上来说，经营者通过对商标的经济投入及长时间的使用，不断向消费者传递商品信息和商标与生产者的信息，使消费者能够根据其商标准确地认牌购物，降低搜索成本，提升购物效率。若经营者提供的商品或服务品质良好，消费者会对其商标标识形成良好的记忆和评价，产生信赖，这种积极评价和信赖经过沉淀会形成消费偏好，也就意味着商誉的形成。由于经营者在商誉这一无形财产的创造过程中花费了大量的时间、财力，付出了比社会平均劳动量更多的劳动，因此由其享受商誉带来的经济利益理所当然。

虽然商誉的形成与经营者的努力密不可分，但商誉的获得亦与消费者的认可不可分离。商标的价值主要表现为消费者认可的高低即商誉的高低，也是市场价值的体现，法律对这些利益进行保护也考虑了消费者的主观认知。① 即当消费者对商标及商品进行了认可，该商标的商誉才逐渐形成，而消费者的认可十分具有主观性，当一个商标的设计不符合一般消费者的审美要求，可能导致该商标得不到消费者认可，商标价值也难以实现。经营者"信用的建立过程中，不断传递显示自身品质的信息，潜意识地向公众灌输一种观念，不断重复会使人们慢慢地熟悉他以至于不知不觉的深入在人们的感情深处形成良好的评价和记忆。这种记忆一旦具有稳定性，就获得了某种制度性结构"，而"顾客是商业活动的根本要素，经济学家将其作为新经济中的价值创造者和关键的生产要素来考虑。竞争的本质在于获得顾客，竞争的一切活动都是以发展和保持对顾客的注意力和吸引力为取向的。信用的建立就是要通过自身形象的塑造为顾客所感知和认可"。②

商标使用者的努力固然重要，消费者的认可同样不可或缺。即使商品质量较高，但不符合消费者的需求，就不会获得认可，也就意味着获取不了市场份额和利润。既然消费者对商誉的形成具有不可替代的作用，那么在对商誉带来的利益进行分配时，需要将消费者纳入考量范围，在商标法中具体表现为要顾及以消费者为代表的社会公共利益，并通过具体的制度安排落到实处。商标权价值的形成离不开消费者的贡献，甚至商标本身就是取之于社会公有领域的符号，因此在赋予商标权人以相关利益时仍要作出一定的限制，保障社会公众对商标符号的正常使

---

① 谢晓尧：《用数字说话：商标主观认知的科学度量》，载《暨南学报（哲学社会科学版）》2013年第10期。
② 谢晓尧：《论商誉》，载《武汉大学学报》2001年第5期。

用，同时亦需要自由地使用商标相关元素进行言论的自由表达。在一般情况下，消费者的利益保护与商标权人的利益具有一致性，商标法对一方主体的保护会产生保护另一主体的附带效果。

三、消费者认知是商标功能发挥的心理基础

（一）区分来源

商标有三大公认的功能即区分来源、保障质量及广告宣传，表明商品或服务来源是商标最原始、最基本的功能。符号的出现也是用作表明身份、确定权属。"符号化的思维和符号化的行为是人类生活中最富于代表性的特征。"① 在原始社会，原始人类就出于识别目的开始在一些物品上刻印标记。② 例如在文字发明之前，埃及人就在牛背上烙上印记，以表明牛的权属。随着商业贸易的发展，中世纪的欧洲市场上开始出现了商业化使用的符号，但此时的标记是为了表明商品的所有权，在商品遗失后可以根据标记追回。如中世界欧洲的海上贸易较为发达，而海盗经常出没掠夺商品，如果货物被政府追回则可以按照商品上的标记进行返还。③ 所以说区分来源功能是商标最原始的功能。

在商品市场中，经营者与消费者之间存在信息不对称的情况，经营者的心思传递不到消费者那里，消费者的需求经营者

---

① ［德］恩斯特·卡希尔：《人论》，甘阳译，上海译文出版社2004年版，第35页。
② 余俊：《商标法律进化论》，华中科技大学出版社2011年版，第35页。
③ Mark P. McKenna, The Normative Foundations of Trademark Law, 82 Notre Dame L. Rev. 1939-1849 (2007).

也难以了解。因此需要借助一定的媒介来传递信息，沟通此二者的意思表达，由此在市场上出现了商标。商标上承载了经营者想要表达的意思，如此类商品应具有的品质、经营者对该商品质量的要求等，而商标亦能向经营者传递信息，如消费者是否认可该类商品、消费者是否对该商标与商品产生认知、消费者的消费喜好是什么，等等。而商标想要传递信息，依赖于区分来源功能，即消费者首先要明知该商标与商品所属的经营者，二者才能进行信息的沟通。而消费者在商标区分来源功能的发挥上发挥了重要作用。

商标多从社会共有领域选取，并经过商标权人的加工与创造，赋予该商标新的含义。但作为社会共有领域的符号，消费者对此已经形成了自己固有的认识，如某些标志代表温度、数量、原材料等，像"两面针"即代表中草药，"长城"代表万里长城，"张裕"代表人名或地名，"中华"即代表中华民族或中国，"白猫"代表白颜色的猫，等等。许多商标在使用前已经具有一定的本来意义，但是消费者看着这些标识可能不会把它与特定商品联系起来，因为商标与商品之间的联系还没有建立。而想要实现与特定商品、服务之间的联系，需要在使用中获得消费者认知。[①] 即经过使用，商标在消费者大脑中进行了存储，而该商标代表的商品信息也逐渐被消费者感知并记忆，包括消费者使用感受与评级，都与商标联系在一起，当消费者在市场上看到该商标后，该商标在消费者脑中对应的节点就被激活，使消费者获得该商标所代表的商品信息，商标的区分来

[①] 王太平：《论商标法中消费者的地位》，载《知识产权》2011年第5期

源作用由此而生。① 其实，商标获得显著性、具有识别来源功能都与消费者的心理认知分不开。

商标的区分来源功能实现的标志是，消费者以及潜在的消费者普遍将某一商业标识与某商品联系起来，将该商标的所有者视为商品的出处。也就是说，虽然商标使用是区分来源发挥的起点，但是区分来源的最终实现仍需要消费者的认知，否则可能只是局部的区分来源，如供货商等上下游经营者的认知。即使商标使用人使用商标的意图确实是区分来源，但商标是否真的具有这种功能，还要看消费者的认知。所以，如果贴附商标的商品只是在公司内部使用或存放于仓库中，缺乏消费者认知，则该商标区分来源的功能就没有得以发挥。②

当然，识别商品来源对经营者即商标权人是有利的，消费者能够在众多商品中迅速识别到其商标并选购其商品，为其带来竞争优势地位。商标的区分来源功能对消费者亦是有益的。首先，消费者凭借商品或服务上的商业标识，识别商品提供者，进而根据对生产者的既有印象对该商品或服务的质量予以预先的判定，多数情况下生产者会左右消费者的购物选择。③ 其次，区分来源不仅可以帮助消费者快速选择商品，节约搜索成本，而且在长期的消费中形成固有的习惯，内心对某些品牌较为执着，这种信赖利益也应该得到法律的尊重。当然，信赖利益是较为抽象的概念。

---

① 姚鹤微：《商标法基本问题研究》，知识产权出版社2015年版，第136页。
② 李阁霞：《论商标与商誉》，知识产权出版社2014年版，第87页。
③ 一个生产者在消费者心中的印象与评级，即企业声誉与商标上的商誉一样重要，都在消费者心目中代表着其商品或服务质量的高低，企业声誉、商品声誉与商标声誉都是广义上商誉的有机组成部分。

(二) 保证品质

保证商标或服务的品质、质量是商标的又一功能。在商标法领域，"商标是产品质量的可靠指示器"[①]，其品质保证功能又称为质量保证或担保功能，是指"使用同一商标的商品或服务要具有稳定的品质。并不是说使用商标就一定代表其品质高，而是说同一商标的商品质量不应是忽高忽低，参差不齐"[②]。一般来说，在市场中相同商标的商品质量是从同一条流水线生产的，应该可以保证质量的稳定，这也有利于消费者保护。商品的同一来源是商标的重要内涵，作为承载并传递信息的工具，商标可以为消费者提供选择方向，而质量的稳定则带给消费者安全感，这使得消费者可以放心地认牌购物。若使用相同商标的商品质量参差不齐，那么消费者的信任感急剧降低，也无法认牌购物，对商标功能和商标本质都有损害。

如果没有商标，消费者购买商品时必须弄清楚每种商品的性能和质量，而有了商标，消费者可凭借以往的购买经验用以选择相同商标的商品，经营者为了维护自己商标在消费者心目中的形象与信誉，也会尽力保障其商品质量的稳定，稳定的质量也可以为其商标增值。附有商标的商品投入市场后，接受消费者的检验，并由消费者作出评价，因此商标权人对此十分看重，若质量参差不齐，则消费者会作出否定性评价，反馈到商标权人那里即销售量的下降，因此商标权人十分惧怕商标上的商誉降低。商标可以提醒商标权人谨慎经营，尽力保证商品质

---

① 吴汉东：《知识产权法》（第四版），北京大学出版社2014年版，第210页。
② 王太平、邓宏光：《商标法》，北京大学出版社2017年版，第6页。

量的稳定。

可以说，商标功能的发挥会反过来影响商誉，即某一商标的商品质量是否同一、是否稳定，直接影响着消费者对该商标、商品的评价高低。当某一商标的商品质量下滑，消费者会趋利避害，不再购买该商标的商品。而商誉的形成亦有赖于消费者的认可，即使商品质量良好，但若不符合消费者的购物习惯，或者是放置在超市的角落里不能为消费者所看到，消费者都不会进行选择，该商品的商誉也难以形成。因此，消费者也是商标品质保证功能中的重要一环。商标之所以获得商誉，有一部分原因是它代表了商品或服务来源的同一性及质量的一致性，当这种一致性的质量属于高质量范畴时，这种一致性使得消费者偏爱购买该商标商品，并作出积极评价，进而形成商誉。

而商标所指示的商品或服务质量不如从前时，消费者会做出自己的选择，这些行为都会导致商标价值的减损。如"三鹿"奶粉以前在中国奶粉市场中占据重要市场地位，其商标价值以亿计算，而在三聚氰胺事件后，因为其奶粉质量与之前相比存在严重问题，故该商标的价值一落千丈，在破产拍卖中仅售得730万元。商标权人努力保证品质的动力与直接目的是吸引消费者继续购买。当消费者在维持商品质量上获得安全感，会促使其持续购买该商标的商品，反过来也会刺激商标权人持续的创新并维持商品的质量稳定。当商标获得了法律的保护，商标权人更具有保证商品质量稳定的动力。当然，品质保证功能并不意味着严格意义上的法律保证或担保，"将质量功能称为'保证'功能在某种程度上具有误导性，由于商标不一定是严格意义上的保证或担保，而只是承认商标意味着在那个标志下销售的商品和服务的一致的质量"[1]。

(三) 广告宣传

广告宣传是商标的第三大功能。商标对商品及生产者来说具有广告宣传的效果。一是商标的设计都简洁明快,具有显著性,便于社会公众呼叫与记忆,是进行广告宣传的有力工具。在市场竞争中,经营者需要把商品信息传递给消费者,让消费者了解商标和商品,进而才有可能发生选购行为,那么广告是直接传递信息的方法。商标的广告宣传功能面向的是消费者,广告功能的发挥也依赖消费者。贴有商标的商品陈列在商店里,本身就是一种宣传,向消费者展示该商品并力求吸引消费者。商标广告功能的实现靠已经购买商品的消费者的认可和口口相传,商标不仅对消费者的再次购买起到引导作用,还会通过消费者之间的互相介绍,使商标广为人知而扩大商品的销售。二是对潜在的消费者进行广告宣传。广告语中突出使用商标,使社会公众对商标产生记忆甚至感兴趣,从而激发社会公众的购买欲。在当今互联网如此发达的时代,信息交互变得更为便捷,商标的广告宣传作用也越来越重要。

可以说,一个令人印象深刻的商标有利于经营者将自己的商品或服务广而告之。例如,立白集团的"去渍霸"洗衣液更名为"好爸爸"。"好"与"爸爸"二词都是日常生活中的常用语,并不具有显著性,但是组合在一起并在广告中多次强调"好爸爸"一词,并主打亲肤无刺激的特点,使得消费者迅速

---

[1] J. Thomas McCarthy on Trademarks and Unfair Competition, 4th Edition, Thomson/West, 2006, § 3: 10.

记住了该商标。消费者将"好爸爸"一词与该洗衣液建立了特定联系,使得该商标获得了显著性,在对洗衣液产品进行选购时脑海中会出现"好爸爸"品牌。

当然,消费者对商标的认知固然重要,但如何去界定消费者认知,又是一个难题,尤其是在司法实践中,法官自由裁量权的行使往往与法官自身的社会经历和生活经验有关,其对认知的判定不一定能够代表普通消费者的认知程度。同时法官自身职业具有特殊性,见识过数量极多的类似案件,很可能已经超出了一般消费者的理解能力,因此消费者认知的司法判定不一定公平和准确。① 虽然消费者认知是极为主观的东西,很难查证,但在市场中消费者的认知又可以具化在商品上。谢晓尧教授提出了商标纠纷中测度消费者认知价值的重要手段即调查实验,调查的数字化表达是具象与确切的。

第二节 私益扩张侵吞公益
——消费者利益保护不足的表现

知识产权制度中充满了利益冲突——权利人与社会公众在知识产品享有上的冲突、知识产权人与使用者之间的冲突,知识产权通过制度设计,赋予知识产权权利人一定的合法垄断权并使其让渡一部分权益给社会公众。本来二者在整体利益上具有一致性,但由于知识产权表现为市场垄断权,知识产权人极有可能滥用权利从而损害公共利益,由此就出现了知识产权中

---

① 谢晓尧:《用数字说话:商标主观认知的科学度量》,载《暨南学报(哲学社会科学版)》2013年第10期。

的个人利益与公共利益的冲突。具体到商标法领域,情况亦是如此,但是法律需要进行制度设计解决矛盾冲突,实现其内部的利益平衡,维护该制度的良好运转。

一、商标权人本位主义减损了消费者利益

公法与私法、公益与私益的划分是法学领域的基本概念,在商标法中,明确何为公益何为私益,对于商标利益的配置是具有指导意义的。"对公权与私权的划分方法只是从价值和目的层面上进行的,其具体标准仍摆脱不了'利益'的界定,本质上仍是将公益与私益区分开来。"① 虽然在区分公益与私益上存在不确定性与边界的模糊性,私益与公益的划分指导着行为范围。其实公益与私益的划分是你来我往的过程,对两者边界的界定也并非那么绝对,而在商标权中,公益与私益也在不断变化着,并非静止不动,在某些阶段可能对公益的保护要强于私益,但某些阶段又会重视保护私益。尤其是商标与市场、经济的发展变化有关,商标权保护也处在动态之中。

在商标法中,从一般意义上理解,注册商标权人的利益应该是属于私益的范畴,而消费者利益及代表着竞争秩序的其他竞争者的利益应该属于公益范围。私益与公益不一定是冲突的,比如消费者的利益一般与商标权人的利益具有一致性,当商标权没有被仿冒,利益未遭受侵害时,消费者亦没有受混淆,这是商标制度良好运行的结果,消费者利益与商标权人的利益会

---

① 崔立红:《商标权及其私益之扩张》,山东人民出版社2003年版,第34-35页。

互相增进。商标区分来源、品质保证、广告宣传功能的发挥亦可证明商标权人与消费者的利益一般是不冲突的。此外，商标侵权的发生不仅损害商标权人的市场竞争利益，也会引起消费者的混淆，所以对商标侵权的制裁也顺带保护了消费者。

当然，上述的假设性结果只发生在普通商标法得以良好实施的情况下，而随着商标法律制度的发展与变化，一些国家的商标法律制度已经开始脱离消费者本位向权利人本位转移，甚至在一些商标侵权行为的判定中不再以消费者混淆为中心，而以商标权人利益是否受损作为标准。比如，我国对驰名商标的强保护——跨商品类别的保护。本来驰名商标因具有高知名度，一般的仿冒行为是不会让消费者发生商品来源混淆的，例如，苹果公司的电子产品具有极高知名度，但市场上如果出现苹果方便面，消费者可以判断并不是苹果公司的商品。但是我国近年来对商标侵权的判定已经突破原有标准，扩大了"诚实信用原则和公共利益"的适用范围，当没有发生消费者混淆时，也可能被判定为侵权。如"PRADA"案[①]和"LV"案[②]，其实房地产在推广广告中使用该商标，并不会让消费者发生来源混淆，但是法院以不当攀附他人商誉为由进行了判决，值得思考。

在我国较为严格的注册主义的指导下，商标法对商标利益进行分配时必然向商标专用权人倾斜，这表现在多个方面包括分配可用的商标资源、配置商标利益，在这些过程中商标专用权人都可以依据强势地位获得优势的配置，而其他主体的利益

---

① 陕西省西安市中级人民法院（2013）西民四初字第00227号民事判决书。
② 上海市第二中级人民法院（2004）沪二中民五（知）初字第242号民事判决书。

配置很难符合公平竞争内涵。另外，商标注册的低门槛要求，也是私益扩张的表现之一。由于注册程序要求简便，很容易就可以获得注册，而不用遵循商标价值形成的规律，不用进行商标使用。在我国注册制下，商标只需简单地进行注册，即可获得商标权，注册行为成本较低，且注册完成后也不需要立即使用，三年内进行过使用即可继续持有该商标。

而商标注册程序的进一步简化更是加强了对商标权人的保护。当商标权到期，商标权人可以申请续展，甚至过期后仍有一年时间申请，这些措施在极大程度上保障了商标权人的利益。相应地，挤压了其他竞争者使用商标的空间范围。而对商标构成要素全方位的开放注册，进一步挤压了消费者等社会公众对符号等社会资源的使用。商标一般由文字、图形、色彩、数字等组成，而现在商标构成要素范围进一步扩大，地名、人名、三维标志、全息图、动态标志、声音，甚至味道[①]都可以申请注册商标，这些标志本取自社会共有领域，是人们日常使用的符号或文字，当被他人注册为商标后，公众对这些标志的使用就要格外注意。如前文提到的85℃诉光明牛奶一案[②]中商标也是一种温度表达方式，一般公众可以进行描述性使用。现在，社会中公有资源被人大量地进行注册，影响了社会公众对这些资源的正常使用，对消费者利益有所减损。又例如在当今网络时代，大量的生活中常用的产品通用名称被注册为域名，在商标法中产品的通用名称是不能被注册为商标使用的，如某某牌

[①] 我国2013年的《商标法》还没承认味道可申请为注册商标，而域外许多国家以及我国香港和台湾地区，味道亦可申请商标注册。

[②] 上海知识产权法院（2018）沪73民终289号民事判决书。

酸奶,"酸奶"二字是通用名称不能注册,能注册的是前面的品牌,但是域名要求唯一性,即不管其中是否含有通用名称都可以进行注册使用。如此导致这些通用名称从共有领域剥离出来,享有了排他权,势必在商标法体系中缩小公益的范围。

商标权自设立时起,就处在不断扩张之中,不但商标侵权判定之混淆标准的适用范围呈现出扩张的趋势,而且商标反淡化的出现更使商标权大为强化。[①] 商标本就是取自社会共有领域的符号,原属于公共资源,任何人都可利用,商标权人将几种符号集合在一起组成商标,享有商标专用权,可以说是消费者等社会公众让渡了一部分自己的权益,因此商标权的形式亦要保障消费者的言论自由。上文提出作为商标的符号本身具有一定的含义,可以作为传递信息、表达言论的工具,因此除了商标权人要使用商标来标示商品来源,生活中其他竞争者、消费者也要借助该商标符号来表达言论,因此,商标符号除了是商标权人的私有财产,也是社会公共符号资源,社会公众在一定条件下可以使用该符号资源。如消费者在私人社交软件上发表对某商标商品的喜好或厌恶,但该使用并非商标性使用,而是消费者言论的自由表达,商标法对此应予以容忍。再如"枫叶"牌雨伞,"枫叶"一词本意是指枫树的树叶,人们在日常生活中亦会用到该词。经济社会中信息流动十分重要,必须给予经营者向消费者传递信息的自由,故商标法除了对商标权人进行保护之外,还要准予其他经营者进行描述性使用、指示性使用。[②] 由此可见,商标并不仅仅是商标权人的财产,商标本

[①] 姚鹤徽:《商标法基本问题研究》,知识产权出版社2015年版,第310页。
[②] 孙敏洁:《商标保护与使用表达自由》,知识产权出版社2013年版,第87页。

身的含义决定了它还是人们进行沟通和表达信息的有效工具。所以，商标权的行使需要被限定在一定范围之内，发挥商标作为传递信息工具的属性，留给社会公众自由使用该符号的空间。

但是对商标权的控制不容易实现，多数情况下由于种种因素的影响，商标权的行使被扩大了。商标侵权中，除了出现"商标权人利益受损判断标准"冲击了传统的"消费者混淆标准"，对消费者混淆的判定也缺乏明确的标准。商标侵权中发生了哪种程度的混淆才算消费者混淆，而不同消费者混淆的程度也不一样，司法实践中法官只能凭借主观想法与经验对消费者混淆作出判断，但法院有其职业特殊性，其很难真切、准确地把握消费者混淆程度，因而需要"借助商标标识的相似性、商品的类似性、商标的显著性这些外在因素去推断消费者对商标的认知，有些情况下难免先入为主，发生误判"[1]。如加多宝、王老吉红罐凉茶包装、装潢案[2]，最高人民法院最后本着利益共享原则，认为对于红罐包装带来的收益，加多宝与王老吉都有贡献。其实，许多学者并不赞同最高人民法院的判决，认为该相同或近似的商标包装、装潢在客观上会引起消费者的混淆和误认，因为消费者对二者的诉讼纠纷并没有法院工作人员或法学界相关人员那么关注，当二者都使用相似的包装时，消费者对加多宝、王老吉谁才是正宗凉茶并不能进行确认与区分，这个案子保护了商标权人的利益而忽视了消费者的利益。

在商标侵权纠纷中，纠纷的两端是商标权人与侵权人，而法院居中对纠纷进行调节，以求公平地维护各方利益，不发生

---

[1] 姚鹤徽：《商标法基本问题研究》，知识产权出版社2015年版，第316页。
[2] 最高人民法院（2015）民三终字第2号、第3号民事判决书。

错判误判的情况。但是在商标权人与侵权人纠纷发生在市场中，消费者是市场中重要的参与者，是被侵权商品的购买者或潜在购买者，商标权人与侵权人利益的变动也会影响消费者在市场中的利益。但是消费者很少被考虑，不管他们的购物习惯如何，不论他们的信赖利益归于谁，当法院的判决作出后，消费者只能去接受而无法改变，即使他们的消费习惯因判决结果而被迫改变。①

因此，在商标法律关系中，消费者常常是被忽视的一方主体，尤其是在对在先使用商标与后注册商标进行竞争利益配置时，很容易就漠视了消费者可能受到的影响。尤其是如果在先使用商标与后注册商标共存，极有可能引发消费者混淆与搜索成本上升。对此，下文将进行详细论述。

二、相同或近似商标的使用导致了消费者"搜索成本"上升

（一）商标法中消费者利益的经济分析

商标用在市场中，自然具有经济功能，它也是经得起经济分析考验的。根据商标法，商标权人对其商标拥有完全的独占使用权和排他权，这使得其权利状态非常稳定。如果市场中都是注册商标，市场中的产权状态明晰，纠纷也会随之减少。但是，商标权人对商标的完全占有使用就必然排除了市场中其他主体和消费者对商标的使用，这种利益的分配符合经济学原理吗？其实，为了实现利益分配的最佳经济效益，商标权确权的

---

① 杜颖：《商标法律制度的失衡及其理性回归》，载《中国法学》2015年第3期。

范围应该受到帕累托最优①这种福利主义原则的限制。② 在法律语境中表达，即为了实现商标法律制度的内在平衡，保证商标利益分配的公平，要对商标权的取得与使用进行一定的限制，同时兼顾商标市场其他参与者的利益。不能因偏向于保护政策商标专用权人而忽视对其竞争者和消费者的保护。

对商标权人来说，商标使用的价值在于向潜在的消费者和可能有业务往来的经营者展示其信息，尤其是对消费者而言，可以帮助消费者在选购商品时节约搜索成本。③"商标向消费者传递了关于商品的信息，藉此信息，消费者可以轻松找到自己想要的商品，节约了检索成本。"④因此，消费者在商标市场中理应享有降低搜索成本的福利。商标权经济理论认为市场失灵是由市场垄断、搭便车或信息不对称造成的，因此将商标作为解决市场失灵的途径之一。

搜索成本理论则认为商标权能够减少因信息不对称带来的市场失灵，而解决了信息不对称问题则会带给消费者好处。搜索成本理论关注的是在自由竞争环境下的经济平衡，当市场参与者能够获得完全的信息时，这种平衡才可能实现。该信息必

---

① 帕累托最优（Pareto Optimality）是指资源分配的一种理想状态，假设在一群人中进行资源分配，从一种分配方法到另一种分配方法的变化中，在没有使任何人受损的前提下，至少使得一个人的环境变好，它欲实现公平与效率的理想状态，使参与分配的人利益达到最优化的配置。具体到商标领域，如商标权的授予和限制这类行为是对自由市场的介入，因此它至少要实现没有任何人利益遭受损失的情况下达到某一主体利益的优化，才是合理的。

② 孙敏洁：《商标保护与使用表达自由》，知识产权出版社 2013 年版，第 51 - 52 页。

③ ［美］威廉·M. 兰德斯、理查德·A. 波斯纳：《知识产权法的经济结构》，金梅军译，北京大学出版社 2006 年版，第 216 页。

④ 杜颖：《商标法律制度的失衡及其理性回归》，载《中国法学》2015 年第 3 期。

须是真实的、有效的且有保障的。但是在经济市场中,完全的信息对称是很难实现的,经营者可能向消费者传递的是有限度的信息。市场中的信息不对称会减损消费者利益,而商标可以在一定程度上改善消费者获取信息不足的状况。

商标上负载了关于商品来源的信息即生产者或销售者,而某一商标的商品质量具有同一性,消费者通过购买该商标的商品会获知该生产者的信誉状态,其是否保证了商品的质量,是否提升了服务水平等。没有商标的商品,消费者是无法识别商品来源的,也无法将其意见反馈回生产者。当市场上同类商品上出现了相同或近似的商标,消费者极有可能被误导,从而不得不在寻找他们想要购买的那种商品上承担风险,有可能发生错买误购,或者花费很多精力去区分,这就是"搜索成本"。或者说消费者在购物时,该选择是有成本的,在令人眼花缭乱的同类商品中找到自己满意或信赖的商品要花费时间与金钱,还有错买的可能,这些都是搜索成本。[①]"消费者必须为特定商品支付的实际价格是商品的销售价格与消费者的交易成本之和,包括商品最终被证明不令消费者满意或存在瑕疵的风险。"[②]

(二) 商标先用权中消费者经济搜索成本的上升

首先,当在先使用商标与在后注册商标发生冲突后,若商标法不保护在先使用商标,那么其会被判定侵权,该商标的商品即便拥有高质量和良好的品质也会被驱逐出市场竞争。那么对已经购买过该商标的消费者来说,其在根据消费习惯进行再

---

① 文学:《商标使用与商标保护研究》,法律出版社2008年版,第39页。

② Andrew Griffiths, Information and Products? Trademark as a Source of Economic Benefit, German Working Paper in Law and Economics, Volume 2006, paper14, p. 9.

次购买时会花费大量的时间和精力去搜索信赖的商标商品，但是因该商标被判侵权退出了市场，消费者的消费习惯被打破，消费者福利受损。或者是消费者将在后注册商标误认为是在先使用商标的商品，尤其是当在后注册商标的商品质量不如在先使用商标的商品时，错买行为会损害消费者利益。因为商标注册制不要求进行商标的实际使用，很有可能出现在先商标商品退出市场，而在后注册商标商品没有进入该在先商标原有市场的情况，此时消费者无法再购买到信赖的商品。当然，事物都不是绝对的，也存在在后注册商标的商品质量优于在先使用商标商品的情况，但消费者长期形成的购物习惯也会被迫改变，但消费者消费习惯的建立与对品牌的认可及信任是需要时间的，这种心理认知的过程漫长而纠结，因此我们还需关注消费者心理上的变化。

其次，在商标先用权问题中，法律对先使用商标的价值予以承认，是否会影响消费者的搜索成本？法律承认在先使用商标的价值带来的直接结果是在先使用商标与在后注册商标的共存，且使用在相同或类似的商品类别上，对持有一般注意力的消费者来说，很容易使其出现选择困难，会花费更多时间和精力进行区分。虽然我国商标法规定可以要求在先使用人附加区分标志，如增加地理标志。假设两者都是稻香村糕点，注册人继续使用稻香村商标，在先注册人需要在商标权前加上如北京稻香村的标志，以作区分。当在先使用商标与在后注册商标不处于同一地域市场时，原有的消费者仍可以购买到其信赖商标的商品，但是当该商标前附加了区分标志，出于对市场的不信任，消费者心理上仍会产生疑问，故而会花费更多的精力去寻找其原商标、原包装的商品,而消费者是否继续信赖增加了区分标志的商标,这不得而知。当在先使用商标与在后注册商标处于同一地域市场时,消费者在购物时面临两个相同或近似商标的商品,自然会发生混淆甚至误购行为。

商标在市场中带来的直接效果之一就是在一定程度上降低消费者的搜索成本,因为商品提供者通过商标向消费者传递了信息,使得消费者可以将此商标与彼商标相区分,加之使用同一商标的商品质量的稳定性,因此消费者可以凭直觉购买商品。[①]即消费者进行过购买以后,可以将该商标与他们的产品质量、服务水平等联系起来,唤起消费者脑海中的记忆与认知,凭借对该商标的印象决定是否再次购买。"当消费者对该商标的商品不满意,这种不满意的经验也会增加将来购物的安全性及将该品牌排除在购物范围之外,这在很大程度上避免了消费者的购物风险。"[②]当其他竞争者在自己的商品或服务上使用与他人相同或近似的商标时,消费者会发生混淆,其难以区分商品来源,心理认知也会大打折扣,也会对关于该商标与商品之间的良好记忆产生怀疑,使得消费者的搜索成本上升。

知识产权掌握在少数人手中,他们对权利的垄断占有容易引发知识产权资源分配的不公平。我国当前商标法对商标专用权的强保护,在一定程度上破坏了以"欺诈消费者"为基础建立起来的价值平衡关系,威胁着消费者福利的实现与增强。因为商标专用权人的利益范围过大,导致其对该市场的控制力加

[①] 谢晓尧、黄炜杰:《直觉在商标案件中的运用》,载《广东社会科学》2014年第10期。

[②] 文学:《商标使用与商标保护研究》,法律出版社2008年版,第40页。

强,与消费者相比处于强势地位,故而忽视消费者的意见反馈。当商标专用权人可以一己之力对抗其他竞争者对该类商标的使用时,该市场的竞争门槛无形中就被提高了,引入竞争的成本也会提高,而极有可能出现现实的"寡头垄断",由该商标专用权人制定规则,随意调整商品质量。那么商标保护的正当性基础就会发生动摇,消费者在购买商品时的经济搜索成本非但没有下降反而会上升。

三、商标共存引发了消费者混淆

我国商标法对在先使用商标价值的认可与保护会使得同一产品或服务市场中出现两个相同或近似的商标,这就是事实上的共存。商标共存(Trademark Coexistence/Concurrent Use of Trademark)是对商标使用主体的扩大保护,但与消费者保护存在价值冲突,可以说商标共存是在一定程度上牺牲消费者利益来实现对商标权人利益的周全保护。当相同的商品上存在两个近似商标,由于信息不对称,消费者难以区分谁是正宗商品,例如稻香村糕点案中,当市场上同时存在北京稻香村与苏州稻香村糕点时,消费者在购买时仅仅凭借一般人的注意力,很难分得清楚,继而可能发生错买的情况,提高了购物成本。可以说,商标共存削弱了商标与商品之间的指代关系。

"商标共存是同一法域内属于两个或两个以上主体的两个或两个以上互相有冲突的商标基于某种原因同时合法存在的情

形。"① 世界知识产权组织（WIPO）的界定为"不同企业使用相同或近似商标销售产品或服务，而不损害他人的营业"。有学者指出商标共存是"在相同或类似商品上使用相同或近似商标，但是，由于不具有混淆的可能性，抑或是虽有此种可能性，但因违法阻却事由的成立而允许商标共存"②。可见，当前对商标共存并未形成一致的理解，有学者主张"非混淆理论"，即只要不引起消费者混淆都可以让商标共存；有学者主张"不侵权商标权人利益理论"，即不管商标是否会引发混淆，只要存在正当的违法阻却事由都可以让商标共存；有的学者不主张商标可以共存，认为商标共存没有独立的价值。③

我国《商标法》尚未在立法中明确承认商标共存，但是通过对在先使用商标的承认已经在客观上形成了商标共存，可以说，在商标领域，商标共存已经成为一种常见现象，既有商标权人签署商标共存协议即协议共存，双方协商各自的商标使用权限、范围等，也有法定共存如法条中直接规定的如商标先用权，或是司法判决中认可的商标共存，如前文的"蚂蚁搬家"案中成都蚂蚁物流公司与长沙蚂蚁搬家公司的"蚂蚁搬家"商标的共存。有时商标审查的疏漏也会产生事实上的商标共存。对此，世界各国要么明文承认商标共存，要么事实上默许商标共存的存在，可以说对有限度地承认商标共存已经成为商标法

---

① 王太平：《商标共存的法理逻辑与制度构造》，载《法律科学（西北政法大学学报）》2018年第3期。
② 李玉香、刘晓媛：《构建我国商标共存制度的法律思考》，载《知识产权》2012年第11期。
③ 蔡中华、王欢：《"商标共存"制度之法律质疑》，载《法学杂志》2015年第4期。

的世界趋势①。

在美国等实行商标使用取得制度的国家,谁最先使用商标谁就取得商标权,其他使用相同或近似商标者则有可能被判定侵权从而停止使用,所以一般很少会出现商标共存,但也有例外。美国通过普通法判例承认商标的善意共存,1916年美国最高法院审理的蒂罗斯案件②,在各方处于同一市场中竞争性地适用相同商标的案件中,运用在先使用解决问题的思路是正确的。但是如果两个商标使用人各自的市场在地域上相去甚远,很难发生重叠,那么判定谁先使用的意义则不那么重要,而应尊重现有的利益格局,可以在各自的市场中继续使用该商标。但是美国后来颁布的《兰哈姆法》则赋予注册商标以全国范围内的效力,这在一定程度上限制了上述判例的使用。因为根据联邦商标法获得注册的商标推定为全国范围内的第三人都应知晓该商标的使用情况,因此很难再证明他人对相同商标的使用是出于善意。《英国商标法》第12条也规定了商标的善意共存,当然,英国经过判例的积累确立了商标共存的适用标准:共存使用的善意;商标使用的时间、地域、销售数量;导致混淆可能性的程度;是否有实际混淆的例子;如果允许注册,可能对当事人引起的不便。③

我国的商标共存主要是依据第59条第3款产生的共存和司

---

① 王太平:《商标共存的法理逻辑与制度构造》,载《法律科学(西北政法大学学报)》2018年第3期。
② C. S. S. Jewellery Company Limited v. The Registrar of Trade Marks, HC-MP2602/2008, paragraphs 35 – 38.
③ 黄武双、刘维等:《商标共存:原理与判例》,法律出版社2013年版,第21页。

法判决所引致的善意共存。虽然为了防止混淆的发生，商标保护的标准应该是尽量划分清楚商标间的界限，但是当一些近似商标非系主观恶意形成，我们也应秉持包容性增长理论，解决善意使用商标之间的共存问题。要考虑两商标的实际使用情况、使用历史、公众认知状态、使用者的主观状态等因素进行综合判断，防止简单地把商标构成要素近似等同于商标近似。① 而我国在判定商标共存的司法实践中，将本来极为重要的"混淆理论"转变为"能够为消费者区分""不产生市场混淆的较大可能性"，这种婉转的表述其实意味着商标共存与商标的混淆可能性相冲突，即消费者的不受混淆利益似乎未得到保障。

甚至我国的商标侵权判定标准也在逐步发生变化，对"混淆可能性"的突破说明我国商标法律制度趋向于加强对商标专用权的保护。其实，我国法院判定的几个商标共存案件如"散列通"与"散利通"商标案、"张小泉"商标案、"白家"与"白象"商标案等，实际的判决表明已不再仅仅重视消费者是否会发生混淆、误认，法院将该标准降到最低程度，而主要以双方业已形成的固定的市场格局为主，这是对公平的追求与消费者不受混淆之间的矛盾与冲突。当然，司法案件审判中存在了法官主观性，会导致商标共存适用标准的不确定，也会导致对消费者混淆标准的把握尺度不统一。"我国《商标法》第57条第2款将混淆标准外化于商标近似的规定。"②

承认商标共存会淡化商标法"本是防止消费者混淆之法"的原始特征，而逐渐转向商标法本质上是私法的属性，尽管商

---

① 孔祥俊：《商标法适用的基本问题》，中国法制出版社2014年版，第143页。
② 孔祥俊：《商标法适用的基本问题》，中国法制出版社2014年版，第144页。

标法在其立法目的中规定要维护消费者利益,但是商标法在具体条文中没有给予消费者足够关注,消费者在我国当前的《商标法》中所获的保护大都是一种间接保护,即通过商标权的良好运转在客观上实现对消费者的保护,消费者保护只是我国《商标法》附带的结果。商标共存必然"与对消费者利益的保护具有截然相反的效果"①。消费者在商标共存中是利益受损的一方,法院对消费者是否会产生混淆的判断多由法官自由裁量,而缺少对消费者感受的实际调查,可以说是一种"推定不混淆"。是严格限制商标共存等可能引起商标市场中的混淆的商标使用行为,还是对商标市场实行宽松的政策,最大化保证商标权人的自由处分权,这与一国商标法的价值取向相关。我国商标法倾向于对商标权人的利益保护,在一定程度上给予混淆以容忍。

商标权在本质上是私权,应由商标权人进行自由处分,但是商标的本质是商品的来源识别。商标法力图防止混淆是为了实现商标的该项功能,当商标的共存导致消费者无法准确区分两种商品的来源时,商标的功能就受到损害。对防止混淆的追求不仅会保持商标权人的利益,也会顺带保护消费者利益,虽然该保护是商标权保护的副产品,但有学者认为消费者并不是商标法保护的重点。② 但是这种附带的保护与商标法立法目的是不一致的,附带保护"充其量只是一种事实上的结果",商

---

① 王太平:《商标共存的法理逻辑与制度构造》,载《法律科学(西北政法大学学报)》2018年第3期。

② Mark P. McKenna, Normative Foundations of Trademark Law, Notre Dame Law Review, June, 2007, 1844.

标法立法目的中对消费者的保护"包含商标法应然的价值判断"①。而商标法应该为了消费者不受欺骗与混淆，对商标共存等商标权的行使进行一定程度的干预。完全的私权属性会促使商标法向畸形方向发展，与商标的本质属性及价值功能相去甚远，商标作为市场中与竞争者、消费者联系最为紧密的事物，商标法绝不能脱离对市场要素的考虑而独立存在。

因商标在先使用产生的商标共存，与注册制有直接关系，在先使用人可能并不知晓他人申请注册的情况，基于这种情况下在先使用人的善意及对在先权益的承认，在先商标使用人并不具有可归责性。但是商标在先使用人使用商标具有合理性，而在后注册商标是依据商标法注册，也是合法的，此时法律的价值取向即是对这种混淆予以一定程度的容忍，在一定程度上牺牲消费者的利益来平衡商标专用权人和商标先用权人的利益。

第三节　制度纠偏——消费者利益保护的价值导向

不同国家的商标法有着不尽相同的立法侧重点，但其保护的利益一般包括商标权人的利益和公共利益，而公共利益又包括商标权人的竞争者和消费者利益。具体而言，"商标权人使用商标并阻止其他竞争者转移他们的顾客；商标权人的竞争者防止商标权人不当地垄断其商标资源；消费者则期望商标与商品指代明确，不受误导和混淆"②。从商标保护的历史来看，欺诈之诉建立的基础并非商标权人的损失而是消费者受到了欺诈，

---

① 王太平：《商标法：原理与判例》，北京大学出版社2015年版，第37页。
② 王太平：《论商标法中消费者的地位》，载《知识产权》2011年第5期。

虽然随着商标法律的发展其保护理念已发生了转变，但消费者仍然是商标法中的重要角色。

一、公平合理分配商标利益

商标法中的利益是一个动态概念，并不固定表现为某些主体所享有的优待条件，随着商标法律制度的发展，商标法中的利益分配亦会发生变化。但是，利益的分配需要有一定的指导原则，否则利益的分配有可能出现失衡的情况。在法律层面上，利益平衡是指"通过法律的权威来协调各方面冲突因素，使相关各方的利益在共存和相容的基础上达到合理的优化状态"[①]。不管是知识产权法，还是具体到商标法，其中都存在一定的利益冲突，比如知识产权法中的权利人对知识产品的垄断与社会公众对知识需求之间的冲突，商标法中商标权人利益保护与公共利益的冲突等。在协调这些矛盾时，需要法的价值作为指导。是选择自由还是平等，是选择公平还是效率，不同价值的选择会产生不同的法律后果，针对我国商标法中现存的问题，以法的公平、平等价值来对注册制中存在的弊端进行纠偏，是合理的。

基于公平竞争的内涵，商标法的相关主体应平等地参与利益配置。他们作为商标市场的参与者，如果不能拥有平等地参与市场竞争的起点，那么就无公平可言。消费者对商标功能的发挥至关重要，不仅是商标获得显著性的依据，商标与商品指

---

① 冯晓青：《知识产权法的利益平衡原则：法理学考察》，载《南都学坛（人文社会科学学报）》2008年第2期。

代关系的建立也要靠消费者的认可；商誉的形成亦离不开消费者的认可；在商标侵权判断上消费者依旧是主要考量因素。可以说，消费者参与了商标制度的方方面面，但商标法是通过对商标权的保护附带性地实现对消费者的间接保护。消费者对商标制度的发展作出重要贡献，但却未得到应有的保护，甚至在我国严格注册之下，消费者对商标资源的使用空间被进一步挤压。

商标本是取自社会共有领域的符号，自身具有一定的含义，而消费者作为一般的社会公众有权对这些符号进行描述性等非商业性质的使用，以保障消费者的言论自由，因此对商标合理的使用范围的界定就显得较为重要。当然，消费者对商标符号的使用应该结合具体的情境进行分析，如即使消费者在网络上表达对某些品牌的厌恶，消费者享有言论自由，可以作出这种否定性评价，但此时也应注意该否定性评价是否涉嫌商业诋毁，而判断的界限有时并不那么容易区分。

当今随着互联网的迅速发展，网上的"水军"作为一个新兴团体出现在大众视野中，商标权人的竞争者可能雇佣水军对该商标权人进行恶意的抹黑。而网络购物的发展则催生了"刷单"现象。"这种非现场购物模式的主要参考标准除了对商品的描述性信息外，还有以往消费者的评价。网上的评价直观反映消费者对商品和服务的满意程度，能引导潜在消费者的选择。中评与差评不仅影响销售量，还会降低信誉评级，因此受到网络卖家的重视。"① 而当消费者作为刷单炒信的主体出现时，其

---

① 宁立志：《〈反不正当竞争法〉修订的得与失》，载《法商研究》2018年第4期。

购物评价亦不能认定为言论自由的范畴。因此，消费者在商标法中享有使用商标表达言论的自由，但该使用行为不能损及商标的正当权利。商标法在对商标资源的使用进行分配时，不能仅仅以商标权人对商标的使用为准，还要考虑其他竞争者、消费者的商标使用利益。其他竞争者在比较广告中也应可以使用该商标资源，商标权人的供货商在广告中也可以使用该商标，消费者不论是在购物、言论发表中都可以使用。包括网上的一些产品测评，也不可避免地使用到商标，这些权益理应得到保护。

而商标与商品之间明确的指代关系可以帮助消费者进行购物选择，没有商标，消费者的搜索成本会上升，而指代关系不明亦会导致搜索成本的上升。当市场上在同类商品上出现两个相同或近似的商标时，消费者是最先受到利益侵害的主体，由于消费者在市场中处于信息弱势，他们无法了解商标使用的真相，更无法得知这两个商标谁是李逵，谁是李鬼，甚至会误以为这两个商标的商品存在关系。当然，因为消费者受到了误导可能错选交易对象，导致商标权人的客户流失，市场份额下降，所以商标法打击商标侵权，既维护了商标权人的利益也维护了消费者的利益。不能因对商标权人的强保护而突破混淆理论，改用商标利益是否受损标准，因为混淆标准一旦被突破，消费者不受混淆的利益将难以获得周全保护，如我国近年来司法实践中判定的多起近似商标的共存案件，都对消费者福利有极大的损害，甚至经常牺牲消费者的利益来保护商标权人的利益。因此，商标法在对商标资源进行分配时，应秉着公平理念，合理划分各个主体间的利益范围。

在知识产权法中，应本着公平合理的理念对知识产品进行共享与分配，既赋予权利人一定时间内的垄断权，也要保证他人能够享受最新的知识，因此对知识产权权利人进行利益配置时也要从公平的角度出发进行考量，追求多元化的知识产权利益配置有序，最终实现权利人与社会公众之间在知识共享上的公平。利益的分配是通过对主体的权利义务设置来实现的，知识产权法重在鼓励创新，因此对知识产权权利人给予一定的倾斜保护，但该倾斜保护不能损及他人的利益，同时赋予其相对的义务，如对他人合理使用其权利予以容忍。当然，相关制度的设置也需要考虑知识产品使用人的利益，否则可能会出现知识分配上的混乱。知识产权中不同主体间不同的权利义务配置，本质上就是一种对知识资源的合理配置，反映了知识产权制度的利益平衡思想，并以此增进消费者福利。知识产权权利人在其专有领域内可充分行使权利，一旦涉及公有领域，其权力行使则需要受到限制，以维护他人利益。

二、避免消费者混淆

虽然消费者利益可能因商标使用行为而受损害，但各国商标法一般也没有明确赋予消费者在商标法里保护自身权益的相关具体权利，消费者的权利救济一般通过其他途径予以实现。前文已经论述了消费者之于商标法的重要性，它是商标与商品之间的指代关系直接面对的主体，更是商标的商誉形成的关键。商标侵权判定的传统理论也是依靠消费者是否对商品或服务的真实来源发生混淆作为评判依据。对消费者是否混淆的判定一般存在于具体的案例中，需要结合不同案件的不同情况作出或然性判断。

市场竞争激烈，不进则退。由于经营者之间实力的差别，有些经营者可能会投机取巧，通过模仿其他知名商标来销售自己的商品，这就是"搭便车"。消费者出于认牌购物的习惯，会对真实的商标与仿冒的商标产生误认，不加以极大的注意分辨不出孰真孰假，很有可能会错买，这就是侵权人对消费者的混淆。混淆可能性理论是商标法传统理论，也是商标侵权判定的依据。混淆带来的影响不仅限于对商标权人利益的侵害，还会造成市场竞争的失序，影响商标市场的稳定发展。同时，混淆会直接影响消费者利益。商标上含有商品信息，能够帮助消费者在购物时准确作出选择，但是如果存在仿冒商标，消费者就需要花费更多的精力去搜寻原来信任的品牌，甚至凭借一般注意力的有限性，会错买商品，导致利益受损。"商标混淆从短期看违背了消费者的购买意愿，影响消费者正常的购物决策，但如果长期存在，还会使得消费者长久以来依靠商标进行购物的习惯发生改变，从而导致整个市场效率的降低。"①

商标侵权中对消费者是否发生混淆的判定需要结合消费者的主观认知。而且是法院的法官模拟消费者的主观认知。考察消费者是否会因侵权行为而产生混淆，难免带有一定的主观色彩，商标显著性的判断、商标使用的判断、商标混淆的判断都离不开主观推定。司法实践中一般对消费者是否发生混淆进行判断时，考虑"合理的谨慎购买者""具有普通注意力的普通购买者"等作为判断混淆可能性的消费者标准。因此对其判断

---

① 姚鹤徽：《商标法基本问题研究》，知识产权出版社 2015 年版，第 168 页。

还需要结合具体的案例，如在一般的商标侵权案件中，不存在特殊情况时，消费者只要是符合消费习惯的谨慎购买即可。但是若存在特殊性，如建筑承包商对建筑材料的购买，则需要秉持更高的注意力标准。

第一，当两个相同或近似的非驰名商标，但使用在相同或类似商品上时，需要对他们使用的地域范围进行考量。当他们用在不同的地域范围，且各自有相对稳定的市场格局与消费群体，此时即使二者相同或近似，消费者也不易发生混淆，因为消费者已经熟悉其所在地区的商标与商品的指代关系，提到该商标想到的是该地区所售商品。如"蚂蚁搬家"商标纠纷案[①]，虽然成都蚂蚁物流公司与长沙蚂蚁搬家都使用蚂蚁搬家商标，且业务范围都覆盖了物流、搬家服务，但成都蚂蚁搬家公司与长沙蚂蚁搬家公司各自形成了稳定的市场，而长沙地区的消费者所认为的蚂蚁搬家公司就是长沙蚂蚁搬家公司。

第二，当两个相同或近似的非驰名商标，且使用在相同或类似商品上，但二者处于相同的地域市场或市场有重叠，即便各自有相对稳定的市场格局与消费群体，由于这两个商标相同或近似，长期在同一地域市场共存，会逐渐淡化各自的商标与商品的指代关系，消费者也会逐渐发生混淆，尤其对潜在的消费者而言，他们难以对两个相同或近似商标的商标进行具体区分。如"同仁堂"商标案[②]，北京同仁堂是全国知名企业，其同仁堂药店遍布全国，享有较高商誉。而台湾同仁堂科技有限公司则在常州设有代表处且开设了药店，同时在其网站上宣传

---

① 长沙市中级人民法院（2015）长中民五初字第00757号民事判决书。
② 最高人民法院（2014）民申字第1462号民事裁定书。

其是正宗同仁堂,这会使得消费者误以为同仁堂科技公司才是正宗同仁堂。

第三,当两个商标相同或近似并非驰名商标,且用在不同种类商品上,对此,我国商标法不加以干涉,因为是符合法律规定的。商标法对非驰名的注册商标及驰名的未注册商标实行同类保护,即推定此时消费者不会发生混淆。

第四,当一不具有知名度的商标与驰名商标相同或近似,其商品种类也相同或类似,此时容易发生消费者混淆。鉴于驰名商标所享有的高知名度,市场上对驰名商标进行仿冒的行为最多,因为对驰名商标进行模仿更容易误导消费者进行购买,攫取不当利润。如"白猫"商标案[①],上海和黄白猫有限公司从白猫集团受让了"白猫及图"商标,用在洗洁精、洗衣液等商品类别上。上海涤洁日用品商行也注册了"白猫文字及图"商标,核定使用在香皂商品类别上,但是涤洁商行的"白猫"二字与和黄白猫集团的"白猫"二字写法略有不同,猫头图案也略有差别。然而由于历史商标注册审查及其他历史原因,造成了两个"白猫"商标的共存。但是作为普通消费者,看到洗洁精与香皂上都使用"白猫"商标,加之洗洁精与香皂同属日用品,消费者会误以为二者有所关联,因此涤洁商行的白猫香皂事实上已经引起了消费者混淆。

第五,当不具有知名度的商标与驰名商标相同或近似,但使用的商品种类不同时,一般不会产生混淆。但我国商标法对已注册的驰名商标实行跨类保护,即使商品类别不同也要受到

---

① 北京知识产权法院(2015)京知行初字第 6519 号行政判决书,北京市高级人民法院(2018)京行终 5046 号行政判决书。

法律禁止。对已注册驰名商标的保护已经在一定程度上突破了商标混淆理论。在实际情况中，如果一个商标与驰名商标相同或近似，但用在不同类商品上，并不会一定让消费者发生混淆，如格力以其空调等家用电器闻名，当消费者发现格力方便面时，一般不会认为该方便面是格力集团生产的，只会认为该方便面是要攀附格力集团的商誉。因为驰名商标的高知名度使得消费者对商标使用的商品类别已经比较熟知，故一般不会混淆。对商标是否会引发混淆的判断，还要结合具体的案例进行具体分析，案件中的不确定因素很多，会影响案件的判决结果。可以说，商标法的价值导向不应该局限在商标权人及注册制度，而应持开放态度，实现动态化发展。

三、增进消费者福利

消费者福利（consumer welfare）不是法学概念，而是经济学的内容，是一种特殊的商业福利，即消费者在日常消费活动中支付对价获得常规商品或服务，但还可以获得一些额外的利益，这就是消费者福利。商标法中也有部分内容体现了消费者福利，当消费者获得商标法的一些额外保护时就符合消费者福利的要求。如果严格从法学的角度对消费者保护进行界定，消费者在商标法中所享受的利益是较为有限的，尤其是我国当下的商标制度是以注册商标权专用权为主导，以保护专用权人利益为重心，其实对消费者的保护在一定程度上是不够的。结合消费者在商标法中的地位及在各个环节所付出的努力，应该对其利益加以维护。虽然消费者的利益有时会与商标权人的利益产生冲突，但二者的关系又较为密切，所以在创设新的商标法律制度时,要对消费者的利益加以考量。

商标法对消费者福利的增加主要表现之一是降低消费者的搜索成本,前文对此已经有所论述。美国法院在判例中明确了"商标法的基本目的就是商标的视野识别商品来源,并减少消费者搜索成本。消费者一眼就能发现他想要选购的商品的商标,并知道如果商品不令他满意应由谁承担责任,而如果商品令之满意,将来可以继续选购买商标的商品"[1]。由于市场失灵带来信息不对称,而生产者对其商品拥有信息优势,但消费者只能通过观察了解商品的一些特性,若想获得经验则需购买该商品,但至于该商品质量如何,消费者凭借自身的知识和能力无法获知,因此消费者处于信息劣势。信息不对称会增加消费者购物所花费的时间与精力,消费者自己进行信息的搜索需要成本,在眼花缭乱的商品中不断尝试不断总结,小心翼翼但仍容易买错。商品上没有商标,消费者的购物风险会增加,一般情况下,消费者为了避免风险,就不愿意支付产品的正常对价,造成市场交易成本过高。而市场为了消除信息不对称所引起的弊端,尽量降低其负面影响,采取了应对措施,商标即是其中之一。商标的使用就是在传递信息,以消除信息不对称,克服市场失灵。有了商标,该商标上凝结了一定的信息,既指示了商品的来源,也承载了该商品的质量等信息,而消费者通过使用可以记住该商标,再次选购时可迅速凭借该商标购买想要的商品,减少搜索成本。

当然,上述功能的发挥需要商标法律保护。如果没有法律

---

[1] Ty Inc. v. Perryman, 306F.3d 509, 510 (7th Cir. 2002).

保护，市场中的"搭便车"现象会很普遍，因为缺乏惩罚机制，市场上的经营者热衷于攀附已有较大影响的商标的商誉，仿冒该商标，使得消费者误购。可以说，市场上影响力越大的商标越容易受到侵害，搭便车者只需花费极低的成本便可截取知名商标的利益。因此，我国商标法中对侵权判断标准的扩大化认定对于消费者利益保护是不利的，我国的商标侵权已突破了原有的"消费者混淆理论"，开始以商标权人的正当利益是否受损，或者是商标权人的商誉是否被不当攀附为判断标准。对已注册驰名商标的保护即是以商标影响力大小为商标侵权判断依据，一般而言，即使有他人在非同类商品上使用，消费者也不会产生混淆，如苹果公司以生产电脑、手机等科技产品而出名，当消费者在超市看到苹果牌香烟、苹果牌洗衣粉，自然不会与苹果公司产生联系，即没有发生消费者混淆，而且洗衣粉和香烟的市场与电子科技产品的市场区分明显，该香烟与洗衣粉经营者也没有侵吞苹果公司的市场份额，那么对其没有产生实际损害。此时，按一般的商标法理论，香烟和洗衣粉的权利人是不用承担侵权责任的，但我国商标法对驰名商标实行强保护，所以相关主体需要承担侵权责任。

  对驰名商标进行跨类的强保护与商标淡化理论相关。商标淡化，是指将他人商标使用在自己的产品之上，导致他人商标的独特性（uniqueness）和唯一性（singularity）受到削弱或损害。[①] 这个理论成为对驰名商标进行保护的依据，对驰名商标来说，即使他人使用与之相同或近似的商标未造成消费者混淆，

[①] 姚鹤徽：《商标法基本问题研究》，知识产权出版社2015年版，第192页。

但出于对商标权人投入劳动的尊重也应该予以保护。对市场中其他主体而言,他们希望商标法仍然将混淆理论作为核心。在商标法反混淆理论下,消费者利益可以得到最大的保障,消费者不必去深究每个商标商品的质量,只要认牌购物,通过商标来搜寻自己所需的商品。商标权人也会尽力维护该商标所使用商品的品质。而商标反淡化理论则对此形成了挑战。"淡化行为只是让消费者的反应时间延长了一些,但并没有造成消费者混淆,因为未损害商标法的核心目的:保护商标所传递信息的清晰性。"[1] 该理论不正当地扩张了驰名商标权人的利益范围,挤压了其他竞争者和消费者的利益空间。我国商标法对商标权实行强保护,突出了"商标近似"的判断标准适用的重要性,同时对已注册的驰名商标进行扩大保护。而我国商标法的司法实践中,那些削弱驰名商标显著性,攀附了其市场声誉的商标使用行为,经常被判定为侵权,有时甚至突破了法律规定的既有范围,这是值得思考的。

---

[1] Robert G. Bone, Hunting Goodwill: A History of the Concept of Goodwill in Trademark Law, 86B. U. L. REV. 547, 559 (2006).

第五章

我国商标先用权的理念与制度完善

第五章　我国商标先用权的理念与制度完善

商标先用权在我国商标法中并不处于制度核心，但这并非意味着商标先用权保护问题不重要，而是我国商标注册制本身具有一定的逻辑缺陷。通过本书前述内容对商标的本质、商标权的产生基础、商标权价值来源进行分析，并对商标先用权与商标权、公平竞争的关系进行梳理后，可以发现我国商标法的价值取向具有一定的特殊性，在这种价值取向的指导下，我国的商标法不承认使用取得商标权，而且侧重对注册商标专用权的保护。而商标在先使用人对其使用商标行为以获得利益符合商标制度的本质，因此需要一定的制度对在先使用商标利益与在后注册商标利益进行协调，由此催生了商标先用权制度。本书最后一章需要对前面的问题进行解决，以求在多方面修正我国的商标先用权保护制度。

第一节　商标先用权价值理念的修正

法的价值理念从宏观上指导着具体的制度，因此对价值理念的选择就显得尤为重要，它不是可有可无的，而是必须落到实处的。我国商标法追求效率与秩序价值，决定着我国实行单一的注册取得商标权制度，而对公平价值的重视不足也导致了一定程度上对商标使用的忽视。然而，随着我国商标市场的多样化发展，商标市场中的矛盾逐渐暴露出来。商标使用理念的缺乏使得商标先使用人的正当的市场利益得不到应有的保护，其获得的利益配置与其权利存在的价值基础不相符，出于对公平竞争内涵的考虑，需要对我国商标先用权的保护制度进行修正，首先要对我国《商标法》的指导理念进行变革，从而实现自上而下的改变与完善。

一、对商标使用主义的理性回归

商标使用在商标制度初始阶段即具有重要意义，它贯穿制度的始终，是权利取得的重要依据，也符合朴素道德观。"商标亦由数千年单纯使用之事实，经由中世纪之典型的管制性标章发展为19世纪现代化商标制度所保护与规范之对象。"[1] 商标使用的发展历史其实也是商标产生的历史，是商标权和商标价值形成的历史，从最原始的符号的使用到现代商标的形成，都离不开商标使用的实践以及商标功能在其中的演变。商标与商品经济的结合催生了商标权。当商标运用在商品上并且发挥识别来源作用后，商人阶级开始重视商标并且使之成为促进商品流通的工具，当商标使用越来越频繁，商标与商品的联系也就越来越紧密，商标上的财产价值开始凸显，商人阶级保护商标财产价值的意愿就更为强烈，最终推动商标权的法律化保护。所以，商标使用是商标权产生的基本途径。

虽然在商标历史发展中注册制成为一种重要的权利取得模式，但是它的出现与社会经济的发展阶段的特征紧密联系，因此是符合历史趋势的。同时注册取得制度的确立并不意味着完全抛弃了商标使用，直至现在仍有国家实行使用取得商标权模式，或者兼采两种模式，即使在实行注册制的国家，也在制度

---

[1] 曾陈明汝：《商标法原理》，中国人民大学出版社2003年版，第3页。

安排中体现了一定的商标使用理念。"在使用取得商标权的国家，商标使用是商标权有效存在的前提；在注册取得商标权的国家，商标使用是维持商标权有效性的前提。"① 我国商标法囿于单一注册制的限制，对商标使用的重视不够，不管是在商标权的取得还是维持或侵权判断中，商标使用扮演的角色都没有体现出它应有的重要性。但是我国选择商标注册制有其合理性和必要性，因此对商标使用主义的回归应该理性，并非完全推翻商标注册制，而是在商标权取得、维持和侵权判定中进行关于商标使用的局部调整。一个制度的选择要符合一国的实际情况，完全实行使用取得商标权并不符合我国经济发展现状。

（一）商标权取得中商标使用的定位

商标的价值不在于其标志本身，而是商标上的商誉和所含的诸多信息。亦即，商标本身仅为外在的符号，真正对商标价值的产生具有决定意义的乃是商标标志背后的商誉。商标只有通过使用才能彰显其自身的价值，商标使用在商标权的维持方面也扮演着重要角色。② 那么我国商标法中关于商标使用是如何定位的，尤其是在商标权取得过程中，是否体现出了使用的价值。在我国，使用商标的行为不能当然引发取得商标权的法律效果，通过商标注册程序获得商标权才是唯一的确权方式，所以我国的商标权取得方式中没有商标使用。也就是说，依据使用商标所形成的市场中的客观利益，并不能成为商标专用权

---

① 杜颖：《社会进步与商标观念：商标法律制度的过去、现在和未来》，北京大学出版社2012年版，第26页。
② 曹世海：《注册商标不使用撤销制度及其再完善——兼评〈关于修改《中华人民共和国商标法》的决定〉》，载《法学论坛》2013年第10期。

的对象。但是,我国《商标法》第四次修正在第4条增加了"不以使用为目的的恶意商标注册申请,应当予以驳回"的规定,这是否与美国的意图使用规定相似?抑或只是为了凸显商标使用的价值故而有所体现?还是针对商标囤积和抢注进行了修改?其中,对"不以使用为目的的恶意商标注册申请"的界定存有较多疑问,如何进行判断,商标申请人如何体现出其商标使用的目的等都成为亟待深入探究的课题。同时,商标使用对商标权的归属有一定的影响。例如我国《商标法》第15条是基于特定关系知晓他人未注册商标存在但仍进行商标申请的,他人可在异议期内提出异议并不予注册。《商标法》第59条第3款规定在先商标使用人可以在一定程度上限制他人的注册商标专用权。

但是,对商标使用主义进行回归是否要推翻商标注册制转而实行商标使用取得制度呢?非也,我国实行商标注册制有其特定的背景,因为我国有实行商标注册取得的法律传统。《商标法》的第四次修正虽然在第4条增加了"不以使用为目的的恶意商标注册申请,应当予以驳回"的规定,但并未改变商标专用权取得方式。另外,也因为注册制有其固有的优势,即依注册取得的商标权具有稳定性,权利的变动也要进行登记,因此有利于保障交易安全。而使用取得制度在证明自己是最先的使用人方面存在举证难、不确定性高等问题,因此不适合我国现有国情。美国坚持使用取得商标权有其特有的历史背景与现实情况,其商标法是从反不正当竞争法对商标假冒的判例发展而来,在长达上百年的普通法判例中形成了自己特有的商标使用传统,因此美国的使用取得制度并不适合我国。

在较为单一的注册取得商标权模式下，商标申请人申请商标成本很低，而申请后闲置不用的商标大量存在，"商标连续三年不使用撤销"制度的启动则需要依靠他人的申请，而且在具体的司法审判中对商标权维持中的"使用"认定标准较为宽松，这些因素都导致了我国的商标撤销制度不能有效地对抗商标囤积。其实，对相关的商标权取得和维持制度进行改革，可以改善上述情况。商标囤积或抢注问题之所以大量存在，是因为我国的商标权取得模式不对商标使用作出要求，那么如果在相关环节强化使用理念，并落实在具体的制度上，会有所裨益。

近年来，商标使用的重要意义开始走进商标法研究视野，有不少观念认为要引入美国的"意图使用"规定，将有"使用意图"作为商标获得授权的前提，以此防止他人恶意囤积注册商标，阻碍他人的正当使用。我国商标法中存在类似的要求，即上文所提到的《商标法》第4条新增的"不以使用为目的的恶意商标注册申请，应当予以驳回"规定。但是由于这一规定缺乏具体的解释，何为恶意商标注册申请，何为不以使用为目的，都存在不确定性，因此其适用条件与效果仍待进一步明晰。美国《兰哈姆法》第1条第（b）款要求商标申请具有"真实使用意图"，即在申请商标注册时，需要提交依据实际使用的证据或提交要进行商标的真实使用的声明，并对此声明负责。如果商标注册人随后没有实际使用商标，商标注册机构是不对其商标申请注册进行公示的，其注册不会产生任何法律约束力。"意图使用"是否适合我国的商标取得制度？是否与当前的《商标法》第4条新增规定内涵一致？从实际规定来看，我国《商标法》并未像美国那样要求商标注册申请人进行意图使用的声明,抑或提交相关文件。其实,声明虽然不具有约束力,但可以将声明与获权后的检查制度结合起来,即当商标注册人提交了真实使用的声明,但随后没有进行实际使用,由国家知识产权局商标局对商标申请人进行三年后的定期检查,三年时间即将到期时让商标权人自己提交进行商标实际使用的证据,没有按时提交或提交证据不足以证明进行了商标的实际使用的,对其商标权予以撤销,除非有正当理由。因此,在完善后续配套措施后,"意图使用"类似制度不妨成为我国商标制度完善的方式之一。

(二) 商标权维持中商标使用的完善

商标使用的意义和价值影响着商标制度的构建,不论是实行注册取得商标权还是认可使用产生商标权的国家,他们都对"商标使用是商标权得以维持前提"这一观点作出了立法上的确认。如《TRIPs协定》第19条第1款、《兰哈姆法》第45条、《日本商标法》第50条第1款、《英国商标法》第46条第1款(a)(b),我国《商标法》第49条第2款,规定了三年不使用撤销制度。在商标权维持中体现使用价值可以有效弥补商标制度中使用价值的不足,督促商标权人将商标投入市场使用,产生市场价值和竞争利益,否则商标永远是没有价值的标识;可以避免商标资源的闲置与浪费,促进社会区分体系的良性发展。

1. 商标权维持中"使用"标准的完善

在商标权维持方面,我国《商标法》第49条规定了"连续三年不使用撤销"制度,但没有进行标准细化,商标撤销中的"使用"是何种程度上的使用,法律没有予以明晰,这就造成了我国商标维持案件中,司法判决标准的不统一,有些案件的判决坚持严格标准,如上文的"DAQIAO"商标维持案,更多的案件判决中对"维持使用"的要求非常低,只要达到标示商标功能意义上的使用即可,如将商标使用在商品外包装、广告宣传上等都算作使用,但不对该商标是否切实产生了商品识别来源作用和消费者是否对该商标产生了认可进行判断。例如"白猫"商标撤销案①,和黄白猫公司的"白猫"商标用在洗洁精上,知名度很高,而上海涤洁公司亦注册了"白猫"文字及图商标,二者商标较为相似,后和黄白猫以"连续三年不使用"为由向商标局申请撤销上海涤洁的"白猫"商标。而该案中,对"使用"的把握较为宽松,只凭借上海涤洁公司提供的少量增值税发票就进行了商标使用的认可。其实,在三年中偶尔一两次的使用并不能证明该商标发挥了应有的价值,甚至某些商标权人仅仅为了维护商标的存续在三年内进行过一两次的象征性使用,这种商标长期未投入商业使用已经占用了商标资源,理应严格把握使用标准,对浪费资源的商标予以撤销,使之回归社会共有领域,由其他人使用。可以说,如果只是为了不被撤销而进行的象征性商标使用可以构成"商标使用",则该条文根本发挥不了防止商标囤积的作用。

如果一刀切地要求在客观上具有来源识别效果,那么对具有真实使用意图,并对商标使用做了必要准备工作但未投入实际使用的主体而言,他们可能因严格的标准失去商标,因此对商标维持中的"使用"应如何把握,需要结合具体的情况进行

---

① 北京市高级人民法院(2018)京行终5046号行政判决书。

判断。但是我国《商标法》没有作出细化规定，在实践操作中偏重对使用形式的判断，而缺乏对实际使用意图的把控。实践中多考察相关主体是否在商品外包装上、广告宣传中使用了商标，同时查看是否有商品在市场中进行了销售并存有税票存证等，但对商标使用人主观意图缺少考量。我国立法和司法实践中这种重使用形式而轻使用意图的理念，不仅对商标权人形成了过度保护，而且为权利人规避商标使用的义务打开了方便之门，使得商标维持制度形同虚设。

我国商标法律实践对商标权维持中商标使用的判断应从形式意义上的判断转向实质意义上的判断，透过商标权人使用商标的行为看到本质。即不能仅仅考察商标使用的客观表现和效果，也需要去探究使用行为背后有无故意囤积商标的目的，是否恶意地向他人索要高额商标转让费等，这些客观事实可以帮助确定该行为人主观上的恶意，即申请注册商标的真正目的不是将商标投入市场进行使用，而是攫取不当利润。在泉州市泉港区春回大地电子科技有限公司（以下简称春回大地公司）与上海电影股份有限公司（以下简称上影）侵害商标权纠纷案件中[1]，春回大地公司于 2014 年申请注册了"SFC"商标，核定使用在录像带发行、配音等类别，而"SFC"是上英公司英文名"Shanghai Film Corporation Ltd."的首字母，并且上影在网站、子公司、出产影片片头等多处使用"SFC"标识。春回大地公司认为上海侵犯了其商标权，而 2016 年国家商标评审委员会对春回大地公司的涉案商标"SFC"宣告无效，认为其在多

---

[1] 北京市高级人民法院（2018）京行终 4409 号行政判决书。

个类别上申请注册了 400 余件商标，明显超出其经营范围和能力范围，具有不正当抢注和囤积商标以盈利为目的的故意。①

商标权人虽然在客观上缺乏具体或充分的商标使用行为，但是主观上是基于真实目的而申请的商标注册，并且为商标的使用作了充分的准备，如厂房、设备、人员等，此时若仅仅依据形式上的"未实际使用"而撤销其商标权是不公正不合理的。因此，在商标权维持制度中，引入"真实使用意图"规定，遵循"客观事实＋主观推定"的原则，结合客观证据考察商标权人使用商标的真实意图，加强对商标权人主观方面的考察对商标权维持制度的良性发展有益。

2. 商标权不使用撤销程序的完善

我国商标连续三年不使用撤销程序的启动需要依靠其他"任何人"的申请，即当无人就三年未使用的商标申请撤销，该注册商标是否在超过三年后继续有效？按照权利法定的内涵要求，注册商标权是依据法律授权，没有具体的无效和被撤销情况仍应是继续有效的，即"不告不理"。但若在此期间有他人就此商标进行了实际使用，是否可被判定为侵权？对此法律没有明确规定，笔者认为此时注册商标没有被撤销，即依然有效存在，那么商标使用人可以该商标没有实际使用为由提出不侵权抗辩，而不能直接提出"连续三年未使用撤销"，对此，可以另案提出撤销。

另外，如果商标权人连续三年未使用商标，但是在他人提出撤销前又进行了实际使用，此时是否应予以撤销？这个时候

---

① 北京知识产权法院（2016）京 73 行初 5377 号行政判决书。

就需要从主客观两个方面对权利人恢复使用商标的实际情况进行尽可能全面的考察。比如，如果商标权人知晓他人即将对其商标申请撤销，或者已经提出了撤销申请，从而才进行商标的实际使用，此时不能当然认定其商标使用的主观善意，可以推定是为了商标不被撤销而故意进行的使用，一般这种短时间内的使用很难在市场上取得一定的竞争利益，也未必能形成商誉，故保护意义不大。但如果有证据表明商标权人完全不清楚他人即将进行商标撤销申请，并且在申请提出前一段时间已经开始使用该系争商标，并且在特定的地域范围内取得了一定的影响，可以否决商标撤销申请。因为商标制度鼓励使用，既然他人进行了真实使用，法律应对此予以认可，且为了维护商标的使用价值，对其影响力的要求不必过高。立法之所以规定"连续三年不使用撤销"制度，是为了督促权利人将商标投入市场实际使用，以产生一定的价值和市场利益，进而繁荣商标市场。而对"连续三年不使用撤销"进行行为判断时，需要结合客观情况加上主观推定，全面合理地判定商标权人是否进行了商标使用。

我国当前的商标权撤销制度是由"其他任何单位或个人"提出申请方可启动该程序，但实际上，除了该商标权人的竞争者或者与之使用相同或类似商标的使用人以外，其他很少有人会关注其他人的商标使用行为，那么由于提起申请的主体范围较小，现实中仍然存在大量的闲置商标，因此需要对当前的"连续三年不使用撤销"制度进行完善。通过立法规定商标权人在获得商标授权后的第三年到期前，主动向商标局递交使用商标或已为使用商标作了必要准备工作的证据，如果不按期提交又缺乏正当理由的,可以依法撤销该商标权,使商标资源回归公有领域,也可以规定商标局主动地履行监督检查职责。虽然此举可能会增加商标局的工作量,但出于完善我国商标市场的考虑,亦可以对此加以规定。

(三)商标侵权中商标使用的完善

商标使用贯穿商标制度的始终,起于商标权的获取,存续于商标权的维持,发挥作用于商标侵权。当侵权人对他人的商标进行了商业使用,用以标示自己所生产的商品或提供的服务,才有继续进行侵权判断的必要。该意思是商标侵权的发生不仅要有侵权行为的发生,还要看侵权人的商标使用行为是否会必然引发混淆的后果,有些对商标的使用行为可能不具有商标法上的意义,消费者也不会发生误认,那么即使对商标权人的商标有一定的影响,也不宜直接认定为侵权。如果不是商标法意义上的使用,消费者对商品来源也不会发生错误的认知,商标权人的市场份额就不会发生变化,所以对商标使用的判断可以起到辅助判定侵权的作用,但是也有一些商标侵权案件,商标使用有时会与消费者混淆或者同样重要,甚至起主导性作用。

只有侵权人进行商标符号意义上的商标使用,并标示了商品来源,侵权行为才可能成立。[1] 在此种情况下,消费者会对商标的来源以及商品的来源产生错误的认知,这种错误认知直接导致商标权人市场份额的流失,这个时候侵权中的损害赔偿才有意义。当涉嫌侵权人对商标没有进行商标法意义上的使用,

---

[1] Uli Widmaier, Use, Liability, and the Structure of Trademark Law. Hofstra Law Review, Vol. 33, Issue 2 (2004), p. 624.

比如只是借用了一下商标进行问题的说明，或者商标本身含有其他常见含义，此时一般也没有必要进行混淆可能性的判断。因为按照一般规律，在此种情况下消费者很难发生混淆。对商标侵权进行判断时，需要利用商标使用来过滤一部分正当的商标使用行为，即便有可能让消费者误以为是他人的商标，但此时由于不存在商标使用行为，只要让涉嫌侵权人规范其商标使用行为即可，没有必要进行商标侵权的赔偿。①

当然，"商标使用"是一个法律判断问题，"使用商标"则是客观事实。②"法律问题不需要由当事人加以证明，而是由法官根据自己的判断予以解决。"③ 在商标纠纷中，当事人需要证明的是其"使用了商标"，但该种使用行为是否能构成"商标使用"，则需要由商标审查相关部门或法官根据当事人对商标的使用形式、使用意图、使用的客观结果加以裁判。事实上，并非所有的商标使用行为都能构成法律意义上的"商标使用"，如"DAQIAO及图"商标案④中，法院认为上诉人对系争商标的使用行为并不能构成商标使用，因为其仅在三年间进行了一次广告行为，没有其他的实际使用行为，该种使用只是象征意义上的使用，并不能发挥消费者识别商品来源的功能，没有在市场中与消费者发生实际的联系。我国商标维持及侵权中对商标使用的判断亦缺乏具体的标准，因此全靠法官自己的把握。由于社会关系的复杂性，法律在确立适用于一般情况的普遍性

---

① 孔祥俊：《商标法适用的基本问题》，中国法制出版社2014年版，第146页。
② 刘铁光：《商标法基本范畴的界定及其制度的体系化解释与改造》，法律出版社2017年版，第101页。
③ 张卫民：《民事诉讼法律审的功能及构造》，载《法学研究》2005年第5期。
④ 北京市高级人民法院（2010）高行终字第294号行政判决书。

规则时，允许特殊情况的存在。在法律适用中，法官既需要通过适用原则来维护统一性，又需要通过例外规定或认可例外情形而灵活处理。① 因此，法官对具体案件的判断也要把握原则与例外，不能进行"一刀切"。随着商标使用理念的不断深入，我国应该在立法及司法中融入商标使用理念，在对具体的案件进行处理时，将商标使用考量进该案件中，才能得出符合商标制度逻辑的结果。

二、商标法内在逻辑冲突的调整

审视我国的商标法律制度，可以发现其内在逻辑存在一定的冲突。我国商标法的产生有别于西方商标法的产生和发展规律，我国商标法的建立缺乏内在动因，即没有经历从符号的运用到商品经济发展中商标的使用，缺少商人阶级对商标权立法保护的推动。可以说我国《商标法》是近代法律移植的产物，像清末晚期的《商标试办注册章程》是在英国的要求下由英国人草拟的。民国时期甚至中华人民共和国成立后的《商标注册条例》无不具有一个共同的特征，即管制型、唯注册论的注册商标法。1982 年的《商标法》开始实行全面注册原则，后改为自愿注册，但其仍多处体现出内在逻辑上的混乱。

（一）不承认使用产生商标权与其财产权属性相悖

商标权在本质上属于财产权。商标权是财产权的正当性论证要从洛克的财产权劳动理论考虑。洛克在《政府论》中说，土地和一切低等动物为一切人所共有。但是如果劳动者通过自

---

① 孔祥俊：《商标法适用的基本问题》，中国法制出版社 2014 年版，第 148 页。

己的劳动对某一物品进行改造，使其价值有所增益，则增益的这部分利益属于劳动者所有。因为他的劳动使得物品的自然状态得到了改变，尤其是价值的增加，围绕其劳动所形成的利益都属于他自己所有，即劳动创造价值，他对这部分价值享有财产权。①

洛克理论将财产与个人的劳动联系起来，随后不断有学者将洛克的理论运用在知识产权领域，"知识产权是来源于思想，表现为思想，其价值也建立在思想之上的无形财产"②。即思想的生产也需要劳动，思想是劳动的产物。虽然无形财产与有形财产的理论略有不同，但"劳动产生价值"这一基本理论是通用的。要对该理论进行验证，需要分析商标的产生是否投入了劳动，商标与商品或服务产生联系是否投入了劳动，商标价值的形成是否投入了劳动。因此问题的根本还是回到了商标使用行为。

商标的产生需要创意，在众多可以构成商标的符号中选取具有识别性、显著性的标志，并且该标志要么与其商品或服务有一定的关联性，如五粮液白酒，"五粮液"可以简单理解为五种粮食酿造的白酒；要么该标志与商品或服务没有联系，但本身具有较强的显著性和创意性，如耐克体育的商标"✓"。因此，商业标志的产生是需要设计者大费脑筋甚至投入资金的。当然，也有一些商标是从既有词汇中选择的，虽然投入

---

① [英]洛克：《政府论》（下篇），叶启芳、翟菊农译，商务印书馆1964年版，第19页。
② Justin Hughes, The philosophy of Intellectual Property, 77 Georgetown Law Journal 287, 1988, p.294.

的劳动较低，但在该商标的使用中已然可以找到劳动创造价值的痕迹。

而后两个问题"商标与商品或服务产生联系是否投入了劳动，商标价值的形成是否投入了劳动"可以放在一起进行理解，这三个要素的结合使得商标的价值得以实现。后两个阶段中的劳动投入其实更为明显，商标使用人将商标贴附于商品或服务之上，包括一系列的劳动行为，如生产商品、将贴有商标的商品投入市场，进行必要的广告宣传，对生产线加大投入以保证商品的质量，甚至在经营中开展促销活动等，都需要劳动的投入。而商标与商品建立起联系本身就是对其劳动的反馈，当商标具有了显著性，消费者会在众多商品中选择该商标的商品，并形成积极评价即商标获得了商誉。此时商标这个符号的价值已增加，而商标所有人就其劳动财产权获得回报就具有了合理的基础，亦符合法的公平原则。使用是产生价值的基础，我国商标法律制度没有重视并融入商标使用，与商标权财产权属性本身相背离，可以说这是我国商标法内在逻辑混乱的表现之一。

我国原来的商标注册制在我国法律制度背景下已经发生了一定的异化，随着经济高速发展对效率的需求，商标法中的使用理念没有增加，公平价值的体现也不充分。尤其是注册商标申请人没有就该商标进行使用并创造价值，但却可以享有该权利及权利行使产生的利益，这似乎也不符合公平竞争的内涵，因此需要对我国商标法中这一逻辑思路进行理顺。鉴于我国采取商标注册取得模式有其固有的原因，想要彻底改变注册制不具有现实可能性，因此可以按照前文的论述，在商标权的取得、维持、侵权中融入商标使用的理念,以完善我国的商标制度。

比如,当商标权人获权后没有进行实际使用,可以通过多种方式使该商标资源回归共有领域以保证他人可自由使用。例如,设置商标局监督机制,即商标权人取得商标权后三年为止,如提前三个月将商标进行了实际使用或已经为使用做好了必要准备的证据提交到商标局,如果没有按时提交或逾期提交又缺乏正当理由的,该商标权自动无效,他人可自由使用该商标。在商标侵权中,对于没有实际使用的商标,当有其他人使用该商标,因为商标权人没有使用商标故没有产生任何利益,其他使用人虽然侵权了其商标权,不应承担损害赔偿责任,但可要求其他使用人停止使用。通过上述举措,可以在一定程度上理顺我国商标法的内在逻辑,防止出现因缺乏商标使用而与商标权是私权这个本质特征相违背的情况。

(二) 注册商标强保护与商标权的价值基础相背离

本书前述部分对使用产生商标及商标权已经进行了较为充分的论述。商标作为一种标记,当被用在商品或服务上时,才具有指示来源的作用。商标经过使用,会逐渐产生商誉,因该商誉上凝结了商标使用人的辛苦、诚信的经营,故商标使用人对其商标的使用产生的客观的市场利益享有权益。没有使用的商标仅仅具有符号学上的意义,而不在商标法上产生意义,商标识别功能和指导功能的获得都要靠实际使用,因此离开了商品的符号不具有商标法意义上独立的价值。

商标在进行商业化的使用之前,可能没有任何含义,也可能具有一定的含义,但因为使用,商标与商品建立联系而具有了新的含义。商标符号脱离了符号本身的内容而表现出特定符号与商品之间的联系,所以符号要取得商标法上的意义,必须与特定的商品相联系,① 即需要存在商标使用行为。虽然商标在产生较高商誉之后,可以作为独立的财产进行转让或许可,似乎可以独立于原有的联系而单独存在。如假设将"加多宝"商标进行转让,虽然与其凉茶进行了分离,但是该商标由于加多宝凉茶多年来享有的高商誉,即使"加多宝"被用在了食品上,消费者对"加多宝"这个商标也会予以认可,因为商标的价值来源于该商标上的商誉,是使用人的良好经营获得消费者认可得来的,所以商标的价值与商标使用不可剥离。例如,商标转让后,该商标的价值大小仍与使用人的经营行为息息相关,即使将较高价值的商标转让给其他主体后,若该主体对商标的使用不符合市场竞争的规则,该商标的价值就会下降。

商标权价值产生的基础是使用,但我国商标法在一定程度上忽视了使用产生的价值,而保护注册生产的权利,法律推定其具有价值并赋权,这是互相矛盾的。因此,我国《商标法》在今后修改中需要充分重视商标使用,对使用获得的商标权益予以承认和保护,这种承认非但不会冲击注册制,反而会使其内部逻辑通顺,促进商标法机制的合理。比如当前的商标法虽然明确规定保护注册商标专用权,但是又对未注册的驰名商标进行保护,这也是其自我矛盾的体现,一方面只对依注册产生的程序价值予以保护,另一方面又对因使用而产生的实体价值进行维护。法律对未注册驰名商标进行保护,是因为该未注册驰名商标所具有的高知名度、高商誉,在市场中已经影响了一

---

① 郑其斌:《论商标权的本质》,人民法院出版社2009年版,第28页。

部分消费者,形成了特定的竞争格局,故需要保护该商标与消费者之间的联系,因此对使用产生价值是承认的,但并不保护普通的未注册商标,难道是我国《商标法》只保护使用产生的高商誉而不保护使用产生的一般程度的商誉吗?我国《商标法》在立法目的中明确了保护"商标专用权",而商标专用权的获得只能通过注册。但是商标法对驰名的未注册商标进行保护,对具有一定影响的在先使用商标也进行保护,那么这些未注册商标是否也享有商标专用权呢?如果不是商标专用权,那么他们获得保护的依据又是什么?这都是我国商标法内部逻辑混乱的体现。

在今后的《商标法》修改中,应在坚持商标注册制的前提下,不断融入商标使用理念,对市场中业已形成固定的竞争格局的商标都要予以承认,这是对市场自由竞争的认可。面对商标利益的冲突,法律不应唯权利论,而应唯利益论,保护商标背后与商品之间的指代关系、保护商标上的商誉。商标纠纷发生时,《商标法》的适用价值就体现出来了,在处理商标纠纷时,法官对法律适用的把握既要有原则性,也要有灵活性。

(三) 我国商标法的行政管理色彩与商标权的私权属性相矛盾

商标权本是私权,"是商标标记的私权构建模式,也是法律对商品生产者或服务者标识自己商品或服务这种行为方式的肯定"[①]。同时,商标权的取得应遵循市场规律,政府对此只要

[①] 付继存:《商标法的价值构造研究——以商标权的价值与形式为中心》,中国政法大学出版社2012年版,第211页。

加以公示增加其稳定性即可。商标权具有排他性与支配性，但需要通过注册予以公示将其权利范围公之于众，实现权利的法律保障与私法自由的双重实现。在英美法系，商标的产权化是由商标权保护的实际需求催生的，通过登记实现权利的边界闭合，促进信息的集中，不仅可以实现权利人的权利稳定需求，还能帮助他人查询到商标权人使用商标的信息。因此，注册制的出现符合商标保护的现实需求，更有利于维护交易安全，类似的制度在物权法中也有体现，即物权的登记与交付。物权的登记与交付在物权法中体现为权利公示、诉讼证据等工具价值，但不是物权变动的内在要件，物权法实现了私权自由处分价值与登记等程序价值的完美结合。商标注册本应具有的意义也应该与物权变动中的登记类似，是一种权利公示公信，而不应成为确权的根据。

19世纪的英国通过两种方式对商标使用利益进行保护，一是假冒之诉，该诉讼的基础在于原告基于商标使用所享有的商誉，是对商标使用人已经形成的市场中正当竞争利益的保护；二是商标侵权诉讼，即把商标作为财产权客体进行保护，但前提是需权利人证明自己享有商标权。但是证明自己享有商标权并非那么容易，因为商标使用行为不具有对外的公示性，因此英国通过商标登记注册制度来表明自己是商标权的所有者，这使得权利状态更为明晰和稳定。并且在侵权诉讼中，这种登记注册可以加强自己的举证效力，因为是在公权力机关进行的登记，法律推定这种登记具有权威性。但是刚开始的登记不是权利取得的必要条件，仅仅限于形式与程序价值。但随着注册制的发展，注册程序开始融入商标权取得结构中，因为依据注册取得的商标权具有强大的对世性与稳定的公示效力，因此注册取得商标权制度开始为大部分国家所采用。

我国商标法的立法理念有自己的特色，以注册而非以商标使用本身作为商标制度的逻辑起点。我国行政干预与管理的观念较为根深蒂固，使得我国商标法是在行政主导下建立起来的，缺少商标发展与商标保护形成过程的内在规律性。我国商标制度在注册制的基础上进行了富有自己特色的强化，逐渐发展为较为强势的商标注册制度，并且强调商标法的效率与安全，而这个理念影响着商标制度的各个方面。商标权的行政赋权、商标法的行政管理特色与商标私权属性、商标法的私法属性是相背离的。这种行政管理色彩的增强背离了商标的原始功能，蜕变为国家管理工商业活动的工具，其内在的公平价值就难以得到充分体现，与中国古代以印章作为管理市场的工具有内在相似性。中国的周朝时期设立了市场管理机构负责市场上的贸易和货物监管，对出入市场货物要"以玺节出入之"（《周礼·掌节职》）。①

想要淡化我国商标法律制度的行政管理色彩，需要通过对商标法律制度的改革实现，其中重要的就是对注册制进行完善。使用取得模式很好地保持了注册的原始功能，并通过使用价值的提升来降低注册价值，使得商标权建立在诚信使用这一基础之上，也减少了注册形式化的危害。但对我国注册制的完善，要想全盘推翻不具有实现的可能性与合理性，应该在注册制中逐渐融入商标使用的理念。

---

① 孙英伟：《商标起源考——以中国古代标记符号为对象》，载《知识产权》2011 年第 3 期。

三、公平竞争理念的融入

首先,商标与公平竞争有着密不可分的联系。商标是经营者参与市场竞争的工具。经营者使用商标作为工具进行竞争,是因为商标含有大量信息,通过使用商标可以向市场中的其他主体传递关于自身水平的信息,以此获得市场认同。同时商标权人通过广告投入对该商标的商品进行宣传,由于商标的简洁、醒目的特性,广告观看者很容易记住该商标。当该商标的商品在市场上与其他商品开展竞争时,消费者通过购买对商标予以识别,如果某商标的商品质量良好、售后服务水平高,则会对该商标产生心理认知,当其再次选购该类别的商品或服务时,脑海中存储的该商标的良好记忆会迸发出来,就会继续选择该商标的商品。因此,商标不是竞争的目的,它只是帮助经营者开展经营的竞争工具,商标权人开展竞争的目的是吸引消费者,从而获取市场份额。

其次,注册商标权人与商标专用权人具有直接的竞争关系,与同一相关市场的其他的商标使用者也具有竞争关系。注册商标权人的竞争者们在商标市场中也应享有正当的利益,比如公平有序的竞争环境、稳定的竞争秩序。因此,虽然竞争者的利益看似是一种私益,但二者竞争利益的处理会影响市场竞争环境的平衡及市场竞争秩序的稳定,所以实质上是一种公共利益。[1] 商标权人与同一市场的其他经营者、相似商标的先使用者之间,都存在竞争关系,因其在同一市场即生产相同或近似

---

[1] 杜颖:《商标法律制度的失衡及其理性回归》,载《中国法学》2015 年第 3 期。

的商品，本质上都是该市场的竞争者，通过经营行为吸引消费者以获取市场份额。对于同一商标的先使用人与后注册人来说，二者在同一产品市场利用相同的工具进行经营，因此二者间具有直接的利益冲突，可以说他们都希望对方退出该市场，面对他人与自己使用相同或近似商标，总是如鲠在喉，所以商标的后注册人与先使用人之间常发生商标纠纷。如果有其他的竞争者故意与之使用相同或近似商标，很可能侵犯了其商标权，同时该行为也是不正当竞争行为，不仅有损该市场稳定的竞争秩序，且因为相似商标易引发消费者混淆从而导致消费者误购，减损商标权人本应有的市场利润，如此商标侵权人利用市场混淆这一不正当手段获取了商标侵权人的一部分市场利润。

再次，公平的竞争秩序是商标法立法目的应有之义。有观点指出，"商标法律制度的目的不应局限于保护注册商标专用权，而应立足于保护商标上所承载的商誉及消费者对商标的认知，以及使用商标的经营者之间的公平竞争"[1]。即商标法立法目的具有多层次性，不能仅重视对商标权的保护，因为商标使用于市场中，它与消费者、其他竞争者、市场秩序联系紧密，对商标的使用行为恰当与否很可能会引发市场秩序的变化。有观点认为，通过对商标使用的管理可以附带性地营造良好的市场竞争氛围，不必刻意为之，以至于使得商标法的私法属性被冲淡。但在我国当前的法律环境中，法官判案要依据法条规定，如果没有对相关利益加以明确，很可能会导致对该利益的不重视，学理上的解释只存在于对法条的解释中。而商标对消费者

---

[1] 王先林：《商标法与公平竞争——兼析〈商标法〉第三次修改中的相关条款》，载《中国工商管理》2013年第10期。

来说也相当重要,"顾客则赖商标以辨别商品之优劣,购买称人心意之物品。是以信用可靠之商标,必须迎合市场心理,才能收广泛销售之功效"①。因此,为了确保商品的交易安全,维护竞争者的商业信誉,需要对参与市场竞争的商标权人进行保护,防止商标侵权及商誉攀附。

商标权人在市场中开展竞争的目的是获取市场份额,对商标的管理是为了维护商标市场的竞争秩序的稳定。虽然我国商标法没有将维护公平竞争秩序作为其立法目的,但我国商标法引入了"诚实信用"原则,在立法上进行行为倡导,通过强调商标使用人的诚实经营,遵守商业道德,来达到良好的市场竞争秩序。《商标法》第7条规定了诚实信用原则,当一些侵犯商标使用者利益的行为在商标法中没有规定时,可援引诚实信用条款。该条款具有一定的弹性,使得其能有效遏制不正当注册等商标使用行为。我国商标法理论中把商标权视为权利人的私有财产权,对其实行强保护,因此发生了许多商标及不正当纠纷案件。在商标法中引入公平竞争理念是十分必要的,理念不仅影响行为,还指导制度的构建。

第二节　商标先用权的利益重配

根据前文所述内容可知,我国商标法对商标先用权人、商标专用权人以及消费者的商标利益划分是不均衡、不合理的,尤其是对公平竞争的内涵进行导出后,发现现有的利益分配格

---

① 曾陈明汝:《商标法原理》,中国人民大学出版社2003年版,第147页。

局并不完全符合公平竞争要义。在当前单一的注册取得商标权模式下，商标法以保护商标专用权为重点与核心，随着对商标价值形成基础的认识开始有限度地承认和保护商标在先使用。但是忽视了甚至在一定程度上牺牲了消费者的部分利益，尤其是在先用权法律关系中，在先用权人与专用权人的利益争夺中，消费者往往处于被忽视的状态。消费者在商标先用权利益分配中没有得到应有的重视与保护，消费者混淆时有发生。因此，除了要在理念层面对商标先用权问题进行反思，还要在相关价值理念的指导下梳理并修正我国商标先用权制度的具体构造，实现商标先用权人、商标专用权人、消费者三者利益在商标先用权问题中的公平、合理划分。

一、以赋权增强对商标先用权人的保护

法律对商标先使用人基于使用商标而产生的利益进行认可，具有正当性，也有现实需求，更有理论支撑。虽然我国《商标法》在第三次修正时增加了"在先使用商标继续使用不侵权"的规定，但我国商标法对商标先用权人给予的保护是不充分的，在先使用人应享有更多的利益。从严格的法定主义看，我国当前商标法中的商标在先使用人仅能在"对注册商标专用权的限制"领域享有一定的权利，以弥补我国单一商标注册制的缺陷。但通过对商标在先使用进行分析后，该商标先用权人基于对商标正当的使用，对其商标上产生的价值应享有财产权，这也符合洛克的"劳动创造价值"以及商标法发展规律。所以，对商标先用权人利益的保护，不应仅仅限制在"不侵权抗辩"，而其应享有更多的权能。

其实，结合我国商标法的具体规定可以发现，一般的商标使用者或其他非商标使用者可以在一定情况下对注册商标权人行使异议权、请求无效宣告、请求撤销等权利，这是商标法为了维持商标权的合法、正当、有效而作出的规定。而商标先使用人作为市场中的一般主体，也应该可以享有上述权利，但是当他们与后注册商标权人发生利益冲突时，其权利却落入第59条第3款中，只能通过主张商标先用权而获得侵权抗辩及继续使用的权利，这是不科学、不合理的，甚至存在法律逻辑上的错误。即使商标在先使用人已经与在后商标注册人发生了利益冲突，但在先使用人作为市场中的一般主体，也可根据法律规定行使请求无效宣告或撤销等权利，同时，基于商标先用权人使用商标的正当性与合理性，其应该获得更多的保护。

（一）异议权

在异议权语境下分析问题，即主要是探讨存在在先使用的未注册商标，这种实然状态能否成为阻却商标在后注册的理由？所谓异议权，是针对商标注册程序而言的，当有人申请商标注册，商标局会进行初步的审查、公告。在公告后的三个月内，相关主体可以对商标注册申请提出异议，这种规定可以帮助商标局发觉商标注册申请中的问题，比如是否违反了禁止性规定，是否与在先权利相冲突等。申请注册的商标是取自于社会共有领域的符号资源，由该申请人专有一个商标符号，社会符号资源就相应地减少一份，因此注册商标申请人的申请行为其实是与社会公共利益相关的，需要接受社会的监督。同时，由于商标审查机关人员与时间的有限，对商标申请的审查难免存在疏漏之处，所以也需要社会力量的监督与纠正。再者，该商标申请是否与其他在先权利相冲突,在先权利人是最为清楚的,而商标审查机关对此可能并不知情。因此,需要发动社会力量对商标申请予以监督。

那么,存在在先使用的未注册商标,并且已经形成了一定的市场竞争利益格局,能否成为阻却商标注册的正当理由呢?在域外一些国家,如英国、埃及等,存在在先使用的商标这个客观情况可以阻却后注册商标获准注册。但是我国没有对此予以明确规定,如果商标在先使用人可以在此阶段通过提出异议维护权利,就可以有效避免后续出现在先使用人与在后注册人的利益冲突。但是我国商标法是注册主义下的商标法,对基于使用获得的权利保护范围是有限的,很难让其在注册主义中全面承认商标使用的价值。然而,如果商标在先使用人能够在此阶段实现利益维护,对于商标市场秩序的维护是有利的。虽然我国《商标法》仅在第59条规定了商标先用权人的权利,但是商标使用人在市场中可能与商标注册申请人存在特定的关系,例如有业务往来,对此需进行具体分析。

1. 对恶意商标注册申请的阻却效果

商标法是保护正当利益的法律,对于恶意的商标注册,不管是在申请阶段还是获得授权后,都会受到负面评价以及通过相应措施对权利予以无效或撤销。尤其是对在先使用并有一定影响的商标而言,如果他人明知其商标使用情况,但为了攀附其商誉、攫取市场份额,故意就该商标申请注册,商标在先使用人如果无法救济权利,是与公平争议价值相悖的。特别是当在先使用的商标有独特性、与商标特征相符合,更容易遭受他人的抢注。对此,我国《商标法》第4条、第15条、第32条、

第 33 条作出了一定的规定，比如当注册商标申请人与商标的在先使用人具有代理关系、业务往来等特殊关系时，法律推定申请人对他人商标使用情况是明知的，此时可认定其主观上具有恶意。如果有其他证据能够证明申请人以不正当手段抢注他人商标，也可以由在先使用人提出异议，不予注册，比如申请人的经营场所与商标在先使用人的经营场所相邻，其也能知道商标在先使用情况。

我国《商标法》将诚实信用原则引入，意在通过原则倡导，维护商标市场的秩序稳定及公平合理，所以对恶意的商标抢注，商标法尊重在先使用行为所产生的客观市场竞争格局。此种保护在客观上维护了"使用产生的商标利益"，但并不意味着我国商标注册价值取向的改变，而主要是出于对市场公平、诚实信用的考量。包括无效宣告程序，其是以不正当手段抢注商标的行为予以法律上的无效宣告来维护商标法上的诚实信用。所以，市场中某一商标的在先使用人如果从一定渠道得知他人就其商标正在申请注册之事宜，若掌握了足以证明申请人主观恶意的证据，可以在异议期内向商标局提出异议，以实现阻却恶意商标抢注的目的。

那么，既然法律依据对商标在先使用人维护权利的路径作出规定，商标在先使用人维护自身权利的重点就在于证明他人的"主观恶意"。众所周知，在法律上对他人主观思想的证明是一件困难的事，因为法律对"主观定罪"持谨慎态度，除非有充足的证据，否则一般不予以规制。首先，根据我国《商标法》的规定，若商标在先使用人想要主张异议，需要其与商标申请注册人具有特殊的关系，比如业务往来、雇用关系、代理关系、合同关系等,因为这类特殊信义关系的存在足以证实申请人明知或应知他人已经在使用该商标了,却觊觎其商标上的商誉想抢注该商标为己用。当然,法律对类似关系的规定并没有作出完全的列举,法官在进行认定时可以根据具体情况予以扩大解释,比如上文提到的二者经营场所相邻,二者具有亲属关系等其他足以能够推定申请人明知商标使用的情况。

其次,如果二者不具有上述关系,又该如何证明申请人的主观恶意呢?我国《商标法》第32条规定"不得以不正当手段抢先注册他人已经使用并有一定影响的商标"。如果在先商标使用人能够证明商标申请人是以"不正当手段"抢注,亦可提出异议。何为"不正当手段",法律没有作出明确解释,而最高人民法院通过判例对"不正当手段"进行了解释。在武汉中郡校园服务有限公司再审申请一案[①]中,法院提出如果非出于生产经营目的而大量申请商标注册,囤积商标,可以被认定为其他不正当手段取得的注册,这是对商标使用的重视。即使他人注册的商标不全是抢注而来,但他没有对这些商标进行实际使用但仍进行囤积,已经与法律要求的"商标要进行使用"不符,囤积的商标可能会被所有者高价出售、可能会被作为阻止他人正当使用的工具,这些行为会扰乱商标市场的秩序。

对商标注册申请人主观恶意的判断需要基于其他客观的证据,因为想要证明一个人的主观状态如何是十分困难的一件事,而法律追求客观与准确。但不可否认,我国《商标法》对恶意的商标注册或抢注所持的态度十分鲜明,当使用但未注册的商

[①] 最高人民法院(2017)最高法行申4191号行政裁定书。

标面对恶意抢注时，法律选择保护使用价值，这也在一定程度上保护了商标先使用人的利益。如果商标使用人能够在他人商标申请获得注册前提出证据支持异议的成立，则可以事先维护自己权利，防止出现与注册商标冲突的问题。但是，即使错过了异议期，还有请求无效宣告方法。

那么，对申请异议人的商标是否要求具有一定的影响力？

第一，在注册商标申请人与商标在先使用人具有特殊的信义关系时可推定为主观明知，此时不要求在先商标"有一定影响"，只要是已经使用的商标就可提出异议，法律如此规定的原因是申请人主观恶意较为严重，明知他人使用商标仍然进行恶意的申请，是对他人经营权的侵害。从道德观上看，这是普通的道德水平所容忍不了的事情，具有民事法律层面"偷盗"的性质，将他人的无形财产直接拿来使用，抢夺他人的利益。市场上经营行为的规制法如《反不正当竞争法》中有着浓浓的商业道德观。《反不正当竞争法》直接将"商业道德"作为竞争行为的评判标准，而商标使用行为也是一种竞争手段，因此亦可适用"商业道德观"对之进行评价。将朴素的道德观念融入商业经营行为，以此作为对诚实信用原则的补充，有利于维护市场经营秩序。

第二，对"以不正当手段"取得注册的情形，需要在先使用商标"有一定的影响"，即对商誉作出了要求。《商标法》如此规定，大概是法律推定使用"不正当手段"注册没有前一种情况主观恶意大，同时可以维护注册商标秩序。从现实来看，商标抢注人一般是对那些有利可图的商标进行抢注，以作为日后与他人进行商标侵权诉讼的资本，或者进行高价转让或许可的要挟，所以多是对具有潜在的商业价值的商标和已经使用并在一定区域内有一定影响的商标进行抢注。商标法律制度的本质就应该是出于对商标上的商誉的考量而进行制度设计，商誉的内容是充实的，它代表了商标的市场影响力、消费者对它的依赖程度、市场份额的多少等，一些在市场中客观存在的足以影响竞争的因素。对没有通过使用产生商誉的商标，不管是注册还是未注册，都不应过度保护。

从这个层面来看，法律要求"有一定影响"似乎有合理性，但是，商标法亦应该保护"商标与商品之间的指代关系"，即当商标进行了使用，该商标与商品建立了联系，消费者看到该商标就想起该商品或相关生产者。但是由于其宣传程度不够广泛或质量不稳定，没有受到消费者的积极评价，因此商标上所承载的商誉不高。不过商标与商品、生产者之间的联系是真实存在的，该种联系也是商标法保护的对象，因此对他人以不正当手段抢注的商标，不应要求"有一定影响"。而且"不正当手段"亦是违背商业道德的行为。同时，"有一定影响"的判断标准不具有客观性，只能在具体的案件中由法官根据其经验加以判断。

2. 对善意商标注册申请的阻却效果

如果没有证据足以证明商标注册申请人主观恶意，法律推定其主观为善意，对于他人善意就相同或近似商标的注册，商标在先使用人根据现有的法条规定似乎无法维护自己的在先使用利益。在域外一些国家，商标的在先使用可以阻却善意、恶意的相同商标的在后注册行为。那么是否有其他法条能够让商标的在先使用人援引，以预先实现对自身权利的保护呢？

我国《商标法》第9条规定了商标申请不能与在先合法权利相冲突，第32、33条也提到了在先权利概念，但是商标在先使用的权益能否称为"在先权利"，存有争议。有观点认为，他人在先的商标使用行为虽然会产生商誉，但是其并未进行商标注册，没有取得商标专用权，因此在法律对其进行认可以前，并不能说在先使用商标人享有"权利"，只能是"权益"或"利益"，尤其是我国坚持权利法定主义，为法律所认可的利益才能称之为"权利"，因此在先使用商标的利益在获得商标法确认前，不能称之为"权利"。但也有观点认为，既然商标使用人基于其使用行为已经产生了一定的市场利益，并围绕商标形成了商标法律关系，包括与消费者也产生了联系，这在实质上与注册使用的商标没有区别，对于这部分利益也可以称之为权利，这样也可以克服法定主义的局限性。根据我国现行的注册法定主义，在先使用的商标虽然已经获得了相当的市场地位，但并没有在商标法中取得专用权。

其实这个问题的背后是商标法对基于使用产生的那部分利益予以多大限度的承认与保护，如果此时的指导理念是强化对其保护，则可以对商标权作出扩大解释，在先使用的商标也享有商标权，也是一种权利，自然是合法的在先权利，可以成为阻却善意的在后注册的理由。如果指导理念是有限度地承认并保护商标的使用价值，维护注册制的权威，则可严格遵循权利法定，不承认在先使用商标人享有商标权。当前我国的商标法尚未全面开放对商标使用的认可，商标使用理念仍只能在商标法中获得有限的承认，但随着我国商标法律制度的逐步完善，对商标使用的认可度会越来越高。

另外，有法条对上述争议予以佐证，比如《商标法》第30条规定的驳回申请并不予公告的商标是与已经注册或初步审定的商标相同或近似，也就是说商标申请阶段重点保护的对象仍是已注册或准注册商标，没有强调对使用利益的保护。综合我国商标法的诸多规定，可以推定我国《商标法》尚不认可在先使用商标可以对抗他人就相同或近似商标的善意注册。这与我国的注册商标制度有关，如果全面放开使用商标对抗注册商标的限制，我国的商标注册制度也必然会发生变化，甚至演化成实质意义上的混合制。当前单一且较为严格的注册取得商标制度决定了商标法对未注册商标的全面保护仍是不承认的，尤其是对与注册商标产生冲突的在先商标而言，更是坚持有限的保护政策，故当前也不适宜对"在先权利"做扩大解释。从我国现有司法解释来看，也没有将在先权利进行扩大解释，如《最高人民法院关于审理注册商标、企业名称与在先权利冲突的民事纠纷案件若干问题的规定》中对在先权利解释为"著作权、外观设计专利权、企业名称权等"法定权利。

域外一些国家的商标法承认在先使用商标对他人注册行为的阻却效力，比如《英国商标法》第5条，[①] 驳回注册申请的理由之一就是一件存在他人在先使用该商标的情形。《德国商标法》第42条也规定使用商标可以对他人就相同或类似商标申请注册的行为在异议期内提出异议，以阻却商标注册。《埃及知识产权保护法》第65条也规定了当有他人在先使用该商标时，可以对抗商标注册申请行为。在德国与英国，使用商标亦

---

① 《英国商标法》第5条："如果一个商标与另一个在先商标相同，并且所申请的商品或服务与该在先商标被保护的商品或服务相同，则该商标不予注册。"

可获得商标权，但我国不承认使用产生商标权，也没有在法律中就商标使用阻却善意的商标注册作出规定，因此可以推定我国对商标在先使用阻却正当的商标注册是持否定态度的。而作为实行注册制的商标法，如此规定是合理的。但此时如何预先保护商标在先使用人的利益呢？可以从其他角度进行考虑，例如规定商标在先使用人享有"优先申请注册权"。

（二）优先注册权

知识产权法中有"优先权"的概念，但未提到"优先申请注册权"。前者是知识产权法中的一个普遍性概念，分为国际优先权和国内优先权。国际优先权的存在是由于知识产权具有地域性特征，知识产权权利的获得源于一国的法律，其行使也一般在一国境内，此时没有优先权使用空间，但随着知识产权国际发展的需求，知识产权开始运用到国外。那么依据一国法律形成的权利在另一个法律制度不同的国家或地区，是不能当然获得有效性的。知识产权是无形财产权，其有别于有形财产权"权随物动"的特征，此时它在别国可能无效或者受到限制，但是出于对知识产权国际贸易发展的考虑，世界上的主要国家对此提出了解决措施，即在一定程度上尊重在别国已经形成的利益格局。

每个国家对知识产权保护水平不一样，例如有的国家不承认色情暴力的作品可以取得著作权，有的国家却对此予以保护；有的国家商标必须实际使用方可取得商标权，有的国家却只注重注册取得。因此，想要要求各国对依据其他国家的法律取得的知识产权予以同等水平的保护，是不现实且不科学的。但是随着国际市场的统一化趋势，以及各国人民对别国知识产品需求的增长,知识产权跨境流通需要相应的保护措施。商标法亦是如此,因此跨国的商标抢注现象广泛存在。若其商标被他国相关主体在其本国进行了抢注,商标权人只能在该抢注国依据该国法律寻求解决办法。为了在一定程度上解决国内与国外商标申请主体所享有权利不统一的局面,《巴黎公约》规定了优先权原则。在优先权期限内,其他的专利或商标申请行为不能对抗该优先权,优先权主体的商标或专利申请也不因其他人同样的申请而失效。因为由于商标的地域性,当外国一主体就商标进行了申请,该申请是需要对外公布的,所以其他国家的相关主体也能看到该申请商标,就可能出现其他国家有人对该商标抢先注册的现象,所以规定优先权可以在一定程度上保证国外申请人的利益。而国内优先权是因为商标使用者在特定场合进行了商标使用,法律推定该特定场合的使用可能会使很多人知晓该商标,为了防止他人抢注也赋予在特定场合使用人以6个月优先的注册申请权。我国《商标法》第25条规定了国际优先权,第26条规定了国内优先权。

而商标在先使用人所应享有的优先申请注册权与该优先权并不完全一样。对商标在先使用人来说,其商标使用具有正当性,应该获得保护,但如果不存在上述参加特定展会的情形,其商标使用是无法阻却他人就相同或近似商标善意地注册申请的。[1] 在先使用商标虽然没有进行注册,因为我国实行注册自

---

[1] 其实,在与他人在先使用的商标相同或近似的商标申请注册的情况下,该申请人主观上一般具有恶意,只是主观状态难以证明,因为商标资源众多,在如此多的商标符号中很少出现两个完全一样或近似的商标,同时使用在相同或类似的商品种类上。

愿原则，那么可能是使用人不想注册商标，但也可能是缺乏法律意识而没有进行注册，有的是提出了申请但因不符合法律规定被驳回了，有的是在注册审核程序中尚未获得核准。不管实际情况如何，该商标已经实际使用并与商品建立了指代关系，甚至与消费者发生联系，承载了商标，因此也需获得保护。

由于在先使用商标容易出现与在后注册商标间的利益冲突，所以给予在先使用人必要的时限保护，可以防止利益冲突的出现。在他人申请注册的公告期间，商标先用权人可以通过一定渠道获知该注册申请行为，其在此期间可提出异议，并可以自己提出注册申请，提出申请后应优先于前申请人获得商标注册。如巴西和葡萄牙相关立法规定的"在先使用商标在后注册的优位次序"，[1] 即在先使用商标虽然晚于他人就相同或近似商标申请注册，但给予其优先获得注册的权利。赋予商标在先使用人一定期限内的优先注册权，以此来阻却善意商标注册及恶意商标注册行为，预先实现对权利的保护。而对商标在先使用人优先权期限的规定，要参考他人就相同或近似商标进行申请的时间，以此才能阻却他人的注册申请。当然，也要对他人在先使用的时间加以考虑，防止在先使用人是为了阻止他人的注册而故意为之，如规定在他人申请注册前至少6个月就已经开始善意地适用商标，可以提出商标注册申请并优先获得注册。

该优先注册权既可以阻却恶意的商标注册申请行为，也可以阻却善意的商标注册申请，强有力地保护在先使用商标利益。但法律对懈怠保护权利的主体不应给予周全保护，比如商标在

---

[1] 杜颖：《社会进步与商标观念：商标法律制度的过去、现在和未来》，北京大学出版社2012年版，第35页。

先使用人没有及时得到他人就相同或近似商标申请注册的消息，或者得知了但没有主张优先注册权，那么法律也没有必要对其进行保护，商标在先使用人也就无权制止他人善意地在相同或类似商品上注册相同或类似商标，而只能对他人恶意注册提出异议，或通过后续的商标先用权规定主张自己的权利。

因此，对商标在先使用人来说，要防止出现与在后注册商标相冲突的情形，其在生产经营中时刻保持对其他商标注册的关注是十分必要的，法律亦可以通过两种途径对其提供预先的保护，抑或对他人商标注册申请提出异议，抑或通过优先权申请注册。在实际情况中，当某一商标使用人使用该商标，但该商标没有取得较高商誉，其市场份额也较低时，一般不会有人就与其商标相同的商标进行商标注册申请，而当该在先使用商标的企业发展规模越来越大，声誉越来越高时，才会引起他人的觊觎。当发现其商标没有进行注册时，很可能会出现商标抢注现象，抢注人欲以此注册商标胁迫商标在先使用人与其合作，或向商标在先使用人索要高额转让费，或通过商标侵权诉讼获得高额赔偿等。因此，为了防止出现以上违反诚实信用原则、扰乱市场竞争制度的现象，有必要给予商标在先使用人事先的预防保障措施。而当商标在先使用人没有积极行使这些权利时，其再想获得保护就要寻求事后的救济。

（三）无效宣告请求权

法律规定并非十全十美，商标注册制度也存在不完善之处，因此可能出现一些不符合商标要求的商业标志侥幸获得了商标注册。商标注册申请审查机关人员以及审查内容有限，在对申请商标进行必要的审查之后，很可能出现疏漏，导致一些获得注册的商标其实不符合法律要求,或是违反了禁止注册规定,或是侵犯了他人在先权利,也可能是以欺骗手段或不正当手段获得注册的,而由于存在信息不对称,商标审查机关并不能及时发现该注册商标不符合要求,也难以获知该注册商标权人所隐瞒的事实,对与他人权利冲突的事实更是无从知晓,因此就需要规定一定的补救措施,推翻因为特定原因使得不符合要求的商标获得注册的客观事实。《德国商标法》中存在"注册商标撤销和商标权无效"等规定,当出现特定情况时可对注册商标申请撤销,如《德国商标法》第49条规定"商标在注册之后的连续5年内未根据第26条予以使用的,商标注册可以依请求因失效而撤销";第50条规定"因绝对保护障碍而无效",即违反德国商标法强制性或禁止性规定而注册的商标,可以因无效请求而撤销;第51条"因存在在先权利而无效"的规定中,因第9~13条意义的在先权利阻碍商标注册的,商标注册依诉讼因无效而撤销。[①] 德国的这些规定与我国《商标法》上的无效宣告相似。

我国《商标法》已经规定了对注册商标的无效宣告,即第44、45条,虽然这两个条款在适用时稍有差别,但都可以作为注册商标无效宣告的依据。《商标法》没有指明无效宣告是商标在先使用人的权利,而是对违反禁止性事项的商标注册,如《商标法》第10、11、12条,或者是以欺骗或不正当手段取得注册的商标,即违法性或违反诚实信用原则程度较深的商标,任何单位和个人都可以请求进行无效宣告,剥夺其权利;而对

---

① 范长军:《德国商标法》,知识产权出版社2013年,第35页。

于并非违法商标法的禁止性事由，只是权利的取得存在瑕疵，如违反第15、16、30、31条等条款的，权利的取得对他人的在先权利有损侵害，或者是对利害关系人的权益所有损害，可以由这些特定的主体去申请无效宣告，而不是任何人都可申请。那么，商标在先使用人是否属于"在先权利人"范畴？根据前述分析，在现有法律制度下不宜这么认为，那是否属于利害关系人？本书认为可以属于利害关系人范畴，因为先使用商标形成的利益格局受到了后注册商标的侵害，可能会导致其权利受损。当然，即使如此主张也需存在注册商标的瑕疵事项，或者需要证明其以不正当手段取得商标。

仅从以上两个法条的字面意思来看，都是对注册商标的无效宣告，只是前者没有5年时间的限制，后者受到5年期限的限制；前者违反的是一些法律的禁止性规定，属于注册的绝对无效，后者主要是对他人权利的损害，属于注册有瑕疵。对于注册的绝对无效，法律没有也不应作出期间的限制，而对于注册的瑕疵，可能因期限的界满而得到效力的补正，成为法律推定的效力无瑕疵的权利。其实，我国商标法对注册商标的无效、撤销、注销没有作出准确的区分，而是在立法中进行了混用。商标权作为私权，亦应该可以使用民事行为无效与可撤销的理论，无效的对象是那些违反法律的禁止性规定，应该是自始无效的，而可撤销的行为则是权利的取得有瑕疵，比如侵害了他人的合法利益等。[①] 对于第44条的无效宣告请求权，任何人都可向商标评审委员会申请，而第45条的无效宣告请求权则只能

---

① 张玉敏：《论使用在商标制度构建中的作用——写在商标法第三次修改之际》，载《知识产权》2011年第9期。

由在先权利人或利害关系人进行请求。所以，第45条的规定应该是撤销权而不是无效宣告请求权。

但在实践中，这两个条款应如何适用，存在一定的争议。第44、45条中都存在充满不确定性的表达，比如"不正当手段""在先权利"等，《商标法》没有对之作出解释，而是法院在司法实践中通过判例予以解释，当然其解释可能是法官自由裁量的结果。最高人民法院在武汉中郡校园服务有限公司再审申请一案[①]中，明确了非基于生产经营目的而大量注册商标、抢注他人商标、囤积商标的行为属于《商标法》第44条第1款规定的"其他不正当手段"。最高人民法院的态度在一定程度上明确了商标申请人如果存在大量囤积商标的行为，且缺乏真实的使用意图，可推定其商标注册申请是"不正当手段"抢注。由此可见，当商标注册人存在大量抢注、囤积商标行为时，适用第44条的规定，任何人都可以申请无效宣告，而且不对被抢注商标是否有影响力作出要求。而由此推定，当商标注册人只是偶尔一两次抢注他人商标时，则需要由该商标使用人就此向商标评审委员会申请无效宣告，并且受到5年期限的限制。如果该系争商标使用人懈怠保护自己的权利，则法律不对其进行过度保护。

对商标在先使用人来说，如果其错过了在商标申请的异议期内对与之相同或近似商标的注册申请提出异议的机会，即表示预先的权利保护已无法实现，那么他只能寻求事后的救济方式，比如对注册商标提出无效宣告请求。但该请求只针对恶意

---

① 最高人民法院（2017）最高法行申4191号行政裁定书。

的商标抢注，而不能用以宣告善意的商标注册无效。因为善意的注册行为是符合商标法的规定的，没有故意侵害他人利益，也没有违反禁止项规定。无效宣告针对的是他人恶意的商标抢注行为，攫取了在先使用商标正当利益，破坏了该商标与消费者之间的联系，影响了商标市场的秩序。虽然商标在先使用人可以提出无效宣告请求，但是商标法并没有就此赋予申请人损害赔偿请求权，因为商标法的救济制度也只是为注册商标服务的，未注册商标的损害赔偿只能从民法中找依据。我国商标法严格限制了在先使用商标人所享有的权限，将其定义为一种不侵权抗辩权。甚至，商标在先使用人援引《商标法》第32、45条的规定也是基于法理上的分析，而没有获得法律的明确授权。这都显示出我国商标法对商标注册取得制度的维护，防止对未注册商标的保护冲淡注册商标法的特性。

那么，商标在先使用人如何去具体使用《商标法》第44、45条呢？当在后商标注册人存在不正当手段取得注册的情形时，比如大量申请商标，大量囤积商标但不使用，或者是进行商标的买卖，此时商标在先使用人可依据第44条的规定去申请无效，不必以其商标被抢注为由。因为对于这种违反禁止性规定的商标注册，任何人都可申请无效宣告。

如果商标注册人不存在大量的抢注商标等不正当手段取得注册的情形时，商标先使用人若认为在后注册商标是恶意的注册，则可以依据第45条主张无效宣告请求权。但问题又出现了，对他人主观恶意的证明是一件非常困难的事，需要通过客观证据的举证进行证明，比如前文所提的在后注册人与在先使用人之间存在特殊的信义关系或亲属关系等情况，或者他们存在业务往来，或者是经营场所相邻等能够推定注册人明知或应知他人就系争商标已经进行了使用。当不存在这些关系时，他人也有途径能够知道在先使用人正在使用某一商标，尤其是在现代信息发达的社会，通过互联网上的信息可轻松查询到他人商标使用情况，那么此时如何去证明注册人的主观恶意呢？

只有通过一些客观行为加以佐证，比如当注册人获得注册后没有进行使用且马上控诉商标在先使用人侵权，或者胁迫其进行交易或合作，或向商标在先使用人索要高额的商标权许可使用费或转让费否则就控诉其侵权，这些都可以佐证商标注册人的主观恶意。除此之外，还要结合商标本身的特征来进行推定，如在先使用商标具有极强的创意和独特性，是在先使用人创作的图形或符号，不具有生活中一般化的意义，此时很难出现与该商标相同或近似的商标。又或者在先使用商标是在先使用人取自于其家庭成员的名字，出现相同或近似商标的概率就更低。但是，对商标注册人主观恶意的评判仍然存在困难，很多时候只能依靠具体案件的审判法官进行自由裁量。

（四）不侵权抗辩

在先使用商标与在后注册商标是相同或近似商标，根据商标法对注册商标专用权的保护，权利人可据此提出侵权指控，而商标在先使用人可依据我国《商标法》的赋予商标先用权人的不侵权抗辩权能，主张不侵权抗辩。当然，该主张亦需要提供充分的证据证明，如善意的在先使用，已经具有了一定的影响力等。不侵权抗辩是法律直接规定的，有观点认为商标的在先使用仅能产生对抗侵权指控这一种法律效果，而不能赋予商标在先使用人其他积极的权能，如此会破坏我国的商标制度，因为商标法规定只能通过注册才可以获得专用权,如果赋予了商标在先使用人过多的权利,则会动摇我国的注册制商标法。[1]

其实,商标法对商标先用权的承认是有限度的承认,更没有将其当作请求权看待,亦没有赋予其专用权和排他权,当商标在先使用人没有通过事先的预防机制维护自己的商标使用利益时,其只能寻求事后救济,而事后救济措施中商标先用权人也没有获得商标专用权。即使是商标在先使用人通过无效宣告程序将与之有利益冲突的后注册商标宣告了无效,产生的结果是市场中存在在先使用人自己使用该系争商标,但此时他也没有因此获得商标专用权,而只是在市场中自然存在的未注册商标,没有在后的注册商标存在,先使用商标的"在先"性就失去了对比对象,此时不能称之为在先商标,而只是未注册商标。当无法证明在后注册商标的主观恶意时,商标先用权人无法请求宣告注册商标无效,此时市场中是注册商标与在先使用商标共存的状态。所以,对在先使用商标的保护没有突破我国的商标注册制度,注册依旧是获得专用权的唯一途径,对在先使用商标的保护并非是创设新的商标权取得途径。未注册商标人在市场中使用商标获得更多的是一种自然状态,如果该商标没有达到驰名程度,当有其他相同或近似的未注册商标出现时,商标在先使用人也无法找到保护权益的依据,此时如何解决,是未注册商标法律保护制度应该考虑的问题。

当商标的在先使用人没有在他人的注册申请异议期内或者5年的无效宣告期内进行自身权益的维护,面对与之相同或近

---

[1] 李扬:《商标在先使用抗辩研究》,载《知识产权》2016年第10期。

似的注册申请,其并非没有其他的救济途径,此时就落入了商标先用权范畴,通过主张商标先用权来对抗他人的侵权指控并行使继续使用等其他权利。商标在先使用人在先用权范畴内不仅享有抗辩权,还应享有继续使用甚至转让、优先注册等权利。在先使用商标人是因为信息不对称或其他原因没有进行商标的注册申请,因此也丧失了全国性的排他使用权。但是在先使用人通过对商标的使用以及形成了稳定的市场及相对固定的收益,对此应予以保护,同时消费者也可能形成了消费习惯,若不对商标在先使用进行保护,则会破坏这种信赖利益。有学者认为,规定商标先用权不能制止商标抢注,商标抢注应该是《商标法》第15条、第32条的责任。① 其实,商标法规定了商标在先使用人享有不侵权抗辩,那些抢注人抢注商标的目的就难以实现了,即制止抢注不是立法规定商标先用权的初衷,但其客观的法律效果是可以遏制商标抢注。因为抢注人在注册商标后,一般不是为了自己使用商标,而是以其专有权威胁在先使用人不得继续使用商标,通过侵权指控索要赔偿或者是高额的转让费来实现,但如果法律规定在先使用人仍可以继续使用商标,则抢注人的目的就落空了,商标抢注现象也自然会有所降低。

(五)继续使用权

商标先用权人援引《商标法》第59条第3款主张不侵权抗辩成立后,可以继续使用该商标。该规定看似简单,但该使用具体指的是何种程度的使用,是在原有地域范围内使用抑或可以进行扩大使用,是使用在原商品类别上还是可以使用在新商

---

① 李扬:《商标在先使用抗辩研究》,载《知识产权》2016年第10期。

品类别上,继续使用商标是否包括商标的转让或许可,而对商标的使用中"商标"能否做扩大解释如使用在企业名称、字号、商品包装装潢上,等等,这些问题都值得深思。

1. 继续使用的在先商标能否转让或许可

商标先用权是相对于注册商标权而言的,其不是严格意义上的商标权,更无法衍生出专有使用的权利状态,商标先用权仅仅是在商标市场中客观存在的一种对注册商标权的限制性权利,揭示出商标先用权的重要意义。它是基于在先使用人正当、合法地使用商标,继而产生市场利益,使用人对自己劳动所得的这份利益自然享有一定的权利,这是符合财产权形成规律的。[1] 在先使用的商标属于未注册商标的一种,在我国,未注册商标并不能获得商标专用权,但是未注册商标人对其使用商标行为产生的利益享有权利,是得到了相关法律认可的。

一般的未注册商标在市场中是一种自然的使用状态,未注册商标之间如何共存法律不过多干涉,即使发生了纠纷也可能由《反不正当竞争法》调整,但是如果与注册商标产生利益冲突,则很可能会因侵权而被迫停止使用。在先使用的未注册商标是相对特殊的一种商标,如果没有在后商标进行注册,它也是普通的未注册商标,但是市场中一旦出现了在后注册商标,本来按照商标法保护注册商标的规定,在先使用商标很可能会涉嫌侵权,但是由于在先使用商标有其存在的合理性,那份在先利益也应该获得保护。在注册制商标法下,又不能赋予其完

---

[1] 王莲峰:《商标先用权规则的法律适用——兼评新〈商标法〉第59条第3款》,载《法治研究》2014年第3期。

全的商标权,这样会破坏商标法律制度的权威性,只能在注册制商标法中为其单独开设一片"法外之地",允许其与在后注册商标共存。因为不承认在先使用商标对其不公平,如果完全承认其价值对履行注册程序的商标不公平。

那么,在先使用商标权即商标先用权是否可进行转让或许可?我国法律对此没有规定,但是参考专利先用权的规定,企业整体转让时专利先用权也可一起转让。那么,商标先用权人将企业整体打包转让时,商标先用权也应可以转让。法律规定商标权是可以进行转让的,而商标先用权是否是商标权?若是,理应可以转让,若非,则可能无法单独转让。从严格意义上来说,商标先用权是一种不完整的商标权,因为它既然属于未注册商标的一种,应该也享有商标权,但是它的特殊性就在于还存在与之相同或近似的注册商标,这点特殊性使得它不可能是一种完整的商标权,必须要在一定的范围内受到限制,否则会突破注册制商标法,因此对其转让不能像一般的商标权那样完全自由。

我国司法审判中对注册商标与注册商标的共存案件作出过一些经典判决,承认了近似的注册商标之间的共存,也没有对其权利行使作出过多限制,是对现有市场格局的尊重,法律推定消费者不会发生混淆,如采乐商标案、鳄鱼商标案、张小泉商标案。但是当在先使用的未注册商标与在后注册商标共存时,却对未注册商标作出限制,这合理吗?有人认为,作出限制是尊重我国的注册制商标法的本意,维护注册制的权威,防止为注册商标权利扩大影响注册制。而有人认为,在先使用的商标在市场中也是一种竞争工具,它的存在合法合理,与注册商标具有同等功能，理应享有自由开展竞争的权利，商标专用权人的在先使用商标承载了商誉，与注册商标一样具有经济价值，如果对其进行严格限定，不利于商标先用权人竞争权利的行使，同时违反了公平原则。

市场的问题应该最终由市场进行解决，即不应对其加以过多干涉，由在先使用商标与在后注册商标二者在市场中自由竞争，优胜劣汰，当出现消费者混淆时再通过司法途径进行解决。这既是对商标权产生正当性的尊重，也是对商标使用市场的尊重。商标法说到底仍是私法，当出现商标纠纷时自有司法机关进行解决，对于商标使用人对商标的正当使用，法律不应做过多预先的干涉。法律对在先使用商标进行保护是基于对该商标上商誉保护的考虑，而该商誉亦代表了商标与消费者之间的联系，商标与商品的指代关系，代表了一定的市场竞争份额。若商标先用权人没有能力继续经营下去，但又无法转让商标，则会造成优质商标的浪费，同时会导致消费者无法再买到其习惯选择的商品，因此也应该允许商标先用权进行单独的转让或许可使用。如果法律出于对在后注册商标权人利益保护的考量，则可以对受让人作出与商标转让人相同的限制。

2. 对继续使用的在先商标能否作扩大解释

在我国商标法语境中，注册商标权与商标权有时是等同概念，注册商标被当作了商标权的唯一客体，而现实是未注册商标也是商标权的客体，并且未注册商标在市场中的影响力不一定低于注册商标。许多知名商标就是未注册商标，所以如果法律不对未注册商标进行保护，与现实情况及法律价值理念都是不相符的。商标的价值获得在于使用，注册与未注册商标在市场中具有同样的功能，如识别商品来源、表彰商标质量等。甚至，未注册商标不仅仅指商标，一些发挥了商标功能的广义上的商业标志也是未注册商标的客体，如商品包装、装潢，企业名称、字号，域名、地理标志等，他们与商标既有联系也有区别，但当这些标志经过长期使用，与商品保持一致，同样会产生识别商标来源、表彰商品质量的作用，也会让消费者将之与特定商品联系起来，并且对这些标志的误用会引发消费者混淆，如将知名的企业名称作为商标使用，或者与知名商品使用相似的包装，消费者会误以为该商标与知名企业有特殊联系。这些标志经过长期的使用，已经成为事实上的未注册商标。

既然对未注册商标都可以作出扩大解释，在先使用商标本质上是未注册商标的一种，对在先使用的未注册商标也应该可以作扩大解释。这些标识经过使用，产生了识别商品的功能，承载了商誉，并且客观上属于对商业标识的在先使用。对其进行扩大化的理解，对于解决实践中的纠纷是具有指导意义的，比如将他人在先使用的商品名称注册为商标。这些在先使用的利益如企业名称、字号等与注册商标发生冲突在当前法律中找不到解决依据，通过对商标先用权客体作广义理解，可以防止在先使用的商业标识产生的商誉因注册商标的出现而归于无效。

二、以设定先用权条件保障商标专用权人的利益

知识产权法的基本原则之一即利益平衡，该原则在商标法领域同样适用。虽然我国商标法中有商标专用权这种私益不断扩张的趋势，但是亦不能盲目强化对公益的保护，利益的分配要始终与商标法的价值理念保持一致。商标先用权始终是对注

册人的限制，与注册制商标法存在一定的冲突，所以对商标在先使用人的赋权要格外谨慎。为了防止在商标先用权问题中出现注册商标权人利益被完全侵蚀的状况，需要对先用权的获得设置条件。

（一）在先使用人主观是否需为善意

我国《商标法》第59条第3款对商标先用权规定简单，使得在具体适用时存在困难，主要靠法官个人裁量。对商标在先使用人可援引该条款的主观、客观等方面都规定不明。而商标在先使用人是否需要具备主观上的善意，相关法律没有作出规定。有不少观点认为需要主观的善意，"商标在先使用应出于善意才可获得保护"[①]，"商标先使用人需具备主观善意要件"[②]，"不得以不正当竞争为目的使用"[③]。我国商标先用权有关的司法审判，如"蚂蚁搬家案""启航考研案""上海电影制片厂案"等都在判决中明确了主观善意的要求。而《日本商标法》中亦规定"非以不正当竞争为目的"，我国台湾地区"商标法"也规定商标在先使用应"善意使用"。

商标法保护商标先用权，是因为在先使用人对使用的商标享有利益，这份利益在市场中表现为正当经营所形成的竞争利益，所以法律对这份在先的、正当的但缺乏注册程序的利益予以立法上的确认，即弥补商标注册制因"忽视先使用行为已经

[①] 文学：《商标使用与商标保护研究》，法律出版社2008年版，第221页。
[②] 杜颖：《商标先使用权解读：〈商标法〉第59条第3款的理解与适用》，载《中外法学》2014年第5期。
[③] 王莲峰：《商标先用权规则的法律适用——兼评〈商标法〉第59条第3款》，载《法治研究》2014年第3期。

产生的合法权益,而导致显失公平的结果"。① 如果在先使用商标是窃取的,或者在先商标的使用具有不正当竞争性,那么立法不必对之进行保护,所谓的"利益平衡"应该是正当利益与正当利益间的平衡,若有一方是非正当的利益,则应依据相关法律对其予以规制。

第一,如果在先使用人基于某种特定的关系②得知他人即将就某一商标进行注册,而刻意提前将该商标进行使用,则主观上不具有善意,不能主张商标在先使用。第二,若在先使用人是使用他人的企业名称、姓名、字号、著作权等在先权利的,而后他人就该标识获得了商标注册,此时在先使用人也不能主张商标先用权,因其主观上是恶意攀附他人商誉。第三,若在先使用人是在他人申请注册初步审定公告期间进行了商标使用,其主观上可推定为恶意,因为商标初步审定公告是向全社会公开的,任何人都可以得到某一商标正在申请注册的信息。第四,若商标在先使用人是从他人那里非法取得的,更不能主张商标先用权。

商标先用权设立的根本目的是维护市场中已经形成的那份正当的竞争利益,包括消费者对商标和商品的依赖、经营者的辛苦经营、市场格局、竞争秩序等,而该规定不能成为他人从事不正当竞争行为的工具。在先商标在取得商标先用权保护时需要具备主观上的善意,而先用权人在后续的使用商标时,也

---

① 佟姝:《商标先用权抗辩制度若干问题研究——以最高人民法院公布的部分典型案例为研究范本》,载《法律适用》2016年第9期。
② 如在先使用人是注册人的雇员、二者有合作关系、二者商铺相邻、先使用人窃取注册人商标等情况。

需要主观善意，否则会造成对注册商标的侵权，例如商标注册人的经营规模越来越大，市场份额越来越多，商标在先使用人出于攫取商标注册人市场份额的目的，攀附其商誉，让消费者产生混淆，此时需要根据商标侵权的相关规定追求商标先用权人的责任。

（二）在先商标的在先使用与持续使用

法律对商标在先使用进行保护的原理之一，即使用在商标法中的价值，使用产生商标权，因此要对商标在先使用中具体的使用行为作出一定的要求，防止商标先用权的泛化。

1. 在先使用

商标先用权，顾名思义，其核心在于"先"与"用"，即商标的在先使用，而这个特征正是在先使用商标获得法律保护的前提之一。如果商标注册在先，而后有其他商标开始在市场中进行使用，则该使用是一种侵权行为，不具有合法性。而立法保护商标先用权的核心之一就是"在先利益"，那么对在先使用如何进行判断，只要在注册前使用就是在先吗？而注册指的是注册申请之日还是初审公告之日抑或获得核准之日，法律没有作出规定，理论界也不乏争议。域外对此也有不同规定，大陆法系国家或地区如日本、韩国都以"申请注册之日"为准，而美国则以商标核准注册之日或发布注册公告之日为准。我国商标法释义规定的是"在他人申请注册商标前"。

首先，以核准注册之日作为"在先使用"的时间点并不合适，因为商标一旦通过了初步审查即对社会公布该申请注册商标的信息，任何人都可以获知该商标的存在，此时开始使用该商标难以证明主观上的善意，应不属于商标在先使用。同时，以申请日作为标准，与商标法中的其他规定也保持了一致。虽然以申请注册之日作为标准较为合适，但是在他人注册申请日前才刚开始使用的商标，是否必然是善意的？是否存在他人知晓该商标即将进行注册申请而故意使用的可能性？在司法判决中，一般也都将"在先"定义为时间较为久远前的使用，这也是对使用人主观善意的要求。

基于对商标在先使用人主观善意的要求，在先使用要早于商标注册申请至少6个月，即要证明其在先使用的行为与他人的注册关系不大，是商标在先使用人独立的商标使用行为。同时，短时间的使用难以形成商誉，也难以建立商标与商品之间的指代关系，因此对时间作出要求是合适的。而且如果只是使用了商标但未建立与商品之间的指代关系，或者没有形成商誉也不值得保护，因此对商标在先使用的时间点不必过于纠结。但还存在一种特殊情况，就是商标注册人申请注册前也进行了实际使用，此时对在先使用的使用时间如何判断？应该也要求在先使用人的使用必须早于注册人的使用，这样方能证明其主观善意，主要是晚于注册人的使用，但地域市场相隔遥远，也可推定为主观善意，但如果晚于注册人使用，又处于同一或相近的地域市场，则难以认定主观善意。可见，对使用时间早晚的判定其实是为佐证使用人主观善意服务的。当然，对具体情况的判断往往复杂很多，也需要行为人提供充分证据。

2. 持续使用

关于商标先用权获得条件，对其中持续性使用的讨论基本形成了共识，但是司法判决中很少提到在先商标的持续性使用，可见我国商标法对商标先用权规定适用上存在模糊与困难。如果缺少持续性使用要件，商标在先使用人即使是曾使用过该商标，但此后该使用行为中断甚至终止了，那么该商标与商品之间的指代关系也不复存在。该商标一旦停止使用，其背后的商誉也慢慢消息无余。商标的停止使用意味着商业经营的停止，那么更无竞争利益可言，此时商标先用权没有了获得保护的学理基础与现实需要。域外一些国家如英国、日本都对持续性使用作出了要求，如《英国商标法》第 11 条，《日本商标法》第 32 条。我国《商标法》没有规定在先商标的持续使用，但商标中断不再使用就无继续保护的必要，该商标理应回归共有领域，成为任何人都可以自由利用的符号资源。

对商标的持续性使用如何判断。在先商标应在他人就相同或近似商标注册申请前就已经开始使用，同时该使用需要具有连续性，如果后续中断了商标使用，则相关主体不能主张权利。若商标使用出现中断后又开始使用的情况，则需要区分具体情况，一是看考察再次使用的时间点，如果与他人申请商标注册的时间很接近，则可推定在先使用人主观上具有恶意，很可能是为了阻碍他人的商标注册申请，当在先使用商标不具有继续使用的可能性但为了阻却他人的注册而强行使用，其实是一种资源的浪费。如果重新使用在商标注册申请之后开始，则在先商标不能继续使用。而如果在他人的注册申请前 6 个月开始重新使用，可推定在先使用人主观上是善意的中断与重新使用。当然，若商标在先使用人可以证明其中断有客观的不可抗拒的原因，亦可继续使用，如原材料的中断而导致商品无法进行继续生产，则商标无法持续使用，例如美赞臣蓝臻婴儿配方奶粉，2018 年奶粉中添加的乳铁蛋白这种原材料供应的中断，导致 8

个月的时间在市场中没有美赞臣"蓝臻"奶粉的销售,但并不能就此认定"蓝臻"商标没有持续使用。

关于持续使用多长时间,法律上没有规定,一般认为从注册申请前 6 个月就开始使用,并且至少已经使用了 3 个月才算,因为商标与商品指代关系的建立需要时间,消费者对商标的认可更需要时间,前者所需时间可能短一些,后者是商誉的累积所需时间更长。当一个商品投入市场进行销售,经营者需要采取推广、广告、促销等手段让消费者认识这个商标,"而消费者对商标的认知需要一定的心理过程,对于某个图案或文字,消费者并不会一开始就将之作为商标对待,该图形或文字也不会传递商标的有关信息。只有消费者在记忆中建立起以特定商标为中心的认知网络后再次遇到该标识时才能够将其识别为商标,并从大脑中提取出该商标相关的信息以指导其购物"①。

即一个商标在消费者脑海中产生印象需要多个来回,商标与商品之间的指代关系是逐渐形成的,这个过程很难确定具体的时间,如果经营者的广告与促销力度大,可能一两个月消费者就会认识该商标,如果经营者只是将该商标的商品投入市场而没有进行促销,例如缺乏经济实力的中小经营者的商品,则可能需要半年甚至更久的时间才会被消费者记住该商标与某商品之间的对应关系。商标法对商标先用权的保护需要商标具有一定的影响力,暂且不论是否合理,如果需要影响力,即要求该商标上承载了一定的商誉。商誉的建立需要更长的时间,消费者反复购买,且商品质量良好,消费者才会慢慢形成积极的

---

① 姚鹤徽:《商标法基本问题研究》,知识产权出版社 2015 年版,第 135 页。

评价。因此，很难去划定持续使用的具体时间，也难以在立法层面对商标使用时间进行具体的规定，如此规定也是不公平的，因为不同的经营者具有不同的经营能力，其商标取得认可的时间也不尽相同。因此，对商标是否为持续性使用进行判断时，不仅要结合具体的使用行为，还要看该商标在市场上的影响力，故在实践中需要法官自由裁量。

（三）在先商标是否需要有一定的影响力

我国《商标法》第59条第3款规定了在先商标获得保护的条件之一是"有一定影响"，对于这个条件，有观点并不赞同，认为对影响力要件的要求是为了强化对注册商标的保护，并且限缩了对未注册商标保护范围。[①] 当符号与商品结合并投入市场后，该商标与消费者产生了联系，消费者认识了该商标、该商品，当其进行选购时可能会考虑该商标商品，此时商标的意义已经达成，不应要求"有一定影响"。有观点认为商标先使用权的获得需要具备影响力要求，并且要就个案情况综合考虑其影响力形成的原因及辐射的范围大小。商标法保护商标上的商誉，如果一个商标没有凝结商誉，则表示消费者对其不认可，进而不进行购买，即贴有该商标的商品投入市场后不会对市场竞争结构产生任何影响，那么保护它的意义何在？《商标法》抑或《反不正当竞争法》保护市场竞争利益以及市场份额，以公平价值为指导，不能因为在先使用就直接获得保护，即使在先使用了，但是没有保证质量、没有投入研发，那也没有保护

[①] 王莲峰：《商标先用权规则的法律适用——兼评〈商标法〉第59条第3款》，载《法治研究》2014年第3期。

的必要，因此不应以权利来进行分割，而是要以利益进行分割，以商誉进行分割，故需要有一定影响的要求。

我国《商标法》第 59 条第 3 款要求的"有一定影响"与第 32 条保持了一致。同时，《反不正当竞争法》在 2017 年进行修订时，在"市场混淆"条款上将此前的"知名"修改为"有一定影响"，是为了与《商标法》保持一致。不管是知名还是有一定影响，或者是著名、驰名等，都是对商标价值高低的评判。为了规范商标价值判断体系，我国逐渐取消"著名商标"的评定，国家市场监督管理总局在 2019 年全面取消著名商标，从而减少政府对商标市场的干预，促进市场竞争的公平与透明，推动商标评价体系朝着科学和完善的方向发展，以消费者的口碑作为最终评判标准。此前，商标法已经规定不能将"驰名商标"用于商品包装或广告宣传，它不是对商标的评价，而只是解决商标侵权纠纷的依据之一。当著名商标、知名商标被取消，法定的评价商标价值的标准只剩下驰名商标，然而驰名商标的要求很高，需要在全国范围内达到较高影响力要求，那么对于其他的非驰名商标，需要一定的评价性标准，此时"有一定影响力"即成为评价商标价值的标准。

影响力是对商誉高低的具体细化，其实讨论对商标或未注册商标的保护是否需要影响力，就是讨论商标保护是否需要商誉。从商标的发展历史来看，没有进行实际使用的商标，不会在市场产生影响，也不会获得消费者认知，对它的保护意义何在？所以并非商标一经使用就要保护，只有当它确实在市场中发挥了一定作用，影响了一定的市场格局，获得了消费者的认知，才有保护的必要。这也是依注册获得保护的商标制度不合理之处，注册并不能使商标在市场产生影响，对商标的保护没有太大的意义。在注册制中加入使用的要求，是极为重要的。

那么，对商标先用权的保护在于诸多方面，包括商标与商品指代关系的成立，这种指代关系由消费者建立，所以对此二者利益要进行保护。同时，消费者还会形成积极的评价反馈于商标之上，这是商标的商誉。而对商标先用权人进行保护符合公平原则，在上述几个因素中，似乎商誉的建立与有一定影响相关联。要求有一定影响是合理的，因为他人的商标使用自然产生的结果就是逐渐与商品建立联系，逐渐产生商誉，这是符合市场经济规律的，一个在市场中使用但没有产生任何影响，没有被他人所知晓，没有获得消费者选择的商标是极少的，即使真实存在这种商标，很可能是该商标没有被进行实际、真实、合理的使用。因此可以说，有一定影响是商标使用必然产生的结果，除非该商标的使用不真实。从我国司法审判对商标侵权中商标使用的判断亦可看出，我国商标法对那些只进行了象征性使用的商标是不保护的。

下一个难题就是对"有一定影响"的界定，这不仅是困扰学术界的难题，也是困扰司法界的难题。该表达本身毫无确定性可言，在缺少具体的立法规定或司法解释的情况下，只能通过司法审判予以自由裁量。甚至有时对"有一定影响"解释的表达中会包含其他许多不确定的概念。虽然缺乏具体标准，但应明确一个对"有一定影响"进行判定的大致的准则，如要求较高还是较低。《商标审查及审理标准》规定对可以参照驰名商标的判定因素，参照并不意味着与之一致，对有一定影响的判断显然要低于驰名，否则是不合理的。"一个法律条文之疑难则在于其被考虑到它对某一特定的法律事实之适用时发生。"① 所以，法条在适用时才有被解释的必要，对"有一定影响"而言，需要法官在个案中进行具体的把握，如果一个商标虽然在使用，但只在某一个或几个商店销售，购买者也只及于附近街道，此时可能无法援引先用权条款。故对"有一定影响"的把握还需要考虑地域、消费者、市场渗透度等因素，②要达到在一定的地域市场获得某些消费者认可的程度。

对商标在先使用进行保护的客体是一定程度上在市场中已经确立的权益，这种利益是由商业信誉带来的，缺乏相当范围消费者的认同就不产生商誉。虽然商标先用权人的劳动成果需要保护，但是在注册制商标法中，先用权仍然是对商标专用权人的限制，所以对先用权的保护不应超过一定的界限，"只有（在）先使用人的劳动成果本身的性质符合了法律为其提供保护的基本条件，才能够上升为法律保护的对象"③。"有一定影响"概念包含了太多不确定性因素，因此只能在个案中由法官根据一定的标准进行自由裁量，对"有一定影响"的把握应该适当宽松，从而实现对具有价值的商标进行保护的目的，如有一定影响可以是在一定区域内为相关公众知晓即可，而不能要求达到该地域内的相关公众熟知程度，如果是熟知则可能与之前的"著名商标"所要求的影响力程度相等，而要求在一定区域内相关公众知晓，既表明了该商标的价值已经得以实现，又

---

① 黄茂荣：《法学方法与现代民法》，法律出版社2007年版，第320页。
② 杜颖：《商标先使用权解读：〈商标法〉第59条第3款的理解与适用》，载《中外法学》2014年第5期。
③ 佟姝：《商标先用权抗辩制度若干问题研究——以最高人民法院公布的部分典型案例为研究范本》，载《法律适用》2016年第9期。

不至于对商标在先使用人苛以过重的举证责任,从而在实际上架空商标先用权保护制度。

三、以规范商标使用实现对消费者的保护

商标先用权人与商标专用权人作为商标市场中的竞争者,理应享有公平的竞争机会与环境,因此在对二者的利益进行划分时,既要保证商标先用权人应有的利益,也要对商标先用权人权利的获取作出一定的限制性要求以保障商标专用权人的利益,从而实现二者利益分配的均衡。在这个过程中,消费者的利益亦不能被忽视,在对商标先用权中的利益进行划分时,对消费者的保护也要纳入考量范围,通过对商标先用权人或专用权人设置一定的权力行使限制来保障消费者不受混淆等利益。

(一)附加区分标志

我国《商标法》第59条第3款规定注册商标权人可以要求商标先用权人在其商标上附加区分标志。区分标志的增加可以防止两个相同或近似商标在市场中发生混淆,导致消费者误认,因此既是对商标专用权人利益的保障措施,也是对消费者的保护。对于在已经使用并产生影响的商标上增加标识,其实相当于改变了在先使用商标,保留了核心部分。那么已经有一部分消费者对在先使用商标产生了信赖利益,所以区分标志的增加需要"以一般消费者的理解力为标准,能够明确将在先使用人使用的商标与注册商标区分开来"①。

---

① 李扬:《商标在先使用抗辩研究》,载《知识产权》2016年第10期。

两个相同或近似商标的共存会引发消费者混淆,故需要添加区分标志防止消费者误购,但在已经使用一段时间并产生一定影响力的商标上附加新的标志,对商标先用权人来说合理吗?该附加标志的增加是否会导致消费者的不认可,进而导致商标先用权人市场份额的减少?商标在先使用人先使用该商标并花费大量财力精力,经过时间的考验才获得消费者认可,而注册商标使用在后,很有可能没有实际使用过,为何法律不规定于在后注册商标上附加识别标志呢?

原因在于对我国商标注册制的尊重,按照注册的法律逻辑,在先使用商标没有履行注册程序并不能成为商标法上合格的商标,而且在先商标的存在是对注册商标的权利限制,是对注册制的冲击,在注册商标法中需要对商标使用价值予以限制,这是符合注册商标法的逻辑的。但是从公平与正义的视角出发,要求已经存在一段时间,并且是在先正当使用,并形成了市场利益的商标添加区分标志,而不要求在后注册的商标,甚至没有产生商誉的商标添加区分标志,与法的公平价值是不相符的。但是,严格的注册制对公平的追求是次要的,而通过坚持注册追求安全与效率才是首要的。从法理上来说,要求在先商标附加区分标志不尽合理,从法律制度上来说,要求在先商标附加区分标志符合制度逻辑。

法律没有强制要求商标在先使用人在商标上附加区分标志,而是"可以要求其附加区分标志",即并非所有的在先使用商标都要添加区分标志。而在司法实践中多表现为法院在司法判决中直接表明商标在先使用人是否需要附加区分标志。如在

"蚂蚁搬家"案①中，法院最后要求长沙蚂蚁搬家公司增加适当的区分标志以防止消费者对成都蚂蚁物流公司与长沙蚂蚁搬家公司产生混淆；在"打开音乐之门"商标侵权案②中，法院没有要求北京音乐厅在继续使用过程中添加区分标志，因为该标识实际上已经与北京音乐厅这个特定的服务提供者建立了稳固联系。所以，个案情况不同，法律不能作出强制性的要求。有些商标的使用在客观上已经能够形成区分市场，也各自拥有稳定的消费者群体，因此不需要添加区分标志，有些使用商标与注册商标共存于相去甚远的地域市场，短期内也不会发展至对方市场，或者双方有互不进入对方市场的默契，此时也没有必要要求一方添加区分标志。有些在先使用商标已经在全国市场上进行了销售，消费者对其予以认可，而在后注册商标的发展极为有限，获得不了消费者认可，甚至消费者认为注册商标是在先商标的假冒商标商品，此时更无须过多干涉二者的发展，而应留待市场的选择。

添加区分标志主要是为了防止消费者产生混淆，进而减损商标权人的市场份额。那么添加区分标志一定可以使得消费者将相同或近似的商标区分开来吗？其实不然，实践中，对于如何添加区分标志法律没有明确，因此多数在先使用人只是在主体商标前或后增加小字表明商品来源于哪个主体或地域，而这种区分标志消费者有时很难注意到。与此同时，不论是在先商标的消费者还是在后商标的消费者，他们业已形成了较为固定的消费习惯，一旦在先商标发生了改变，消费者心中对商标的

---

① 长沙市中级人民法院（2015）长中民五初字第00757号民事判决书。
② 北京知识产权法院（2014）京知民终字第134号民事判决书。

认知会产生动摇。由于怕买到假冒商标的商品，因此会花费更多的时间进去区分与挑选，甚至会错买，因此可能导致消费者搜索成本上升。

当在先商标商品与在后商标商品不在同一地区销售时，上述情况发生率可能不高，而当二者的销售市场出现重叠交叉时，消费者的搜索成本上升。其实，对销售市场重叠的商标而言，消费者通过长期的消费选择，已经对某些商标产生了心理认知与认可，此时添加区分标志与否意义并不大。而对于销售市场相去甚远且一时不会出现重叠的商标而言，亦无须添加区分标志。主要是对本来处于不同销售市场的两个商标，随着一方生产经营规模的扩大，注册商标的商品进入在先使用商标的商品销售地域，消费者对在先使用商标形成的信赖利益可能就此被打破，此时需要考虑如何添加区分标志以保证消费者的权益。

至于如何添加区分标志，商标法没有作出规定，需要相应的司法解释或法规、指南进行细化。有学者提出只要添加的区分标志能够表明商品来源于不同的生产厂家即可。[①] 有学者认为"附加标识可以是包装、装潢或者商标下添加说明性文字，可以在商标下用小字加注或者在包装上突出商品来源"。[②] 有学者则认为对添加区分标志要作出严格要求，以能够实现在先商标与在后注册商标的区别为准，防止在先使用商标的存续对商标专用权造成影响，而要在商品、包装或装潢甚至营业场所等

[①] 王莲峰：《商标先用权规则的法律适用——兼评新〈商标法〉第 59 条第 3 款》，载《法治研究》2014 年第 3 期。

[②] 杜颖：《商标先使用权解读：〈商标法〉第 59 条第 3 款的理解与适用》，载《中外法学》2014 年第 5 期。

处添加显著的文字说明其商标与他人不同,而不能在商标下用小字说明,这种标注方式难以起到区分作用,也不是"修改商标本身构造",改变了商标可能就不存在在先商标侵犯在后注册商标权的事实了,或者是改变的商标亦可能较为相近。[1] 添加区分标志只有在需要添加时才进行添加,而根据上述分析,很多情况下无须要求商标在先使用人附加区分标注,要么是消费者形成了固定的认识不会轻易发生混淆,要么是在先商标与在后商标不出现销售市场的重叠,而当二者的存在极容易引发混淆时,需要在先使用的商标添加区分标志。那么该添加的内容需要能够达到让消费者易于区分的程度,这对在先使用人来说亦有好处,可以稳固自己的消费群体,防止消费者将在后注册商标当作自己的商标。一般来说,可以在主体商标前后加上来源产地、生产者的字号、其他文字标志,为了防止消费者的误认,让固有的消费者明确了解到改变了商标的商品仍是原在先商标商品,可以在商品包装上以文字表明该商标与商品是来自某生产者,非注册商标权人。

(二)对"在原有范围使用"的理解

立法将商标在先使用人使用商标限定在"原有范围内",不仅能够保证原来的消费者继续购买到该商标的商品,以维护其消费习惯;而且能够维护注册商标权人的利益,因为商标先用权作为对商标专用权的限制性规定,没有进行注册获得全国范围内的排他性使用权,不能完全地对抗注册商标专用权。我国学界及实务界对"原有范围"争议较大,该范围是指原有的

---

[1] 李扬:《商标在先使用抗辩》,载《知识产权》2016年第10期。

地域范围还是原有的生产规模，或者是原有的商品类别，不甚清晰。同时，既然商标先用权人获得法律保护有其正当性基础，缘何要对其权利行使施加诸多限制。

对于《商标法》第 59 条关于原有范围的理解，有学者从严格维护商标注册制的角度出发，对其进行限缩解释，以最大化地保证注册商标利益，提出在先使用人本可以通过注册获得强保护却没有注册，是其自身原因导致的，不必给予过多保护。① 如此解释有一定道理，但我国实行的是自愿注册的商标注册制度，每个市场参与者都有选择注册与否的权利，强行注册不符合私法的本质特征。而且有时由于市场主体法律意识不强，其没有意识到将自己使用的商标进行注册，如商务印书馆出版了诸多经典书目，但其未意识到"新华字典"已经成为未注册驰名商标；或者是有些申请人申请商标注册时未获得通过，在这些情况下不应对商标在先使用人苛以严格的法律限制，而应在不侵犯他人注册商标权的前提下保障其享有自由经营与发展的机会。法律之所以保护商标先用权，一则是出于商标先用权存在的合理性之考量，二则是为了鼓励商标市场中的竞争，防止出现商标资源的闲置与浪费。其实，商标市场上的侵权纠纷并不可怕，而市场本身竞争不足以及资源的浪费对经济发展才更为不利。

1. 原有商品或服务类别

商标先用权与商标专用权是相同或近似的商标，并且用在相同或类似的商品或服务类别上，这是权利冲突的直接原因。

---

① 李扬：《商标在先使用抗辩研究》，载《知识产权》2016 年第 10 期。

商标先用权的法理反思与制度修正

《商标法》通过对商标专用权加以限制，从而实现对商标先用权一定限度的承认和保护，并且为了维护利益平衡与商标注册制的权威，将商标先用权限定在"原有使用范围"。对这个范围怎么解释，是否要限定在原来的商品类别上，有学者提出，出于对注册商标人利益的考虑，需要严格限定在原有商品或服务类别上。[①] 我国台湾地区"商标法"也规定要以原有的商品类别为限。[②] 是否有必要严格限制先用权人的商品类别，如商标原使用在袋装饼干，是否可以改用在罐装饼干上？对此，没有必要作出限制，因为系争商标本就是相同或近似的，其使用的商品类别也是相同或近似的，既然法律允许该二商标共存，就已经考虑到对消费者混淆的影响，因此作出限制没有实际意义。

那么系争商标能否扩大使用在其他类别的商品或服务上？在市场中，经营者可以根据自主意志自由开展竞争，在不侵犯他人在先权利的前提下，其有权将商标使用在其他类别的商品或服务上。当商标先用权人的商标使用在其他类别商品时，该先用权人的商品或服务类别与注册人的商品或服务类别不同，消费者亦不会对商标来源产生混淆，[③] 该商标的使用与注册商标权人就不再产生冲突，因为商标法实行"同类保护"，此时

---

① 杜颖：《商标先使用权解读：〈商标法〉第59条第3款的理解与适用》，载《中外法学》2014年第5期。
② 曾陈明汝：《商标法原理》，中国人民大学出版社2003年版，第78页。
③ 对于非驰名商标，其知名度一般只限于一定区域内的一定的商品或服务类别上，如小蓝鲸酒楼在武汉本地的餐饮服务行业有一定的知名度，但因该商标影响力没有达到驰名的程度，并且使用的商品或服务类别已经固定，如果有人在儿童玩具上使用"小蓝鲸"商标，即使在武汉销售，消费者也不会对此发生来源混淆，因此商标法对非驰名的注册商标实行"同类保护"。

就没有援引商标先用权条款的必要了，除非注册商标是驰名商标。

2. 原有经营规模

我国《商标法》没有对"原有范围"作出解释，导致对它的理解存在诸多不同意见，有观点认为应该限定商标先用权的经营规模，不能扩大经营以防止出现影响商标注册人市场份额的问题。同时参考《最高人民法院关于审理侵犯专利权纠纷案件应用法律若干问题的解释》的规定，认为专利先用权是为了弥补专利申请在先制度的缺陷，不应对原有范围作宽泛解释，而应限定在原有生产或经营规模内。① 但是商标权与专利权的性质不同，专利权是对技术的垄断性使用，发明人生产规模的扩大会直接影响专利产品市场。专利技术具有替代性，当市场中出现相同的可替代的技术时，消费者选择哪一个都可以满足其需求，此时选择价低者即可，因此当专利先用权人与专利权人的专利技术产品处于同一市场时，有可能会出现产品的价格战，不利于市场竞争秩序的维护。而且由于替代性因素，当消费者选择了先发明人的专利产品就必然对专利权人的利益造成影响。

商标与专利不同，商标使用的商品不像专利技术那样具有可替代性，消费者在购物时会对比价格、外装、颜色、商品质量、售后服务等多种因素，并非相同类别的商品即可替代消费者之前的选择。而且商标法保护的是商标来源不受混淆，只要

---

① 佟姝：《商标先用权抗辩制度若干问题研究——以最高人民法院公布的部分典型案例为研究范本》，载《法律适用》2016年第9期。

在先使用商标与在后注册商标没有让消费者误认误购，二者就可以在同一市场共存。商标先用权人对经营规模的扩大亦不会影响注册商标与商品之间的指代关系，消费者选择谁的商品主要取决于其是否诚信经营，商品质量是否有保障，服务水平如何，商品包装是否美观，谁的促销力度大等，而不是生产规模大就一定获得消费者认可。当然，基于市场的自由、公平竞争，商标先用权人与专用权人谁获得了竞争优势，其生产规模即有可能随之扩大，这是市场竞争的必然结果。

但是如果其商品质量出现了问题，消费者就不会再进行选择，如三鹿奶粉，因此不必对先用权人的生产规模予以限制。虽然两个商标共存，但是如果注册商标质量堪忧，会逐渐退出市场竞争，这是市场选择的结果。为了保护市场竞争利益，商标法应该对在先使用商标进行保护。如果严格限制商标先用权人生产规模，则先用权人时刻担心其生产的扩大可能引起侵权，需要采取措施避免侵权的发生，即使市场有需求亦不能扩大生产，这与商标法对商标先用权进行保护的初衷是背离的。不管是哪个商标，立法都不应给予过多干涉，而应尊重市场规律，由市场自己进行调节，实现优胜劣汰。对于商标而言，当商标上所承载的商誉逐渐增高，理应获得优势的竞争地位，此时不能以权利来对竞争利益进行划分，而应以利益大小分配竞争者的竞争条件，从而实现法的公平价值。

3. 原有地域范围

在对《商标法》第 59 条第 3 款"原有范围"的理解中，将其解释为原有地域范围的观点居多。我国商标纠纷司法实践也多把"原有范围"界定为地域范围。如"蚂蚁搬家"案[①]中，法院要求长沙蚂蚁搬家公司在原有范围内使用该商标；"蒋有记"老字号商标案[②]中，法院也要求南京老夫子公司在原有地域范围内使用该商标，即贡院12号这个店址；"小肥羊"商标纠纷案[③]中，法院亦要求周易平在其经营的实体营业"周一品小肥羊店"上继续使用"小肥羊"商标。美国通过普通法上的诸多判例，可以看出普通法商标受保护的地理范围仅限于消费者能够"认知并识别"该商标的区域。其实，在商标法层面上理解原有地域范围，不能仅从地理位置上进行理解，因为商标法保护的是商标的商誉和商标所有人的信用所引起的社会关系，对商标使用的范围进行界定，应该以该商标的商誉所覆盖的区域为准。例如南京老夫子公司虽然店址是固定的，但是通过经营，其商标的影响力早已超出该店址，甚至整个南京市或者周边地区的人也认可南京老夫子公司的食品质量和口味，因此不应限制南京老夫子公司仅仅在原店址使用系争商标。

而对于在先使用商标而言，法律保护其业已形成的商标利益，即商标上的商誉以及该商誉所影响的地区内消费者的权益。但是如果在先使用商标所有人扩大生产，将商品销售至新的地区，这必然会影响注册商标专用权在全国范围内享有的排他权。尤其是当注册商标是在全国范围内都较为知名的商标，若在先使用商标进入注册商标其他的地域市场，很容易引起消费者的

---

① 长沙市中级人民法院（2015）长中民五初字第00757号民事判决书。
② 江苏省高级人民法院（2013）苏知民终字第37号民事判决书。
③ 广东省高级人民法院（2014）粤高法民三终字第27号民事判决书。

混淆，所以限定在先商标使用的地域范围有其合理性。但是若在先商标适用范围的扩大发生在他人的注册申请前，则该"原有范围"实质上就是较大的地域范围甚至可能是全国，那此时再要求先用权人在"原有范围"内使用在先商标就没有意义。因此，对"原有范围"的理解要结合具体的情况进行分析，法律作出这种原则性规定的目的之一应该是赋予法官自由裁量权，依据实际情况作出不同的判决。

  法律限定商标先用权人的商标使用范围，是为了保护商标专用权人的商业利益，当然也可以防止消费者混淆。那么注册商标能否进入先用权人的地域市场进行销售呢？从注册商标权本身分析，它是依法取得授权，在全国范围内享有排他性使用权，因此注册商标可以进入全国任意的地域市场。但是如果注册商标进入了在先使用商标的地域市场，由于二者商标相同或近似，即使附有区分标志，也极有可能引发消费者混淆。此时，法律无法强制阻止注册商标对地域市场的选择，但商标先用权人可依据《反不正当竞争法》主张权利，如消费者将注册商标误认为在先使用商标从而发生误购，此时可主张注册商标攀附在先商标在该地区享有的商誉，即市场主体竞争行为所引发的问题留待市场去解决，行政权力不应加以过多的干涉。当然，也有观点认为不应限制在先商标使用的地域范围，当商标先用权人的商标和商品进入了新的地域市场，如果在新的市场与商标专用权发生了冲突，则可诉诸法律解决，行政不应对此加以过多干涉，这也是我国商标法变革的思路。有学者指出，商标先用权获得的不是全国性的排他使用权，而只是在其原有地域内获得了一定程度的排他权，因此不能扩大地域范围。其实商标先用权人在其原有地域范围内亦没有获得排他权,它的存在与实施没有侵犯注册商标专用权。因此,从这个角度考虑,即使在其他地域市场销售,二者也应可以共存。

4. 互联网发展对地域范围界定的挑战

互联网及电子商务的快速发展对在先使用商标原有范围的界定提出了挑战。首先是网络上难以进行地域范围的划分,互联网是一个互联互通的整体,如果在先商标与注册商标都在互联网上进行宣传与销售,则无法进行具体的市场划分。如北京稻香村与苏州稻香村,二者都在淘宝上开设了网店进行商品销售,此时只能通过在商标上附加区分标志及其作出文字说明等来提醒消费者谁是北京稻香村、谁是苏州稻香村。其次,线下地理范围上的限定能否影响线上的商标使用和商品销售。如果在先商标权人在注册商标申请前没有在网上进行宣传或者销售,在注册商标申请后能否在网上销售?有观点认为应严格限制商标先用权适用的范围。

但在互联网时代,如果不允许在先商标权人在网络上进行广告宣传或者销售,无异于扼杀了其发展前景。尤其是随着互联网多媒体的发展,网络化的经营已经势不可挡,不仅是在淘宝上开设店铺,还有众多的外卖平台,年轻人也更倾向于网络购物。其实,互联网的发展已经模糊了地域的边界,在上海也能买到新疆的特产,在中国同样可以通过海淘买到外国的商品。在这种发展形势下,严格地区分地域市场意义已经不大,即使将在先商标限定在特定地域范围内使用,如果其商品性质可以邮寄,则在先商标的影响力已经由线下发展到线上,甚至通过网络媒体的推介,加之其商品的良好质量,可能在全国范围内都享有了声誉，此时线上销售所带来的全国性的影响力，能否打破线下地域市场的限制？值得思考。

对于那些可以通过网络销售的商品而言，其消费者可能遍布全国，声誉影响范围也较大，对他们没有必要限定严格的适用范围。对无法进行网络销售的商品和服务行业，即使其声誉已扩展至全国，但由于其消费者依然固定在原有的地域内，其他地方的消费者只能成为"潜在消费者"，而潜在消费者与商品或服务并未建立实际的联系，潜在消费者对商标的认可也只是基于广告宣传或他人评价，可以说是一种潜在的心理认可，在消费者口碑中形成的商誉亦是"潜在商誉"，这些概念是"从商业拓展的角度出发的，潜在商誉旨在合理、可能的发展区域内，给商标在先使用人预留一个呼吸的空间。"① 当然，对于这个理论争议很大，而不可否认的是，互联网的发展给传统的商标法理论带来了挑战，如对使用范围如何判断。商标使用的地域属性也受到前所未有的冲击，在网络环境下，商标使用的地域市场变得模糊，传统的面状的地理边界认定显然无法准确反映网络环境下商标使用的地域。法律的修订永远追赶不上网络的发展，所以立法中原则性的规定越来越多，这就给法律事务工作者留下了自由适用法律的空间，使得对相关商标争议的判定随着技术的发展而处在动态调整之中。

---

① 冯艳、柏玉姗：《商标先用权能否"跨入"互联网》，载《中华商标》2016年第1期。

第三节 商标先用权的立法完善

一、商标法中商标权取得制度的取舍

通过使用取得商标权具有逻辑上的合理性，与商标价值形成规律相一致，也与商标的产生及发展趋势相符合，并契合了法的公平正义价值。① 但是由于商标使用取得模式下的商标权归属判定存在不确定性，② 容易引发权属纠纷，同时使用取得商标权与现代市场经济所需要的效率价值相悖，③ 因此逐渐被注册取得模式所取代。注册制的产生有其内在的合理性，商标

---

① 公平正义是法律追求的最终目标，是符合人类的传统道德观念和价值追求的。就商标使用而言，经营者对其商标及商品投入精力、物力、财力，不断向消费者传递商品信息，使消费者能够认牌购物，降低搜索成本，提升购物效率。因此法律自然要对经营者的劳动投入进行保护，同时商标使用也是商标上商誉形成的正当途径。

② 构成商标的要素是一种无形的公共资源，任何人都可以拿来使用。在缺乏有效的公示途径的背景下，可能出现多人同时使用某一或某些商标资源的情形，同时商标使用的地域范围无法进行准确的划定，就会出现多个主体使用的情况。而"在先"与"使用"都是随意性极大且不易举证的，因此在法律上很难界定谁是商标的最先使用者，从而导致商标权属纠纷较多，使得商标权具有不确定性，随时面临因他人的在先使用举证而归于无效。

③ 在使用取得商标权模式下，经营者欲进行商标使用，需要投入一定资金进行商品的生产与经营，这既需要花费时间也需要大量资金，而注册取得模式下不要求经营者进行预先的投入即可同时申请获得商标权，这些投入为经营者增加了成本。同时由于使用取得模式下发生权属纠纷风险大，必然影响经营者的积极性，进而影响市场整体的活跃度，而这些风险的存在不利于交易安全的维护，这都导致了商标交易成本的增加，与现代经济快速、高效的要求相悖。

的无体性是注册取得模式的内在要求,① 而市场交易对效率和安全的追求则是催生注册取得制度的直接动因。② 所以,商标权的使用取得与注册取得各有优劣,当今世界上美国仍坚持商标权的使用取得模式,其他大多数国家和地区都逐渐采用注册取得商标权模式或混合取得模式。如作为大陆法系代表性国家的德国,从坚持纯粹的注册取得制度转向兼采使用取得与注册取得两种模式的混合制,即德国承认使用与注册都能产生商标权,甚至在一定条件下,注册商标常常因存在其他在先使用的商标而被撤销。③ 我国商标法律制度起步较晚,可以说实质性的发展是在改革开放之后,因此我国的商标法多移植于域外,同时又具有自己的特色。

从理论上分析,商标作为符号没有自己独立的价值,其价值实现途径就是通过使用获得商誉。因此不论商标是否注册,均不影响商标的价值实现,即只要商标被投入市场进行使用,久而久之就会产生价值。但是我国商标法规定商标权依注册产生,以立法的形式强制赋予完成注册程序的主体以商标权,这

---

① 知识产权的客体是知识产品,商标不像有体物那样可以进行实际的占有与交易,商标权利的边界也因此容易变得不清晰,所以为了使得商标权人能够清晰地获知商标权的边界,方便地进行商标权的许可与转让,就需要一定的方式对商标权进行公示,因此注册制应运而生,这不仅使得商标权具有了公示公信效力,而且使得商标权更加稳定。

② 商标权注册程序包括形式审查、实质审查、异议、无效宣告等程序,由此保证了权利的稳定;而经由注册取得的商标权是对全社会进行公示的,可以使其他主体轻松获知该注册商标相关信息;商标注册在商标纠纷中具有证据效力,可以在一定程度上证明涉嫌侵权人的主观恶意。由此,商标权注册取得制度通过对商标权取得与变动进行公示、备案,使得商标权的权利边界清晰,权利归属更加稳定,权利交易更加安全与高效。

③ 如《德国商标法》第9条、第12条等规定。

与使用产生商标权益相悖，使得符号脱离了商品与商标使用，依据注册程序获得了独立的价值，这是商标制度的异化。一个商标在投入使用前没有价值，甚至是投入使用后也需要一定的时间才能积累商誉。当前我国的注册制将商标注册作为确权程序，非依注册而不获权。但依注册而获得的商标权与取得商誉之间存在时间差，注册商标未经过使用没有取得商誉，那么法律为何要保护一个没有商誉的客体呢？没有商誉即意味着没有在市场中形成利益格局。尤其是当此类商标已经使用并享有商誉，只是未履行注册程序的商标产生利益冲突时，该保护谁的利益？这都是单纯的商标注册制带来的弊端。

（一）我国商标注册制的产生与流变

我国有实行商标注册制的传统。清政府晚期为了保护外国人在华商标权益而由英国人于1904年参照英国的商标制度为中国制定了《商标试办注册章程》，所以我国的商标制度"乃缘外力而非内发"。从彼时起，就在中国种下了注册制的根基，此后的一百年间，中国的商标法律制度经历了变动与修改，而商标注册制却一直被保留下来，使得我国有商标注册的传统。即使后来北洋政府、南京国民政府都颁布了各自的商标立法，但注册制没有改变。中华人民共和国成立后，我国的商标法律制度获得了进一步的发展，但彼时的商标法与当时的经济制度密切相关，如为了适应计划经济的需求而制定的1963年的《商标管理条例》没有将商标权作为受保护的对象。改革开放后，随着1982年《商标法》的颁行，我国的商标法律制度才进入新的发展阶段，但注册取得商标权制度一直没有改变。

固然，这与注册制的优势分不开。它有利于准确确定商标权的归属。与使用取得制度下所形成的法律关系相比，注册取得制度下形成的法律关系更明确，因为注册是将相关信息准确登记在行政主管机关的登记簿上，为权利的取得提供了明确的判断依据，当发生纠纷时就有据可查，尤其是知识产权是一种无体财产权，商标作为知识产权的一种，也具有无体性，并不像有体物那种真实客观的存在，因此商标权的边界不甚清晰，其转让、许可、保护都由此增加了困难。而有了注册制，即以注册登记的信息为准即可。同时注册取得原则更符合现代商业发展的需求，它避免商标权属纠纷，降低诉讼成本从而有利于企业争议成本的降低。商标注册制通过公示程序明确划定权利范围，为有序的竞争秩序的建立奠定了基础。而对企业来说，其在申请注册商标前无须进行商标的实际使用，这为其节约了一定的投资成本，而当其获得商标注册后，可以结合该市场的实际竞争状况考虑是否要利用该商标展开经营，若其放弃经营则三年后该商标会被撤销，损失无几。而对已经使用商标的经营者来说，当其面对商标权纠纷时，可以依据其注册信息减少举证负担，节约诉讼成本。所以对现代经济发展来说，注册制是适合其快节奏、高效率的需求的。

同时与我国国情也有关系。我国是传统的成文法国家，普通法上的欺诈之诉并不适合我国，而美国依据使用产生商标权带来的权利变动性又与我国的法律传统不符，所以注册制是最适合我国的商标取得制度。也与我国经济发展现状有关。我国经济高速发展，因此对效率和秩序的追求是首要的。同时，为了刺激经济发展，交易成本的降低成为必要，如开设有限责任公司不要求实缴资本都是为了经济发展而设。再者，经济高速发展，市场上各种新类型的不正当竞争行为不断涌现，因此对效率与安全的追求更为主要，这些因素都决定了注册制是适合我国当前经济发展状况的。但是，我国的注册制也需要进行改变，汲取商标使用取得的优势并将其融入立法。

（二）纯粹的注册制已成为先用权保护的桎梏

商标财产权的获取需要表与里的结合，即商标标识与指代功能、商誉的结合，这才是符合商标财产权形成的规律。但是在我国单一的注册制下，商标通过注册申请审核就可以获得拟制的财产权，并可以对抗与之相冲突的商标使用行为，也可以依据立法获得周全的诉讼利益保障。而非驰名的未注册商标虽然也能够在市场中发挥同样的作用，但并不能在现有的法律框架下获得周全保护，甚至未在商标法中获得承认，只是在个别条款上享有有限权利，比如对抗恶意的商标抢注。其实，已经实际使用并产生影响的未注册商标更符合财产权的要求，而只注册未使用的商标获得了法律拟制的权利。

对于未注册商标的保护，在反不正当竞争法层面，除了狭义的商标以外的如知名的商品包装、装潢、企业名称与字号、域名、笔名等，广义上的未注册商标可以依据《反不正当竞争法》获得一定的保护。那么，对狭义上的未注册的商业标志，似乎并不能依据《反不正当竞争法》的市场混淆条款主张权利保护，也无法在《商标法》中找到保护的依据。当有人擅自使用他人未注册的商标，但没有申请注册，只是擅自使用，按照严格的法律解释来说不能依据上述条款主张权利，不得不说这是法律缺乏衔接的后果，导致了现实中大量实际使用的未注册商标得不到应有的保护。其实，在自愿注册制度下，经营者可以自由选择使用的商标以及是否注册,有时灵活的经营策略反倒有利于商品规模的扩大。由于商标注册有大量的禁止性规定,许多适合在经营中使用的商标可能无法获得注册,因此也有一些经营者不进行商标注册申请。不管是否进行了注册,其发挥的价值是一样的,但是在我国的注册制下,不注册就无法获得全面保护,这种规律似乎是在倒逼商标使用人去申请注册。即不注册权利就得不到有效保障,这与商标法的私法属性存在一定的冲突,私权就应该留待权利人进行自由处分,而法律不应加以过多的干涉,只有当私权的实行触碰了法律边界时,法律才会对之加以制约。

依据我国的商标注册制,商标权的取得实则是一种行政赋权,由国家赋予合格的申请人以商标权,而不是按照商标权产生的规律——使用获得商标权,这使得商标法在一定程度上具有了准行政法的意味,这与商标及商标市场的发展规律是不相符的。同时,我国的商标法侧重于对商标进行行政管理,对干扰商标市场秩序的行为进行打击,这使得我国商标法的行政管理色彩浓厚。正是由于制度上的缺陷,立法仅仅在一定程度上给予先用权人保护,但该保护远不能满足先用权人对商标使用的需求。想要改变这种现状,需要在我国商标法理念与制度中植入"商标使用"这一原则,但我国较为严格的注册制使得我国商标环境缺乏商标使用滋生的土壤,商标使用无法按正常的规律孕育、成长于商标制度之中,若在商标法中强行增加关于商标使用的内容,则显得与整部法律乃至整个商标法制度格格不入。鉴于商标使用的重要性,我国的商标法律制度有必要通过修正来接纳商标使用。而需要修正的不仅是具体的商标制度,更是商标法的指导理念,即理念的变革带动制度的进步。

(三) 我国商标权取得模式的重新审视

使用取得与注册取得是商标权取得的两种基本立法模式,前者代表了法的公平价值取向,后者代表了法的效率价值在商标法领域的体现。公平与效率都是法的基本价值,在不同部门法中也都有体现,甚至在一定条件下是相冲突的,如何实现二者的有效统一,是值得思考的难题。所以,各国在商标取得模式上亦在追求对公平与效率的兼顾。其实,不论是实行注册取得商标权的国家还是实行使用取得商标权的国家,他们都以合理均衡作为指导理念,并通过立法设计实现注册与使用价值的均衡。①

注册制因其在权利归属与效率上的优势而受到多数国家的青睐,现已经成一种主流的商标权取得模式,与世界经济法发展也密切相关。如《巴黎公约》在 1883 年就规定了商标注册,1996 年的《商标法条约》和 2006 年的《商标法新加坡条约》也都规定了注册取得商标权;大陆法系国家大都采用注册取得商标权模式,但是德国已经作出了修正,承认注册与使用都能产生商标权,而日本、韩国等国家亦只承认注册确权的效力;英美法系一些国家采取注册制,有的国家实行使用取得制,有的采用混合制,美国虽然一直坚持使用取得商标权,但通过联邦立法的修订,也在尝试商标注册制度,但美国的商标注册不是确权依据,只是用来加强商标权效力。所以注册制成为主流

---

① 彭学龙:《寻求注册与使用在商标确权中的合理平衡》,载《法学研究》2010 年第 3 期。

的商标权取得模式,即使对商标使用有所重视,但以注册原则为主导的商标法律框架业已逐步形成,因此在知识产权跨国贸易不断发展的今天,实行注册制更符合主流趋势,也有利于知识产权国际贸易的开展。法律制度尤其是与市场发展紧密结合的市场制度的确立,与经济发展状态是密切相关的,注册制的地位是经济发展所决定的。

当然,近年来商标取得制度另一个发展即为商标使用理念对商标权取得模式的渗透,商标使用逐渐为人们所重视,而使用价值与注册价值相融合的商标法律制度也是未来商标法发展方向之一。实行注册制度的国家鉴于注册制的缺陷与单一性,会逐渐地重视商标使用所带来的公平价值正是注册制度所缺乏的,因而会将商标使用的理念融入注册制商标法,在未来不仅注册商标,未注册商标也会获得法律保护;而实行单一的使用取得模式的国家,则会欣赏注册制的公示公信效力,将之引入以加强使用商标权的稳定性。趋利避害是人的自然属性,在选择法律制度时亦是选择最优与最合适的。[1]

前者如德国。德国最初实行单纯的注册制,但随后使用原则被现行立法所直接引入,成为商标权产生的依据之一,使得德国的商标权取得制度由单一的注册制变成现在的混合制。瑞典、丹麦也通过对立法修改引入了商标权使用取得制度。日本虽然没有实行使用取得商标权原则,但日本商标法也要求商标注册要以使用为目的,同时通过其他条款强化对商标使用的维护。当然日本商标法中,商标获得注册时"使用"要件既可以

---

[1] 罗晓霞:《竞争政策视野下商标权取得制度研究》,载《法学杂志》2012年第6期。

是实际的使用行为，也可以是具备使用意图。① 后者如英国。英国早期是使用取得商标权的国家，基于这一原则创设的欺诈之诉也影响深远，随后又建立了商标注册保护制度。所以，单一的使用取得模式与注册取得模式都有其弊端，但在商标注册取得成为主流的形势下，商标使用的理念也在不断加强，"反映了各国对商标保护正当性和公平性的追求和理性回归"②。

对我国商标注册进行重新审视与完善是十分必要的，它不仅会使得我国的商标法律制度内在逻辑更通顺，还会提升整个商标法的完整性。通过对商标先用权产生的价值基础的考察，可以发现对商标使用的认可是其获得保护的理论依据之一，但在我国当前较为单一的注册制度下，对商标使用价值采取有限的承认，这也是扩大对商标先用权保护的理论障碍。商标先用权问题是相对于注册商标权而言的，当法律开始保护履行注册程序的商标权以后，未履行该程序的商标使用行为似乎就得不到保护。但该种保护是否能剥离于注册制？显然是不能的，不同国家实行的商标注册制也不尽相同，他们对商标在先使用的保护更是大相径庭。对于商标先用权而言，考虑到其产生和保护的基础，商标使用的重要性就更为突出。如果商标法认可商标使用的价值，那么使用而产生的商标权比如未注册的先使用商标权自然可以得到法律保护，尤其是在使用取得商标权制度下，注册的价值仅仅是所有权的声明，是公示价值的体现，可

---

① ［日］森智香子、广濑文彦、森康晃：《日本商标法实务》，北京林达知识产权代理事务所译，知识产权出版社 2012 年版，第 26 页。
② 王连峰：《我国商标权利取得制度的不足与完善》，载《法学》2012 年第 11 期。

以说使用取得制度很好地保持了商标注册制度的原始功能,并通过使用价值的提升来降低注册价值,使商标权取得建立在诚实信用这一基础之上。

结合上文的分析,我国有实行商标注册制的传统及现实要求,但是我国的注册制却具有较强的行政管理色彩,没有履行商标注册程序的未注册商标即使在市场中已经形成了利益范畴,也无法获得商标法的保护或者说周全保护。① 因此,虽然我国商标法应该坚持注册制,但应对注册制进行完善。当前,"我国是一元的商标权取得结构,将注册作为唯一的结构要素,忽视使用的价值"②。但我国的商标权是否能建立在注册与使用的二元结构上,是将使用当作商标权取得要件之一,还是改为唯一的取得要件,或者是将之作为商标权保护要件?

结合我国当前的经济特征和所处的发展阶段,不宜像德国那样直接将使用作为商标获权要件之一,但可以像日本那样,强调商标申请注册时对使用的要求(实际的使用或意图使用),也可以在商标权依据注册取得后的商标使用、维持、侵权程序中贯彻商标使用理念,③ 通过强调"使用",给商标权人施以压力,从而纠正因商标注册低成本而产生的诸多问题。从商标权产生的正当性基础来看,商标权获权既需要基于使用的正义与公平作为价值基础,又应当考虑注册确权带来的效率价值。使用与注册相融合的商标获权模式将逐渐成为主流的商标权取得

---

① 此处亦是将驰名的未注册商标排除在外的。
② 付继存:《商标法的价值构造研究——以商标权的价值与形式为中心》,中国政法大学出版社2012年版,第249页。
③ 对此,本章第一节之一"对商标使用主义的理性回归",已经作了详细分析。

模式，而通过强调商标使用来克服商标注册制度的缺陷也已成为各国的共识。从我国的国情、法律传统、经济发展特点等方面综合考虑，应该在实行商标注册制度的前提之下，融入商标使用理念，降低注册的"唯一价值"论调，并且将商标使用嵌入商标获权、维持、侵权各个阶段，以此来克服单一注册制度缺陷，实现我国商标法的实体公平。

二、商标先用权的重新定位

我国于 1982 年制定《商标法》，此后分别于 1993 年、2001 年、2013 年、2019 年[①]进行了 4 次修正，修正频率保持在每 6~10 年一次。这是由于商标是与市场竞争联系最为紧密的法律，也是操作性极强的法律，而市场利用商标进行竞争的情况变化快，经常出现新的无法为法律所涵盖的问题，因此《商标法》的修正频率较高。虽然我国《商标法》已经多次修改，但其中存在诸多规定不甚清晰或不合理之处。

商标先用权保护虽然是商标法中较为微小的点，但商标先用权的存在有其合理性，对商标先用权的保护也有正当基础及必要性，对此，我国《商标法》第三次修正时已作出一定程度的回应，但是对商标先用权应给予多大范围与多强力度的保护，却仍留有疑问。目前，我国《商标法》将商标先用权作为对注册商标专用权的限制性规定，然而经过分析可知商标在先使用

---

① 国家知识产权局于 2018 年年底启动了商标法第四次修正工作，并委托中华商标协会组织相关课题调研，分为 20 个课题组并委托相关高校科研人员、商标实务人员等对商标法中存在的问题分类进行研究，旨在通过此次修法解决商标授权确权程序的复杂、商标恶意注册和囤积现象多发、商标共存、商标权保护力度不足等问题。

与商标合理使用不是同一地位与水平的制度。合理使用是基于商标取自社会共有领域，理应为其他人对商标的正当使用留有空间而设立，是注册商标与社会公共利益权衡后对公共利益的保留与尊重，但合理使用的范围仅仅局限于法条列举的几种不涉及商标专用权人竞争利益的情形而已。而商标在先使用获得保护则是基于其在先且正当合理地使用商标所产生的利益，商标使用本应是商标获权的正当性基础，亦符合商誉增值的规律，因此《商标法》对商标先用权的保护是对现存的市场中正当竞争利益的尊重，而且对商标先用权的保护必然会影响注册商标专用权的利益，甚至二者有时是在同一地域市场开展竞争的直接竞争者，所以二者经常发生利益冲突。司法实践中类似案例极为常见，故而对商标先用权保护范围的划定就显得尤为重要。

对商标先用权的保护，说明了我国《商标法》除了重视效率与秩序，还追求法的实体公平与正义。在利益权衡中，各方对利益的占有是此消彼长的，因此对商标先用权人进行了利益保护，必然会对与之相对的注册商标专用权人的利益产生一定影响。在同一产品市场中，存在与之相同或近似的商标分割市场份额，这对注册商标权人来说必然是不乐意的。所以，注册商标人主张严格限制商标在先使用人对商标的使用利益范围，尤其结合我国的注册制，使得这种限制在法律设计上也有体现，即注册商标法天然地将天平偏向注册商标人，保证其在竞争条件的获取上处于优势地位，而在先使用人则无法均衡地享受商标资源与竞争条件。但对商标先用权人的限制是否合理，值得思考，从法理上出发考虑，商标先用权人与专用权人都是商标的正当使用者。商标先使用人基于实际的使用行为自然地对产生的利益享有权利，这符合朴素的自然法则。同时，在公平竞争的语境下，二者也应获得平等的竞争条件。

而要想实现对商标先用权人的保护，势必要从我国商标取得制度出发进行思考。由上文分析可知，对商标注册取得模式进行彻底的颠覆式改革不现实，以商标使用作为商标赋权的标准不符合我国经济发展实际，但却不得不在制度设计中考虑商标使用对商标赋权的影响。在商标权取得、维持、侵权判定中进行局部调整，将商标使用的理念落实到具体的立法制度中，如强调在商标权取得阶段实际使用或使用意图的重要性，由申请人向有关机关递交使用声明，并在商标权取得后由主管机关进行定期检查，看注册商标人是否都按照声明履行了实际使用商标的承诺。

同时，当前我国司法实践中对商标使用判定时持宽松要求，甚至一些象征性的使用经常被法院判定为维持商标权有效的证据。如"商标掮客"为了维持其大量囤积的商标持续有效，会在三年撤销期到期前进行象征性的使用，与他人签订生产合同或进行广告宣传，但是这些象征性的使用行为不会对商标价值的增加产生任何影响，也没有对商标市场的发展作出贡献，不应被视作真实的使用行为。因此，此次修法需要关注"连续三年不使用撤销"制度，对其中使用的具体判断作出界定，以有效清理闲置商标资源，防止不使用的注册商标阻碍他人的正当使用。同时，现有法律规定由"任何单位或个人"对连续三年不使用的商标申请撤销，即"不告不理"，那么现实中必然会存在大量无人申请撤销但没有实际使用的商标占用商标资源，故而可以规定以商标权取得三年为期，在到期前由商标权人向主管机关提交使用了商标的证据，如果没有按时提交又缺乏正当理由的，商标主管机关亦可以主动撤销该商标权，从而保证商标市场的健康发展。而在商标侵权判定中，除了混淆标准以外，还需要辅之以"商标使用"标准，综合对涉嫌侵权行为作出判定。因为对在先商标的侵权有时难以在商标法上找到解决依据，那么在司法审判中，是否对在先商标进行了商标性的使用，是否攀附了其商誉，成为侵权判定的重要依据。

当前《商标法》中的商标在先使用条款较为简单，其中又包含了诸多不确定性的表达，导致该条款在实践中缺乏可作用性，只能指导法院作出一般的原则性判断，也导致了针对类似案件不同法院作出不同具体要求的判决结果。此外，由于该法条的表述是将商标先使用人的权利限缩为"继续使用不侵权"，没有规定其可享有的积极权利有哪些，出于对严格的"法定主义"的遵守，许多法院不认可商标在先使用人享有积极权能。再者，该法条还对商标在先使用人的继续使用行为作出诸如"在原有范围使用""有一定影响"、可被要求"附加区分标志"等限制性要求，这都体现了我国立法对商标在先使用这种限制注册商标权利的现象持谨慎态度。

但"原有范围""有一定影响""区分标志"都缺乏确定性标准，法律亦未多作解释。"原有范围"是指产品类别范围还是企业规模抑或地域范围，不得而知；如何判断"有一定影响"，与驰名商标相比影响力需要降低多少，是否需要在一定地域内考察，都不甚清晰；如何添加"区分标志"，什么样的标志才是合适的，能够防止消费者混淆的，这些问题都有待以后修法加以解决。① 同时，该条款只是指明了商标先用权人享有继续使用不侵权的权利，但根据《商标法》上下文的分析可知，商标先用权人在没有援引该条款进行抗辩之前，可以对他人就相同或近似商标的注册申请提出异议，以阻却他人的注册，但从法条分析可知应不能阻却他人善意的注册，而对他人主观恶意的证明难度大，这都需要此后修法的关注。同时，商标先用权人可以在一定条件下对注册商标请求无效宣告或申请撤销。② 而商标先用权人对这些权利的行使，是从商标法理论出发所获得的，第59条第3款没有进行规定，因此需要此后修法对法条进行衔接。将商标先用权的规定加以明确、对其保护加以强化，是对商标及商标权产生规律的尊重，是对商标法的正当价值的实现，也是对公平竞争的追求，同时可以保证消费者在商标先用权与专用权利益争夺中不受混淆。

三、反不正当竞争法对商标在先使用的保护

从广义上的商标概念出发，《商标法》与《反不正当竞争法》都是保护商标的立法，前者是主要的商标保护法律，但以对注册商标的保护为核心，同时侧重对商标的行政管理，维护商标市场的秩序稳定。而后者则是调整市场竞争关系的法律，因为商标的使用效果会影响市场竞争秩序，甚至商标有时被用

---

① 本章第二节已对此作出翔实的分析与探讨。
② 对此，理论界仍有争议。有观点认为对商标先用权的保护应严格限制在《商标法》第59条第3款规定内容之内，商标先用权人不应享有除此之外的其他权利，此即严格的法定主义。而有观点则认为商标先用权人亦是普通的商标使用人，其可以依据相关规定主张异议权、无效宣告请求权等权利，这是符合法的一般性规定的。

作不正当竞争手段以打击其他的竞争对手，因此《反不正当竞争法》要对用在市场中的商标进行调整。但《商标法》是主要的商标制度保护法，而《反不正当竞争法》只能在《商标法》之外进行有限的调整，需要与《商标法》进行连接，且不能与之相冲突、重复。所以，《反不正当竞争法》主要是对《商标法》所未覆盖的未注册商标的保护，包括有一定影响的商品名称、包装装潢、企业名称、域名、网站名称等具有识别性，并可以产生商誉的客体。而保护方式有直接的市场混淆条款，也有兜底性的一般条款、诚实信用原则等。

但是在司法实践中，可以发现大部分商标侵权案件的案由都包含"不正当竞争"，这主要是从对竞争利益的损害上来说的。因为商标与竞争联系最为紧密，商标使用行为引起的直接效果就是商标权人亦即经营者市场份额的变化，如果发生他人故意攀附知名商标商誉的情况，直接的后果是会导致消费者混淆和误认误购，引发其市场份额减损的后果。因此商标使用行为是竞争行为的一种，不当利用他人商誉为自己带来利润，属于不正当竞争行为之一，但是攀附他人商誉，如将他人商标用作企业名称，并不能依据《商标法》予以解决，也不能依据《反不正当竞争法》第6条加以解决，此时需要用一般条款、诚实信用原则等概括性规定对这种不正当竞争行为进行认定和解决。再进一步想，对于在先使用商标而言，虽然《反不正当竞争法》也没有作出直接的规定，那么是否可以在《反不正当竞争法》中援引上述条款对在先使用商标的相关权益进行保护呢？

使用商标的主体，不管是使用注册或未注册商标，该主体在市场中进行商标的使用,借此开展经营,他们就是市场中的经营者或者说竞争者,其使用商标的行为也就是具体的竞争行为,这是商标与竞争关系的具体体现,也决定了反不正当竞争法与商标保护紧密联系。在美国,商标法或者说商标保护被认为是广义上的反不正当竞争法律制度的组成部分,这与美国的法律制度有关。商标的价值在私法上表现为财产价值,这是英美的欺诈之诉类侵权诉讼对商标进行保护的基础,而商标经过使用具有了商誉,商标的财产价值就取决于商誉的高低,同时商誉亦是商标受到反不正当竞争法保护的理论基础。市场中的竞争者为了攫取他人的市场份额,以不正当竞争的目的擅自使用他人的商标,攀附他人商誉,是与反不正当竞争法及商标法所追求的价值目标相悖的,自然要受到应有的规制。由于法律条文的有限性,市场上竞争行为的多样性,使得有些竞争行为在立法规定中找不到对应的法条,甚至不少司法判决以《反不正当竞争法》中概括性规定如一般条款、诚实信用原则,甚至反不正当竞争的基本理论与原则性规定作为侵权判定的依据。

《反不正当竞争法》对商标的保护是有限的,在法条明确的范围内是广义上的未注册商标,比如有一定影响的商品名称、企业字号、包装装潢等,当有人擅自使用时可以依据该条款进行权利保护。因为这些广义上的商业标识,虽然与狭义的商标不同,但也能发挥商标的功能,也与消费者建立了联系,甚至会影响一部分的市场格局。同时这些商品名称或包装装潢、企业字号等具有显著性,消费者常常凭心中的记忆不经过仔细辨别就直接购买,因此才会有模仿他人商品包装、装潢、将他人字号用作商标使用的现象。如功能性饮料使用与红牛饮料相似的金色包装、装潢,消费者可能误认为红牛饮料而购买。或者如将宝洁集团的企业名称"宝洁"作为商标使用,消费者会误以为该商品是宝洁生产的而购买。① 又如药店将门店装潢成与同仁堂装潢相似的模样,消费者亦会误以为该药店是同仁堂而进去消费。商品名称、包装装潢、域名等标识并不是《商标法》的客体,《商标法》只保护狭义上的注册商标和未注册驰名商标等,这些标志即使已经发挥了与狭义商标一样的功能,承载了类似的利益,也对市场秩序产生影响,但依然无法依据《商标法》获得保护。所以需要调整市场行为的《反不正当竞争法》对这些广义的商业标志承担保护责任。

但在商标法语境中,我们所说的在先使用商标中的"商标"指的是狭义的商标,一般不包括商品名称、包装、装潢、企业名称等,那么在先使用商标能否依据《反不正当竞争法》主张权利保护呢?从严格的法定主义来看,《反不正当竞争法》第6条规定并不是具体的商标,而是发挥了同样作用的广义的商业标志,与"在先使用商标"中的商标不是一个概念,但是如果对该商标进行扩大化解释,似乎就可以获得保护,这也是商标先用权中的争议点之一。即使不依据第6条,还可以从反不正当竞争法的理论基础出发去考虑相关问题。即商标的在先使用人在市场中实际使用商标,那么其行为必然与其他的市场主体产生联系,也必然会影响市场竞争秩序,因此要受到《反不正当竞争法》的调整。

当在先使用商标被其他市场主体擅自使用时,比如将在先

---

① 宝洁公司生产海飞丝、洁婷等多种商品,拥有众多商标,但没有生产"宝洁"牌的商品,"宝洁"只是其企业字号。

使用的商标用作企业名称、商号、笔名等，这些行为都是对商标先使用人利益的侵害，可以通过《反不正当竞争法》获得权利主张与保护。现实中，将他人已经使用并有一定知名度的未注册商标当作企业字号或商标名称的做法并不少见，但在《商标法》中找不到保护依据，也不属于"商标先用权"范畴下与注册商标的冲突，此时只能根据《反不正当竞争法》，从其基本原则等角度出发维护权利。当然，如果在先商标人擅自使用他人的企业名称、商品名称、域名等，也要受到《反不正当竞争法》的调整。回到在先使用商标与在后注册商标的冲突问题上，此时只能依据《商标法》中的规定去解决冲突，而不能直接适用《反不正当竞争法》。所以说，《反不正当竞争法》对在先使用商标的保护并非出于其与注册商标的冲突，而是对已经使用的且具有市场价值的商标给予正当的保护，以保护其享有的市场竞争利益，是在"商标先用权"范围外的保护。而商标在先使用人其他的正当竞争利益，则可以由《反不正当竞争法》为其提供保护。

结　语

　　著作权、专利权与商标权是知识产权的主要客体，著作权要求较高的独创性，专利权要求极强的技术性，商标权则是与日常生活最为贴近的一种，却也是知识产权三大客体中较不受待见的一种。有观点曾指出，商标权的创设既不需要思想上的创新，也不需要技术上的突破，是最不符合知识产权特征的一种知识产权，商标权是对商业信誉的认可所形成的权利，更应纳入反不正当竞争法行列。加之在我国注册制商标法背景下，未注册的商标除驰名商标以外，没有得到足够的重视与保护，在这种背景下以商标先用权这个小点作为研究对象，同时从商标法与公平竞争的交叉视角对其进行探究，笔者一度陷入纠结。然而，对商标先用权及商标法的相关内容进行研究之后，可以从商标先用权这一小点窥见我国商标制度的整体状况与不足。

　　从商标及商标权产生历史来看，商标产生于使用，商标权亦源于商标使用行为，从使用产生商标权角度看，在先使用商标的存在有其合理性，获得法律保护也是理所应当的。但是随着注册制成为主流的商标权取得模式，在该背景下，商标获权途径是履行注册程序，因此没有进行注册的在先使用的商标在

结　语

众多的注册商标及注册制度中就显得格格不入，此时就需要在注册意义下探讨在先使用商标能否继续存续及其合理性。本书亦是以此为思路，从理念与制度两个层面考虑其中的问题，并且从公平竞争和商标的交叉视角出发，以商标先用权相关的主体即商标先用权人、商标专用权人，以及消费者之间的利益配置为主线，将其中的问题与解决措施一一呈现。

在商标法的理念层面，对商标使用的忽视导致了其中的制度设计存在内在的矛盾之处，因此需要重新审视我国的商标法律制度的指导理念。商标确权的正当性基础在于经营者将商标贴附于商品之上并投入市场进行实际的商品销售与商标使用，由此消费者才能将商标与商品或服务建立联系，商标的识别来源功能才得以实现，商标的商誉才能形成。而商标的价值不在于其标识本身，商标仅仅是一个符号，只有当商标发挥识别来源功能时，围绕它所形成的特定利益才是法律需要关注的对象。

商标经过使用，获得消费者的认知与认可。认知是指商标与商品之间形成的特定的指代关系，认可则是凝结在商标上的商誉，这才是商标的价值体现。在注册制下，由于商标权的产生与商誉的形成之间存在时间差，此时在先使用但凝结了商誉的商标与已经注册但没有承载商誉或商誉较低的商标产生冲突时该保护谁的利益？这是摆在我国商标制度面前的现实问题。在先商标基于其使用行为获得了商誉与竞争利益，法律应予以保护。所以，承认商标使用的意义，可以有力地维护商标先用权。对此，应对商标法的价值理念进行更新，在商标注册制度中融入商标使用的理念，对商标法上的冲突进行判定时不唯"权利"论而以"利益"为依据，则能很好地解决上述问题。

当然，对使用理念的贯彻，需要体现于具体的制度中。

另外，商标是一种竞争工具，商标与公平竞争密不可分，公平有序的竞争秩序亦是商标法的价值目标。商标先用权人与商标专用权人在相同或类似商品或服务上使用相同或近似的商标，二者具有直接的竞争关系。因此，从公平竞争的角度出发去考量二者的利益划分，亦有必要。在公平竞争语境下，竞争关系的主体包括注册商标权人、商标先用权人以及受到二者竞争利益冲突影响的消费者。将公平竞争的理念融入我国商标法律制度，以此实现商标利益配置的公平。我国对商标先用权制度中的利益划分明显侧重于注册商标权人，这与我国实行的注册制度有关，但严格限制商标先用权人的竞争利益是不公平的，也有违商标价值基础。而在先商标与在后商标的共存有可能影响消费者不受混淆的利益，提高消费者的搜索成本，因此在进行制度重构时需要考虑三者之间利益的平衡。

因此，在制度层面，首先需要反思问题背后的注册制度，然后才是具体的利益配置。单一的注册制有其缺陷，比如因注册取得商标权不需要实际的商标使用行为，所以会产生大量"注而不用"的闲置商标，造成资源浪费，也会引发商标抢注等问题。我国选择注册制有其合理性和必要性，但对其进行改革时需要理性地融入商标使用主义理念，并落实在具体的制度安排上，如在商标权取得、维持和侵权判定中进行关于商标使用的局部调整，而非推翻商标注册制进行商标取得制度的构建。在商标取得阶段，要求注册商标申请人具有使用商标的意图，2019年《商标法》第4条已经作出原则性要求，但其适用存在一定的不确定性。可以要求在商标权人取得注册商标后由商标审查机关进行定期检查，对那些取得商标但没有实际使用又缺乏正当理由的，应主动撤销其注册商标权。我国的"连续三年不使用撤销"制度是需要由第三人申请的，这可能导致一部分未实际使用的注册商标因无人申请撤销而继续存在，占用了商标资源。因此需要对商标撤销制度进行改革，由"任何单位或个人"进行请求的同时，可以增加商标审查机关到期主动检查的相关规定。也可以要求商标权人在获得授权后的第三年，主动向商标局递交使用商标或为使用商标做了必要准备工作的证据。同时在商标权维持制度引入"真实使用意图"规定，遵循"客观事实＋主观推定"的原则，结合客观证据考察商标权人使用商标的真实意图。由此，那些恶意抢注而不使用的商标就无法向在先使用商标进行侵权要挟或索取高额转让费。这有利于平衡商标先用权人与商标专用权人的利益配置。

今后在对我国商标法律制度进行完善、修改时，需要对商标先用权制度进行反思与修正，扩大保护商标先用权人的利益，如在注册商标申请阶段，完善商标先使用人预先保护权利的规定，保障其可以行使"异议权"阻却恶意的在后注册商标；但面对善意的在后商标注册，根据现有理论及制度规定在先使用商标人并不能提出异议，因此可以赋予其"优先注册权"；当然，还需对无效宣告请求权、继续使用权等制度进行完善。为了平衡商标先用权人与专用权人的利益，亦需要对商标在先使用人获得先用权保护设定一定的条件，如要求在先商标使用人主观善意且在先、持续使用系争商标，在先使用商标具有一定的影响力等，当然，这些看似简单的条件中实则蕴含着太多需要完善的细节。为了保障消费者的消费习惯、不受混淆等利益，法律要求在先使用商标在原有范围内使用并附加区分标志，暂且不论这种要求能否实现对消费者利益保护的目标，"原有范围"与"附加区分标志"本身就是缺乏确定性标准的语词，原有范围指的是原有商品或服务类别，还是原有经营规模，抑或原有地域范围，这些模棱两可的表述都为商标先用权的适用带来困难。因此，在此后修法中，都需要对上述问题予以明确。

本书对商标先用权反思与修正，以小见大，立足于揭示该制度的价值来源与制度完善，同时保证商标这个社会区分体系的稳定，从商标与公平竞争交叉的角度出发，思考其中的问题，以实现该制度中相关主体间利益分配的均衡及该制度的良性发展。当然，商标制度紧随着科技和社会不断发展变化，产生新的价值理念与制度设计，商标先用权亦是一个变动的范畴。本书对商标先用权的相关分析只是商标理论发展过程中的一个小点，亦可能存在不成熟之处，更需要学界其他观点的批评指正及辅助完善。本书旨在通过对商标先用权的理论、问题、制度完善等方面的分析，期望能为我国商标制度的前进提供一点助力，更好地发挥其制度价值。

参考文献

一、中文文献

1. 中文学术专著

[1] 蔡永民. 知识产权法的基本理论与实务分析 [M]. 北京：中国社会科学出版社，2016.

[2] 曾陈明汝. 商标法原理 [M]. 北京：中国人民大学出版社，2003.

[3] 陈景川. 商标授权确权的司法审查 [M]. 北京：中国法制出版社，2014.

[4] 陈春山. 全球品牌商标案例简析 [M]. 台北：新学林出版股份有限公司，2014 年.

[5] 程啸. 侵权责任法 [M]. 北京：法律出版社，2011 年.

[6] 崔立红. 商标权及其私益之扩张 [M]. 济南：山东人民出版社，2003.

[7] 邓宏光. 商标法的基础理论——以商标显著性为中心 [M]. 北京：法律出版社，2008.

[8] 杜颖. 商标法 [M]. 北京：北京大学出版社，2016.

[9] 杜颖. 知识产权法学 [M]. 北京：北京大学出版社，2015.

[10] 杜颖. 美国商标法 [M]. 北京：知识产权出版社，2013.

[11] 杜颖. 社会进步与商标观念：商标制度的过去、现在和未来 [M]. 北京：北京大学出版社，2012.

[12] 范长军. 德国商标法 [M]. 北京：知识产权出版社，2013.

[13] 范长军. 德国商标法：德国商标与其他标志保护法 [M]. 北京：知识产权出版社，2013.

[14] 范长军. 德国反不正当竞争法研究 [M]. 北京：法律出版社，2010年.

[15] 费安玲等. 意大利民法典 [M]. 北京：中国政法大学出版社，2004.

[16] 冯果. 经济法——制度·学说·案例 [M]. 武汉：武汉大学出版社，2012.

[17] 冯晓青. 知识产权法 [M]. 武汉：武汉大学出版社，2014.

[18] 冯晓青. 知识产权法利益平衡理论 [M]. 北京：中国政法大学出版社，2006.

[19] 冯术杰. 商标注册条件若干问题研究 [M]. 北京：知识产权出版社，2016.

[20] 付继存. 商标法的价值构造研究——以商标权的价值与形式为中心 [M]. 北京：中国政法大学出版社，2012.

[21] 管育鹰. 郑成思知识产权文集（治学卷）[M]. 北京：知识产权出版社，2017.

[22] 高志宏. 知识产权：理论·法条·案例 [M]. 南京：东南大学出版社，2016.

[23] 管荣齐. 中国知识产权法律制度 [M]. 北京：知识产权出版社，2016.

[24] 顾功耘. 经济改革时代的法治呼唤 [M]. 北京：法律出版社，2016.

[25] 胡俊宏. 意大利消费法典 [M]. 北京：中国政法大学出版社，2013.

[26] 黄海峰. 知识产权的话语与现实——版权、专利与商标史论 [M]. 武汉：华中科技大学出版社，2011.

［27］黄晖. 郑成思知识产权文集（商标和反不正当竞争卷）［M］. 知识产权出版社，2017.

［28］黄晖. 商标法（第2版）［M］. 北京：法律出版社，2016.

［29］黄晖. 知识产权的国际保护例外研究［M］. 北京：法律出版社，2015.

［30］黄茂荣. 法学方法与现代民法［M］. 北京：中国政法大学出版社，2001.

［31］何怀文. 商标法：原理规则与案例讨论［M］杭州：浙江大学出版社，2015.

［32］韩赤风. 德国知识产权与竞争法经典案例评析［M］. 北京：法律出版社，2014.

［33］金河禄. 中韩两国竞争法比较研究［M］. 北京：中国政法大学出版社，2012.

［34］金海军. 知识产权私权论［M］. 北京：中国人民大学出版社，2004.

［35］孔祥俊. 知识产权经典案例评析［M］，北京：中国法制出版社，2015.

［36］孔祥俊. 反不正当竞争法的创新性适用［M］. 北京：中国法制出版社，2014.

［37］孔祥俊. 商标法适用的基本问题［M］. 北京：中国法制出版社，2014.

［38］孔祥俊. 中国知识产权保护的创新和升级［M］. 北京：法律出版社，2014.

［39］孔祥俊. 商标与不正当竞争法：原理和判例［M］. 北京：法律出版社，2009.

［40］李明德. 美国知识产权法（第2版）［M］. 北京：法律出版社，2014.

[41] 李仁玉. 侵权责任法判定与制度研究 [M]. 北京：法律出版社，2015.

[42] 李昌麒. 经济法学（第5版）[M]. 北京：中国政法大学出版社，2017.

[43] 李昌麒. 消费者保护法（第4版）[M]. 北京：法律出版社，2014.

[44] 李晓新. 经济制度变迁与法律规制 [M]. 北京：法律出版社，2016.

[45] 李彬. 竞争法的基本范畴研究 [M]. 北京：知识产权出版社，2016.

[46] 李阁霞. 论商标与商誉 [M]. 北京：知识产权出版社，2014.

[47] 李亮. 国际商标法律制度研究 [M]. 北京：法律出版社. 2015.

[48] 李宗基. 韩国商标法 [M]. 北京：知识产权出版社，2013.

[49] 李扬. 知识产权法总论 [M]. 北京：中国人民大学出版社，2008.

[50] 李扬. 知识产权法基本原理 [M]. 北京：中国社会科学出版社，2010.

[51] 李扬. 日本商标法 [M]. 北京：知识产权出版社，2011.

[52] 李雨峰. 侵权商标权判定标准研究 [M]. 北京：知识产权出版社，2016.

[53] 梁慧星. 裁判的方法（第2版）[M]. 北京：法律出版社，2012.

[54] 廖义男. 公平交易法的释论与实践 [M]. 台北：元照出版社，2015.

[55] 刘春田. 知识产权法 [M]. 北京：高等教育出版社，北京大学出版社，2007.

[56] 刘春田. 知识产权法（第5版）[M]. 北京：中国人民大学出版社，2014.

[57] 刘春田. 知识产权原理 [M]. 北京：知识产权出版社，2002.

［58］刘华. 知识产权制度的理性与绩效分析［M］. 北京：中国社会科学出版社，2004.

［59］刘孔中. 商标法上混淆之虞之研究［M］. 台中：五南图书出版公司，1997.

［60］刘孔中. 解构知识产权法及其与竞争法的冲突与调和［M］. 北京：中国法制出版社，2015.

［61］刘丽娟. 郑成思知识产权文集（国际公约与外国法卷）［M］. 北京：知识产权出版社，2017.

［62］刘华俊. 商标权诉讼典型案例指引［M］. 北京：知识产权出版社，2017.

［63］刘继峰. 竞争法：规则与案例［M］. 北京：法律出版社，2016.

［64］刘维. 商标权的救济基础研究［M］. 北京：法律出版社，2016.

［65］刘铁光. 商标法基本范畴的界定及其制度的体系化解释与改造［M］. 北京：法律出版社，2017.

［66］廖丽. 国际知识产权新趋势：TRIPS - Plus 知识产权执法研究［M］. 北京：中国社会科学出版社，2015.

［67］吕来明. 反不正当竞争法比较研究：以我国《反不正当竞争法》修改为背景［M］. 北京：知识产权出版社，2014.

［68］罗思荣. 民法［M］. 杭州：浙江大学出版社，2008.

［69］马俊驹，余延满. 民法原论（第4版）［M］. 北京：法律出版社，2010.

［70］马一德. 消费者权益保护专论［M］. 北京：法律出版社，2017.

［71］宁立志. 知识产权与市场竞争（第四辑）［M］. 武汉：湖北人民出版社，2018.

［72］宁立志. 知识产权与市场竞争（第三辑）［M］. 武汉：湖北人民出版社，2017.

［73］宁立志. 知识产权与市场竞争（第二辑）［M］. 武汉：湖北人民出

版社，2016.

[74] 宁立志. 知识产权与市场竞争（第一辑）[M]. 武汉：湖北人民出版社，2015.

[75] 宁立志. 经济法概论 [M]. 长沙：湖南大学出版社，2013.

[76] 宁立志. 知识产权法（第 2 版）[M]. 武汉：武汉大学出版社，2011.

[77] 宁立志. 经济生活中的百姓权益：生活中的经济法 [M]. 武汉：武汉大学出版社，2007.

[78] 朴成姬. 消费者问题中的当事人构造的再研讨：以中日韩三国消费者保护相关法制的比较为中心 [M]. 北京：中国检察出版社，2016.

[79] 彭学龙. 商标法的符号学分析 [M]. 北京：法律出版社，2007.

[80] 漆多俊. 经济法基础理论（第 5 版）[M]. 北京：法律出版社，2017.

[81] 齐爱民. 知识产权法总论 [M]. 北京：北京大学出版社，2014.

[82] 孙晋. 竞争法原论 [M]. 武汉：武汉大学出版社，2011.

[83] 孙晋. 反垄断法：制度与原理 [M]. 武汉：武汉大学出版社，2010.

[84] 孙晋. 现代经济法学 [M]. 武汉：武汉大学出版社，2014.

[85] 孙晋. 商法学 [M]. 武汉：武汉大学出版社，2015.

[86] 孙晋. 中国竞争政策与竞争法发展研究报告 [M]. 北京：法律出版社，2015.

[87] 孙晋. 中国与世界：竞争法发展研究报告 [M]. 北京：法律出版社，2017.

[88] 孙平. 法国消费法典 [M]. 北京：中国政法大学出版社，2012.

[89] 孙敏洁. 商标保护与商业表达自由 [M]. 北京：知识产权出版社，2013.

[90] 孙平. 法国消费法典 [M]. 北京：中国政法大学出版社，2012.

［91］邵建东. 德国反不正当竞争法研究［M］. 北京：中国人民大学出版社，2001.

［92］史尚宽. 民法总论［M］. 北京：中国政法大学出版社，2000.

［93］唐珺. 市场竞争法与创新战略［M］. 北京：知识产权出版社，2017.

［94］汪娜. 近代中国商标法制的变迁：从寄生到自主的蜕变［M］. 上海：上海人民出版社，2016.

［95］吴汉东. 人民法院知识产权案例裁判要旨通纂［M］. 北京：北京大学出版社，2016.

［96］吴汉东. 知识产权多维度学理解读［M］. 北京：中国人民大学出版社，2015.

［97］吴汉东. 我为知识产权事业鼓与呼［M］. 北京：中国人民大学出版社，2014.

［98］吴汉东. 知识产权法（第5版）［M］. 北京：法律出版社，2014.

［99］王莲峰. 商业标识立法体系化研究［M］. 北京：北京大学出版社，2009.

［100］王先林. 竞争法学（第2版）［M］. 北京：中国人民大学出版社，2015.

［101］王先林. 竞争法律与政策评论［M］. 上海：上海交通大学出版社，2015.

［102］王先林. 经济法学专题研究［M］. 北京：法律出版社，2013.

［103］王先林. 知识产权滥用及其法律规制［M］. 北京：中国法制出版社，2008.

［104］王宏. 消费者知情权研究［M］. 济南：山东人民出版社，2015.

［105］王兴运. 消费者权益保护法［M］. 北京：北京大学出版社，2015.

［106］王太平. 知识产权客体的理论范畴［M］. 北京：知识产权出版社，2008.

［107］王太平. 知识产权法律原则理论基础与具体构造［M］. 北京：法

律出版社，2004.

[108] 吴景明. "中华人民共和国消费者权益保护法"修改建议：第三法域之理论视角［M］. 北京：中国法制出版社，2014.

[109] 王晓晔. 反垄断法中的相关市场界定［M］. 北京：社会科学文献出版社，2014.

[110] 王晓晔. 竞争执法能力建设［M］. 北京：社会科学文献出版社，2012.

[111] 文学. 商标使用与商标保护研究［M］. 北京：法律出版社，2008.

[112] 徐升权. 商标法：原理、规范与现实回应［M］. 北京：知识产权出版社，2016.

[113] 谢冬伟. 中国商标法的效率与公平［M］. 上海：立信会计出版社，2012.

[114] 谢晓尧. 在经验与制度之间：不正当竞争司法案例类型化研究［M］. 北京：法律出版社，2015.

[115] 谢晓尧. 竞争秩序的道德解读：反不正当竞争法研究［M］. 北京：法律出版社，2006.

[116] 谢铭洋. 智慧财产权法（第6版）［M］. 台北：元照出版有限公司，2016.

[117] 许军珂. 网络时代消费者权益保护的法律问题研究［M］. 北京：世界知识出版社，2016.

[118] 徐孟洲. 竞争法（第2版）［M］. 北京：中国人民大学出版社，2014.

[119] 徐士英. 竞争政策研究：国际比较与中国选择［M］. 北京：法律出版社，2013.

[120] 杨立新. 侵权责任法［M］. 北京：法律出版社，2010.

[121] 杨国华. 中美知识产权问题概观［M］. 北京：知识产权出版社，2008.

[122] 姚鹤微. 商标法基本问题研究 [M]. 北京：知识产权出版社，2015.

[123] 余俊. 商标法律进化论 [M]. 武汉：华中科技大学出版社，2011.

[124] 最高人民法院知识产权审判庭. 最高人民法院知识产权案件年度报告：2008～2015 [M]. 北京：中国法制出版社，2017.

[125] 朱谢群. 郑成思知识产权文集（基本理论卷）[M]. 北京：知识产权出版社，2017.

[126] 朱冬. 财产话语与商标法的演进：普通法系商标财产化的历史考察 [M]. 北京：知识产权出版社，2017.

[127] 张法连. 美国商标法判例解读 [M]. 济南：山东大学出版社，2008.

[128] 张慧春. 商标显著性研究 [M]. 北京：知识产权出版社，2017.

[129] 种明钊. 竞争法（第3版）[M]. 北京：法律出版社，2016.

[130] 张平. WTO/TRIPs知识产权争端成案及对策 [M]. 北京：法律出版社，2016.

[131] 张玉敏. 商标注册与确权程序改革研究——追求效率与公平的统一 [M]. 北京：知识产权出版社，2016.

[132] 张玉堂. 利益论. 关于利益冲突与协调问题的研究 [M]. 武汉：武汉大学出版社，2014.

[133] 郑成思. 知识产权法：新世纪初的若干研究重点 [M]. 北京：法律出版社，2004.

[134] 郑其斌. 论商标权的本质 [M]. 北京：人民法院出版社，2009.

2. 中文译著

[1] [英] 西蒙·毕晓普，迈克·沃克. 欧盟竞争法的经济学：概念、应用和测量 [M]. 董红霞译，北京：人民出版社，2016.

[2] [美] 威廉·M. 兰德斯，理查德·A. 波斯纳. 知识产权法的经济结

构（第 2 版）[M]. 金海军译, 北京：北京大学出版社, 2016.
[3] [德] 弗里茨·里特纳, 迈因哈德·德雷埃尔. 欧洲与德国经济法 [M]. 张学哲译, 北京：法律出版社, 2016.
[4] [英] 克里斯托弗·斯托瑟斯. 欧洲平行贸易：知识产权法, 竞争法与监管法 [M]. 马乐译, 北京：法律出版社, 2015.
[5] [美] 詹姆斯·T. 伯杰, R. 马克·哈里根. 商标侵权判断问卷调查指引 [M]. 黄武双, 万宏瑜, 尚广振译, 北京：法律出版社, 2015.
[6] [英] 杰里米·菲利普斯. 商标法：实证性分析 [M]. 马强主译, 北京：中国人民大学出版社, 2014.
[7] [法] 乔治·卡明, [荷] 米亚·弗罗伊登塔尔, [德] 路德·贾纳尔. 荷兰、英国、德国民事诉讼中的知识产权执法 [M]. 张伟君译, 北京：商务印书馆, 2014.
[8] [瑞士] 安德烈亚斯·凯勒哈斯. 从华盛顿, 布鲁塞尔, 伯尔尼到北京：竞争法规范和功能比较 [M]. 杨华隆, 伍欣译, 北京：中国政法大学出版社, 2013.
[9] [美] 戴维·格伯尔. 全球竞争：法律、市场和全球化 [M]. 陈若鸿译, 北京：中国法制出版社, 2012.
[10] [日] 金泽良雄. 经济法概论 [M]. 满达人译, 北京：法律出版社, 2004.
[11] [日] 田村善之. 日本现代知识产权法理论 [M]. 李扬, 等译, 北京：法律出版社, 2010.
[12] [日] 田村善之. 日本知识产权法 [M]. 周超, 等译, 北京：知识产权出版社, 2011.
[13] [英] 费里德利希·冯·哈耶克. 法律、立法与自由 [M]. 邓正来, 张守东, 李静冰译, 北京：中国大百科全书出版社, 2000.
[14] [美] 理查德·A. 波斯纳. 法律的经济分析 [M]. 蒋兆康译, 北京：中国大百科全书出版社, 1992.

3. 期刊论文

[1] 曹新明. 我国知识产权判例的规范性探讨[J]. 知识产权，2016（01）.

[2] 崔国斌. 商标挟持与注册商标权的限制[J]. 知识产权，2015（04）.

[3] 陈明涛. 商标连续不使用撤销制度中的"商标使用"分析[J]. 法商研究，2013（01）.

[4] 陈震. 浅议商标注册中的"其它不良影响"——以微信商标案为例[J]. 法制与社会，2015（14）.

[5] 杜颖. 商标法制度的失衡及其理性回归[J]. 中国法学，2015（03）.

[6] 杜颖. 在先使用的未注册商标保护论纲[J]. 法学家，2009（03）.

[7] 杜颖. 商标先使用权解读：《商标法》第59条第3款的理解与适用[J]. 中外法学，2014（05）.

[8] 杜颖.《商标法》"不良影响"条款的适用探析——基于"MLGB商标无效宣告案"的思考[J]. 电子知识产权，2017（05）.

[9] 杜颖. "怕上火广告语案"的冷思考：兼谈《反不正当竞争法》一般条款的适用[J]. 电子知识产权，2016（02）.

[10] 邓宏光. 商标授权确权程序中的公共利益与不良影响：以"微信"案为例[J]. 知识产权，2015（04）.

[11] 邓宏光. 论商标法的价值定位——兼论我国《商标法》第1条的修改[J]. 法学论坛，2007（06）.

[12] 邓宏光. 从公法到私法：我国《商标法》的应然转向——以我国《商标法》第三次修改为背景[J]. 知识产权，2010（03）.

[13] 邓宏光. 论商标侵权的判断标准——兼论《中华人民共和国商标法》第52条的修改[J]. 法商研究，2010（01）.

[14] 邓宏光. 中国经济体制转型与《商标法》的第三次修改[J]. 现代

法学，2010（02）.

[15] 冯术杰，夏晔. 警惕惩罚性赔偿在知识产权法领域的泛用——以商标法及其实践为例［J］. 知识产权，2018（02）.

[16] 冯术杰. 论注册商标的权利产生机制［J］. 知识产权，2013（05）.

[17] 冯晓青. 论知识产权法与竞争法在促进有效竞争方面的平衡与协调［J］. 河北法学，2008（07）.

[18] 冯晓青，刘欢欢. 效率与公平视角下的商标注册制度研究——兼评我国商标法第四次修改［J］. 知识产权，2019（01）.

[19] 冯晓青. 商标法与保护消费者利益［J］. 中华商标，2007（03）.

[20] 郭娟，夏芬."微信"商标案之探讨［J］中华商标，2015（05）.

[21] 黄汇. 注册取得商标权制度的观念重塑与制度再造［J］. 法商研究，2015（02）.

[22] 黄汇. 商标权正当性自然法维度的解读——兼对中国《商标法》传统理论的澄清与反思［J］. 政法论坛，2014（05）.

[23] 黄汇. 商标法中的公共利益及其保护——以"微信"商标案为对象的逻辑分析与法理展开［J］. 法学，2015（10）.

[24] 黄武双，阮开欣. 商标申请人与在后使用人利益的冲突与权衡［J］. 知识产权，2015（04）.

[25] 黄武双. 不正当比较广告的法律规制［J］. 中外法学，2017（06）.

[26] 黄武双. 反向混淆理论与规则视角下的"非诚勿扰"案［J］. 知识产权，2016（01）.

[27] 侯凤坤. 新《商标法》惩罚性赔偿制度问题探析［J］. 知识产权，2015（10）.

[28] 韩赤风. 被模仿产品的保护与反不正当竞争法的适用——德国联邦最高普通法院第一民事审判庭199/06号判决评析［J］. 知识产权，2011（03）.

[29] 胡鸿高. 论公共利益的法律界定——从要素解释的路径［J］. 中国

法学，2008（04）.

[30] 蒋舸. 反不正当竞争法一般条款的形式功能与实质功能［J］. 法商研究，2014（06）.

[31] 江帆. 竞争法对知识产权的保护与限制［J］. 现代法学，2007（02）.

[32] 孔祥俊. 论商标法的体系性适用——在《商标法》第8条基础上的展开［J］. 知识产权，2015（06）.

[33] 孔祥俊. 反不正当竞争法的司法创新和发展——为《反不正当竞争法》施行20周年而作［J］. 知识产权，2013（12）.

[34] 孔祥俊. 我国现行商标法律制度若干问题的探讨［J］. 知识产权，2010（01）.

[35] 李明德. 商标注册在商标保护中的地位与作用［J］. 知识产权，2014（05）.

[36] 李明德. 商标、商标权与市场竞争——商标法几个基本问题新探［J］. 甘肃社会科学，2015（05）.

[37] 李扬. "公共利益"是否真的下出了"荒谬的蛋"？——评微信商标案一审判决［J］. 知识产权，2015（04）.

[38] 李扬. 商标在先使用抗辩研究［J］. 知识产权，2016（10）.

[39] 李扬. 论商标权的边界［J］. 知识产权，2016（06）.

[40] 李扬. 我国商标抢注法律界限之重新划定［J］. 法商研究，2012（03）.

[41] 李扬，蓝小燕. 引诱违约行为的反不正当竞争法评价［J］. 知识产权，2018（07）.

[42] 李友根. 论企业名称的竞争法保护——最高人民法院第29号指导案例研究［J］. 中国法学，2015（04）.

[43] 李友根. 惩罚性赔偿制度的中国模式研究［J］. 法制与社会发展，2015（06）.

[44] 李友根. 经营者公平竞争权初论——基于判例的整理与研究 [J]. 南京大学学报（哲学·人文科学·社会科学版），2009（04）.

[45] 李雨峰，曹世海. 商标权注册取得制度的改造——兼论我国《商标法》的第三次修改 [J]. 现代法学，2014（03）.

[46] 吕明瑜. 知识产权垄断呼唤反垄断法制度创新——知识经济视角下的分析 [J]. 中国法学，2009（04）.

[47] 刘桂清. 产业政策失效法律治理的优先路径——"产业政策内容法律化"路径的反思 [J]. 法商研究，2015（02）.

[48] 刘鑫. 从类型化到法典化：我国知识产权立法的发展与变革——以《民法总则》第123条为切入点 [J]. 电子知识产权，2018（04）.

[49] 刘维. 我国注册驰名商标反淡化制度的理论反思——以2009年以来的35份裁判文书为样本 [J]. 知识产权，2015（09）.

[50] 刘铁光，吴玉宝. "商标使用"的类型化及其构成标准的多元化 [J]. 知识产权，2015（11）.

[51] 刘武朝，徐春成. 商标保护范围的划定理念 [J]. 河北大学学报（哲学社会科学版）. 2014（01）.

[52] 刘丽娟. 确立反假冒为商标保护的第二支柱——《反不正当竞争法》第6条之目的解析 [J]. 知识产权，2018（02）.

[53] 刘丽娟. 论知识产权法与反不正当竞争法的适用关系 [J]. 知识产权，2012（01）.

[54] 刘春田. 民法原则与商标立法 [J]. 知识产权，2010（01）.

[55] 刘春田. 我国《民法典》设立知识产权编的合理性 [J]. 知识产权，2018（09）.

[56] 刘春田. 私权观念和科学态度是知识产权战略的根本保障——纪念《国家知识产权战略纲要》颁布实施十年 [J]. 知识产权，2018（06）.

[57] 罗晓霞. 论商标法的多元价值与核心价值——从商标权的"行"与

"禁"谈起[J]. 知识产权, 2010 (02).

[58] 卢海君. 反不正当竞争法视野下对商标法若干问题的新思考[J]. 知识产权, 2015 (11).

[59] 卢海君. 反不正当竞争法视野下的商标法（上）[J]. 电子知识产权, 2017 (03).

[60] 卢海君. 反不正当竞争法视野下的商标法（下）[J]. 电子知识产权, 2017 (04).

[61] 宁立志.《反不正当竞争法》修订的得与失[J]. 法商研究, 2018 (04).

[62] 宁立志. 互联网不正当竞争条款浅议[J]. 竞争政策研究, 2017 (01).

[63] 宁立志. 继往开来：变迁中的中国反不正当竞争法[J]. 郑州大学学报（哲学社会科学版）, 2018 (06).

[64] 宁立志. 经济法之于知识产权的作为与底线[J]. 经济法论丛, 2018 (01).

[65] 宁立志. 先用权之学理展开与制度完善[J] 法学评论, 2014 (05).

[66] 宁立志, 李国庆. 美国先用权制度探析[J]. 南京理工大学学报（社会科学版）, 2014 (05).

[67] 宁立志, 徐升权. 我国商业标识权保护立法的现状与完善[J]. 中国工商管理研究, 2012 (05).

[68] 宁立志, 盛赛赛. 论专利许可与专利转让的对抗与继受[J]. 知识产权, 2015 (07).

[69] 彭学龙. 论连续不使用之注册商标请求权限制[J]. 法学评论, 2018 (06).

[70] 彭学龙. 作品名称的多重功能与多元保护——兼评反不正当竞争法第6条第3项[J]. 法学研究, 2018 (05).

[71] 彭学龙, 郭威. 论节目名称的标题性与商标性使用——评"非诚勿扰案"[J]. 知识产权, 2016 (01).

[72] 彭学龙. 寻求注册与使用在商标确权中的合理平衡[J]. 法学研究, 2010 (03).

[73] 任俊琳. 论味觉商标的可注册性[J]. 知识产权, 2018 (06).

[74] 孙晋. 谦抑理念下互联网服务行业经营者几种救济调适[J]. 中国法学, 2018 (06).

[75] 孙晋, 钟原. "知假买假"消费者身份的司法认定——基于91份判决的实证分析[J]. 现代法治研究, 2017 (04).

[76] 孙晋, 闵佳凤. 论互联网不正当竞争中消费者权益的保护——基于新修《反不正当竞争法》的思考[J]. 湖南社会科学, 2018 (01).

[77] 孙晋, 钟瑛嫦. 互联网平台型产业相关产品市场界定新解[J]. 现代法学, 2015 (06).

[78] 苏喆. 把握公平与效率的双重价值取向——论我国商标权取得制度的完善[J]. 知识产权, 2011 (02).

[79] 孙丽平. 反不正当竞争法与知识产权法关系探究——兼评王老吉加多宝红罐之争法律适用[J]. 知识经济, 2014 (23).

[80] 孙颖. 论反不正当竞争法对知识产权的保护[J]. 政法论坛, 2004 (06).

[81] 孙英伟. 商标起源考——以中国古代标记符号为对象[J]. 知识产权, 2011 (03).

[82] 谭华霖. 知识产品法益保护模式探讨——兼论法益与权利之冲突[J]. 政治与法律, 2011 (07).

[83] 王太平, 袁振宗. 反不正当竞争法的商业标识保护制度之评析[J]. 知识产权, 2018 (05).

[84] 王太平. 商标共存的法理逻辑与制度构造[J]. 法律科学（西北政法大学学报）, 2018 (03).

[85] 王太平. 论商标注册申请及其拒绝——兼评"微信"商标纠纷案 [J]. 知识产权, 2015 (04).

[86] 王太平. 论商标法中消费者的地位 [J]. 知识产权, 2010 (05).

[87] 王先林. 商标法与公平竞争——兼析《商标法》第三次修改中的相关条款 [J]. 中国工商管理, 2013 (10).

[88] 王先林, 仲春. 知识产权领域反垄断的国际视角——《竞争政策与知识产权行使》介评 [J]. 电子知识产权, 2009 (05).

[89] 王先林. 竞争法视野的知识产权问题论纲 [J]. 中国法学, 2009 (04).

[90] 王先林. 知识产权行使行为的反垄断法规制——《反垄断法》第55条的理解与适用 [J]. 法学家, 2008 (01).

[91] 王利明. 建立和完善多元化的受害人救济机制 [J]. 中国法学, 2009 (04).

[92] 吴汉东. 知识产权法价值的中国语境解读 [J]. 中国法学, 2013 (04).

[93] 吴汉东. 中国知识产权法律变迁的基本面向 [J]. 中国社会科学, 2018 (08).

[94] 吴汉东. 知识产权损害赔偿的市场价值分析: 理论、规则与方法 [J]. 法学评论. 2018 (01).

[95] 吴汉东, 刘鑫. 改革开放四十年的中国知识产权法 [J]. 山东大学学报 (哲学社会科学版), 2018 (03).

[96] 徐聪颖. 论商标侵权损害赔偿中的损失认定 [J]. 河南财经政法大学学报, 2017 (03).

[97] 谢晓尧. 用数字说话: 商标主观认知的科学度量 [J]. 暨南学报 (哲学社会科学版), 2013 (10).

[98] 谢晓尧. 论商誉 [J]. 武汉大学学报, 2001 (05).

[99] 谢晓尧. 消费者: 人的法律形塑与制度价值 [J]. 中国法学, 2003 (03).

[100] 谢晓尧,黄炜杰.直觉在商标案件中的运用[J].广东社会科学,2014(10).

[101] 谢晓尧.一般条款的裁判思维与方法——以广告过滤行为的正当性判断为例[J].知识产权,2018(04).

[102] 谢兰芳.论互联网不正当竞争中消费者利益的保护[J].知识产权,2015(11).

[103] 姚憎怡.构建我国《商标法》中商标共存制度的法律思考[J].中国经贸导刊,2017(11).

[104] 阮开欣."微信"案的症结:申请商标的延迟公开问题[J].中华商标,2015(04).

[105] 于飞."法益"概念再辨析——德国侵权法的视角[J].政法论坛,2012(04).

[106] 严永和.当下国际知识产权制度调适的主要思路[J].法学评论,2012(04).

[107] 周尧.商标侵权的法律保护以及司法认定——以"乔丹商标"案为切入点[J].法制与经济,2017(04).

[108] 邹汉斌.商标延伸注册的合法性审查探讨——以"同济堂"商标案例为视角的实证分析[J].贵州大学学报(社会科学版),2017(02).

[109] 周新艳.试看中国企业海外商标保护需求[J].电子知识产权,2011(11).

[110] 赵娜.论注册商标转用的不正当竞争行为本质——以《商标法》与《反不正当竞争法》的关系为视角[J].黑龙江省政法管理干部学院学报,2015(02).

[111] 张广良.竞争法对知识产权的保护与限制[J].法学杂志,2015(02).

[112] 张韬略,张伟君.《商标法》维护公共利益的路径选择——兼谈禁

止"具有不良影响"标志注册条款的适用[J]. 知识产权, 2015 (04).

[113] 张世明, 胡洁. 反垄断法与反不正当竞争法关系论[J]. 内蒙古师范大学学报(哲学社会科学版), 2015 (02).

[114] 张玲. 论专利侵权诉讼中的停止侵权民事责任及其完善[J]. 法学家, 2011 (04).

[115] 张德峰. 宏观调控法律责任竞合探析[J]. 政治与法律, 2010 (08).

[116] 张新宝. 侵权责任法立法的利益衡量[J]. 中国法学, 2009 (04).

[117] 张鹏. 规制恶意商标抢注规范的体系化解读[J]. 知识产权, 2018 (07).

[118] 张玉敏. 维护公平竞争是商标法的根本宗旨——以《商标法》修改为视角[J]. 法学论坛, 2008 (02).

[119] 张玉敏. 论商标使用在商标制度构建中的作用——写在商标法第三次修改之际[J]. 知识产权, 2011 (09).

[120] 郑友德, 万志前. 论商标法和反不正当竞争法对商标权益的平行保护[J]. 法商研究, 2009 (06).

[121] 郑友德, 王活涛. 新修订反不正当竞争法的顶层设计与实施中的疑难问题探讨[J]. 知识产权, 2018 (01).

[122] 郑友德, 伍春艳. 论反不正当竞争法的一般条款——兼论《反不正当竞争法》(修订草案送审稿)第二条的完善[J]. 电子知识产权, 2016 (06).

[123] 郑成思. 反不正当竞争——知识产权的附加保护[J]. 中国社会科学院研究生院学报, 2003 (06).

[124] 周樨平. 商业标识保护中"搭便车"理论的运用[J]. 法学, 2017 (05).

二、外文文献

[1] Ann Bartow. Likelihood of Confusion [J]. San Diego Law Review, Vol. 41, Issue2, 2004.

[2] Anne K. Bingman. The Role of Antitrust in Intellectual Property [J]. The Federal Circuit Conference, 1994.

[3] Barton Beebe. The Semiotic Analysis of Trademark Law [J]. UCLA Law. Rev, Vol. 51, Issue3, 2004.

[4] Barton Beebe. Trademarks, Unfair Competition and Business Torts [M]. Wolters Kluwers, 2011.

[5] Barton Beebe. Search and Persuasion in Trademark Law [J]. Michigan Law Review, Vol. 103, Issue8, 2005.

[6] Beth Fulkerson. Theft by Terrorism: A Case for Revising TRIPS to Protect Trademark from National Market Foreclosure [J]. Michigan Journal of International Law, Vol. 17, Issue3, 1996.

[7] Bone. A History of The Concept of Goodwill in Trademark Law [J]. Boston University Law Review, 2006.

[8] Checkpoint Sys. Inc. v. Check Point Software Technologies. Inc. 269 F. 3d 270, 279, 2001.

[9] Christopher T. Micheletti. Preventing Loss of Trademark Rights: Quantitative and Qualitative Assessrnents of Use and Their Impact on Abandonment Determinations [J]. The Trademark Reporter, Vol. 94, Issue3, 2004.

[10] Dan Sarel, Howard Marmorstein. The Effect of Consumer Surveys and Actual Confusion Evidence in Trademark Litigation: An Empirical Assessment [J]. The Trademark Reporter, Vol99, Issue6, 2009.

[11] David M. Tichane. The Maturing Trademark Doctrine of Post – Sales Confusion [J]. The Trademark Reporter, Vol. 99, Issue6, 2009.

[12] Dan Sarel, Howard Marmoestein. The Effect of Consumer Surbeys and Ac-

tual Confusion Evidence in Trademark Litigation: An Empirical Assessment [J]. The Trademark Reporter, Vol. 99, Issue6, 2009.

[13] Daya Shanker. Competition Policy and Prevention of Abuses in the TRIPS Agreement [J]. Intellectual Property, Competition and Growth, 2007.

[14] Debra A. Valentine. Abuse of Dominance Relation to Intellectual Property: U. S. Perspectives and the Intel Cases [J]. The Israel International Antitrust Conference, 1999.

[15] Edward S. Rogers. Some Historical Matter Concerning Trade – Marks [J]. Michigan Law Review, 1910.

[16] Frank I. Schechter. The Rational Basis of the Trademark Protection [J]. Harvard Law Review, 1927.

[17] Graeme B. Dinwoodie, Mark Janis, Confusion over Use: Contextualism in Trademark Law [J]. Iowa Law Review, Vol. 92, Issue5, 2007.

[18] Graeme W. Austin. Trademark and the Burdened Imagination [J]. Brooklyn Law Review, Vol. 69, Issue3, 2004.

[19] Glynn S. Lunney, Jr. Trademark Monopolies [J]. Emory L. J, 1999.

[20] Gustavo Ghidini. Intellectual Property and Competition Law [M]. Edward Elgar, 2006.

[21] Guy Tritton. Intellectual Property in Europe [M]. Sweet & Maxwell, 2008.

[22] Herbert Hovenkamp, Mark D. Janis, Mark A. Lemley. IP and Antitrust: An Analysis of Antitrust Principles Applied to Intellectual Property Law [J]. 2004.

[23] Jeremy N. Sheff. The (Boundedly) Rational Basis of Trademark Liability [J]. Texas Intellectual Property Law Journal, Vol. 15, Issue3, 2007.

[24] Julie Manning Magid, Anthony D. Cox, Dena S. Cox. Quantifying Brand Image: Empirical Evidence of Trademark Dilution [J]. Am. Bus. L. J. 2006.

[25] James W. Ely, Jr. The Guardian of Every Other Right: A Constitutional History of Property Rights [M]. 1998.

[26] John Cross, et al. Global Issues in Intellectual Property Law [M]. Thomson Reuters Press, 2010.

[27] Keren Levy. Trademark Parody: A Conflict Between Constitutional and Intellectual Property Interests [J]. 69Geo. Wash. L. Rev. 425. 2001.

[28] Laurence Heifer, Graeme Austin. Human Rights and Intellecyual Property: Mapping the Global Interface [M]. New York: Cambridge University Press, 2011.

[29] Lee Ann W. Lockridge, Abolishing State Trademark Registrations [J]. Cardozo Arts & Entertainment Law Journal, Vol. 29, Issue3, 2011.

[30] L. L. Bean, Inc. v. Drake Publ. Inc. 811 F. 2d 26. L Lucasfilm Ltd. v. High Frontier. 622 F. Supp. 931 (D. D. C. 1985).

[31] L. Bently, B. Sherman. Intellectual Property Law [M]. Oxford University Press, 2009.

[32] Mark P. Mckenna. Testing Mordern Trademark Law's Theory of Harm [J]. Iowa Law Review, Vol. 95, Issue1, 2009.

[33] Mark P. Mckenna. Consumer Decision – Making Model of Trademark Law [J]. Virginia Law review, Vol. 98, Issue1, 2012.

[34] Mark P. Mckenna. Trademark Use and the Problem of Source [J]. University of Illinois Law review, Vol. 101, Issue2, 2009.

[35] Margreth Barrett. Finding Trademark Use: The Historical Foundation for Limiting Infringement Liability to Uses "in the Manner of a Mark" [J]. Wake Forest Law Review, Vol. 43, Issue4, 2008.

[36] Masaya Suzuki. The Trademark Registra – tion System in Japan: A First hand Review and Exposition [J]. Marquette Intellectual Property Law Review, 2001.

[37] Michael J. Allen. The Scope of Confusion Actionable Under Federal Trademark Law: Who Must Be Confused and When [J]. Wake Forest L. Rev, 1991.

[38] Richard A. Posner. When Is Parody Fair Use? [J]. J. Legal Stud, 1992.

[39] Richard L. Kirkatrick. Likelihood of Confusion in Trademark Law [J]. New York: Practising Law Institute, 2010.

[40] Robert J. Shaughnessy. Trademark Parody: A Fair Use and First Amendment Analysis [J]. Vanderbilt Law Review, 1986.

[41] Spencer Weber Waller. In Search of Economic Justice: Considering Competition and Consumer Protection Law [J]. Loyola University Chicago Law Journal, 2005.

[42] Schechter. The Rational Basis of Trademark Protection [J]. Harv. L. Rev, 1927.

[43] Stacey L. Dogan, Mark A. Lemley. A Search - Costs Theory of Limiting Doctrines in Trademark Law [J]. The Trademark Reporter, Vol. 97, Issue6, 2007.

[44] Thomas D. Drescher. The Transformation and Evolution of Trademarks—From Signals to Symbols to Myth [J]. TMR. 1992.

[45] Tomas Mccarthy. Mccarthy on Trademarks and Unfair Competition [M]. Thomson Reuters, 2008.

[46] Thomas R. Lee. Trademarks, Consumer Psychology and the Sophisticated Consumer [J]. Emory Law Journal, Vol. 57, 2008.

[47] Uli Widmaier. Use, Liability and the Structure of Trademark Law [J]. Vol. 57, Issue3, 2008.

[48] William H. Page. Antitrust Damages and Economic Efficiency: An Approach to Antitrust Injury [J]. U. Chi. L. Rev, 1980.

[49] William M. Geveran. Rethinking Trademark Fair Use [J]. 94 Iowa Law Review, 2008.

后　记

本书是作者在武汉大学读博期间的成果。

数年来，第一次踏入武汉大学的情景仍历历在目。那是2011年9月底的硕士生推免面试，也是我第一次来到武汉，有些兴奋、有些不知所措，又有些彷徨。彼时被武汉大学浓厚的文化氛围与校园环境所吸引，心想这才是大学该有的样子，并暗下决心一定要来武汉大学读研。面试后我没有立即返回郑州大学，而是等待第二天的推免结果，不知哪来的自信，觉得自己一定会被录取，自此开始了与武汉大学的缘分，也开始了与武汉的缘分，最终将小家安在了武汉。

人们常说时间如白驹过隙，我原来感受不深，但细数来已经在武汉待了十年之久。在这期间我所获甚多，掌握了专业知识与研究技能，遇到了至交好友，也完成了从读书到工作的转变。博士论文的完成首先要感谢我的恩师——宁立志教授。10年前，有幸获得宁老师垂青收入门下，跟随老师学习竞争法及知识产权法，老师提携之恩，学生终生铭记。感谢老师对我学业上的帮助及生活上的理解与宽容。老师时常要求我们全方位发展，不仅要具备专业知识与技能，还要锻炼表达能力与组织协调能力，并给予我诸多机会，使我受益匪浅。

博士毕业后我入职武汉工程大学，遇到了非常支持我的杨克平书记、金明浩院长、张艳副院长、付书科副院长、院长助理代江龙等前辈，他们对我工作上的提携与帮助让我迅速适应了身份的转换，全心投入教学与科研。

特别感谢郑州大学王玉辉教授对我人生道路上的指引，王老师是我竞争法的启蒙老师，是她带我认识、了解、走进竞争法研究领域。还要感谢我的同门师兄周围老师、王德夫老师一直以来对我学习上的指导。另外，由衷感谢本书所引文献的作者们，是他们先期坚实的成果为本书的顺利完成打下了基础。

在硕博阶段的艰苦生活中，幸得同窗好友的陪伴与关怀，让我压力得以排解，在此感谢已经入职郑州大学法学院的杨妮娜、苗沛霖，入职湖北英达律师事务所的肖翰。感谢我的硕士研究生王玉环认真的文字校对工作；感恩我的家人对我的无私支持。特别感谢知识产权出版社的大力支持，使得本书得以顺利出版。

于武汉大学求学这些年要感谢的人太多，我唯有以实际的努力来回报诸位的帮扶。

董　维

2022年8月于武汉